미술치료사의 아동청소년 정신건강 중재를 위한

발달적 접근과 특성별 지침서

미술치료사의 아동청소년 정신건강 중재를 위한

발달적 접근과
특성별 지침서

옥금자 지음

Σ 시그마프레스

미술치료사의 아동청소년 정신건강 중재를 위한

발달적 접근과 특성별 지침서

발행일 | 2014년 5월 1일 1쇄 발행

저자 | 옥금자
발행인 | 강학경
발행처 | (주)시그마프레스
편집 | 김보라
교정 · 교열 | 김문선

등록번호 | 제10−2642호
주소 | 서울특별시 영등포구 양평로 22길 21 선유도코오롱디지털타워 A401∼403호
전자우편 | sigma@spress.co.kr
홈페이지 | http://www.sigmapress.co.kr
전화 | (02)323−4845, (02)2062−5184∼8
팩스 | (02)323−4197

ISBN | 978−89−6866−166−2

이 도서의 국립중앙도서관 출판시도서목록(CIP)은 서지정보유통지원시스템 홈
페이지(http://seoji.nl.go.kr)와 국가자료공동목록시스템(http://www.nl.go.kr/
kolisnet)에서 이용하실 수 있습니다.(CIP제어번호 : CIP2014012978)

머리말

이 책은 그동안 한국학교미술치료연구회(KSATI)의 3학기 교재로 사용되어 왔던 아동청소년의 발달과 관계론의 내용을 수정하고 사례를 보완한 것이다. 이 책에서는 아동청소년기에 있는 학생의 발달과 특성을 다루고 있으며 발달단계에서 부딪히게 되는 사회적 요구와 개인의 특성적 변화의 불협화음으로 나타날 수 있는 다양한 행동문제와 그 행동에 함축되어 있는 심리역동을 다루고 청소년기 가족문제를 포함하였으며 그에 따른 이해와 중재 지침을 담고 있다. 이 책에서는 그러한 이론과 역동에 초점을 맞추어 아동청소년치료사들의 이해를 돕고자 했으며 지나치게 방대해질 수 있는 것을 우려하여 미술치료로서의 매체 사용과 기술을 담은 방법적인 내용에 대해서는 배제되어 있다. 다음 출판물인 한국학교미술치료연구회 학교미술치료 지침서 제5편에서는 아동청소년의 정신병리와 함께 각각의 병리와 특성에 필요한 매체와 기법이 기술된 프로그램이 제시될 것이며 이 프로그램은 한국학교미술치료연구회의 공식적인 기본 프로그램으로 지정될 것이다.

최근에 한국학교미술치료연구회는 '사단법인 마음등대'라는 명칭으로 사회적인 공식기관으로 모습을 재정비하게 되었다. 이 일이 내가 처음 예술치료에 발을 들여놓고 우여곡절이 있었음에도 피하지 않고 아동청소년에 대한 정신건강 영역에서 역할을 하게 한 한국표현예술심리치료협회에 의미 있는 또 하나의 전문 영역으로서 함께하리라 기대해본다. 더불어 아동청소년의 알 수 없는 행동에 좌절하는 치료사들이 이 안내서를 통해 구체적인 이해와 중재의 체계적인 준비와 전문성을 갖추는 기회가 될 수 있기를 기대해본다.

이 지침서는 총 3부 8개 장으로 구성되어 있다. 제1부에서는 아동청소년의 정신건강과 발달적 특성을 다루고 있으며, 제2부에서는 아동청소년의 발달과 적응과정에서 나타날 수 있는 임상적 문제를 알아보고 아동청소년의 발달적 특성에 따른 중재방법과 그 과정이 어떻게 이루어져야 하는지를 다루고 있으며 발달단계에서 흔히 나타날 수 있는 부적응문제별로 중재 지침을 담고 있다. 제3부에서는 아동청소년기 성장과 가족관계에서 있을 수 있는 문제요소들을 다룸으로써 치료사들이 아동청소년의 적응문제를 다양한 각도에서 이해할 수 있도록 돕는다. 이 책에 넣지 못한 발달적 어려움이 더 많이 있겠으나 핵심적인 요소를 담았다는 데 의미를 두고자 한다. 특히 이 책의 장점은 단편적인 편견이 될 수 있는 청소년기 특성을 관계론적 이해에 토대를 두고 사례를 제시하여 표면적인 변화를 강조하는 아동청소년치료와 지나치게 개인의 내면에만 초점을 둘 수 있는 실수를 전체적인 생태체계적 맥락에서 이해할 수 있는 기회를 제공했다는 점이다. 이 책에서 강조하고 있는 발달적 특성과 개인적 환경적 요소가 독자들로 하여금 자신의 접근방법과 이해에 의문과 반성과 기대를 가질 수 있는 기회를 갖게 하고 지침이 될 수 있기를 기대해본다.

이 지침서를 마무리하면서 그동안 연구회의 법인 준비를 위해 마음을 다해 준비해주신 전주의 엄윤숙 선생님께 감사드리고 함께해주신 모든 회원들께 감사드린다. 특히 이번에 Mental Health Counselor(CAAT) 국제자격증을 취득하신 분들에게 축하의 마음도 전하며 한국의 아동청소년 정신건강과 아동청소년 미술치료의 준비된 전문가로서 계속 성장하고, 성숙하기를 기대한다. 늘 든든한 지지자가 되어주시는 박사동기인 경찰청 교경중앙협의회 박노아 목사님께 감사의 말씀 전한다. 오랜 시간 신뢰와 마음으로 함께해 온 이미경 선생님의 박사학위 취득도 박은혜 선생님의 대학원 진학도 축하하며 이 자리를 빌려 두 분의 우정을 지켜보는 기쁨을 전한다. 사랑하는 나의 아이들이 원하는 목표들이 올해에는 더욱 잘 마무리되고 성숙된 기쁨으로 담을 수 있으리라 기대하며 남편의 건강도, 나의 친구 계순이와 가족들도 건강하고 행복하기를 기대한다.

마지막으로 이 책에 소개한 사례의 주인공들이 더욱 자신의 잠재된 능력을 발휘하고 계속 성숙을 향해 가리라 기대하며 마음 깊이 기도 속에 함께한다. 이 책이 출판되기까지 도움 주신 시그마프레스의 모든 분들께 감사의 마음 또한 전하고 특히 좋은 글이 되도록 마음으로 살펴봐주신 김문선 선생님께 감사드린다.

옥금자

차례

제1부

아동청소년의
정신건강과 발달적 특성

•

아동청소년의 발달과 정신건강을 이해하기 위해
우선 아동청소년의 발달적 과제와 행동특성을 이해하고
중요한 체계인 부모와 또래 그리고 교사와의 관계특성이 미치는 영향과
그에 따르는 특정 행동과 발달적 특성을 살펴볼 것이다.

사회 환경 속에서의 적응과 부적응

이 책의 시작인 제1장에서는 사회 환경의 변화가 아동청소년의 적응에 어떠한 영향을 미치는지 살펴보고 관계심리학이라고 불리는 이론들 가운데 Winnicott(1939, 1960, 1966)의 정서발달이론에 일차적인 근거를 두고 발달적 심리적 특성에 대해 논의해볼 것이다. 치료사들이 아동청소년들에게서 나타나는 특정 행동에 대해 보다 깊고 다양한 측면에서 이해하기를 바라며 적절한 범위 내에서 정신건강을 위한 방향을 제시할 수 있기를 기대하는 마음으로 이 장의 내용을 전개하고자 한다.

1. 사회 환경의 변화가 아동청소년기 적응에 미치는 영향

현대의 다양한 변화들은 청소년의 발달과 적응에 직접적인 영향을 미친다. 청소년이 소속해있는 사회의 기대가 청소년기에 있는 아이들의 미래에 대한 기대를 충족시켜 주기도 하고 좌절시키기도 하며 그로 인해 문제들이 발생하고 새로운 형태의 문제를 지속해간다. 여기에서는 이 부분에 대해 생각해보기로 하자.

컴퓨터문화가 미치는 영향과 문제

컴퓨터문화가 청소년에게 미치는 영향과 인터넷에 몰두하는 아이들의 문제 및 원인과 대처에 대한 접근은 위기의 아동·청소년을 위한 학교미술치료 지침서(2010)에 이미 제시되어 있다. 그러므로 여기에서는 구체적인 접근에 관한 내용보다는 사회 변화에 따른 청소년기 문제에 초점을 두고 청소년기의 핵심 과제인 독립을 향한 성취에 어떠한 영향을 미치는지에 대한 이해를 돕고자 한다.

오늘날 과학기술이 발달되면서 등장한 다양한 변화 중에서 인간에게 미치는 가장 큰 영향 중 하나는 컴퓨터라고 볼 수 있다. 1980년에 컴퓨터가 도입되면서 10년도 채 안 되어 미국의 전체 노동자의 절반 정도가 직업상 컴퓨터를 사용하고 60% 이상의 학생들이 학습에 컴퓨터를 사용한다는 보고가 있었다(미국 통계국, 1996). 우리나라에서도 1990년 이후 각 가정에 컴퓨터와 인터넷망이 보급되기 시작하면서 최근에는 모든 직업 영역에서 그리고 가정에서 컴퓨터는 없어서는 안 되는 기본적인 생활용품이 되었으며 개인용 컴퓨터가 대중화되어 있다. 컴퓨터를 사용하는 연령층은 20~30대의 직장인이 가장 많이 사용한다고 알려져 있으나 사실 청소년이 오락과 게임에 사용하는 인터넷 시간이 업무에 사용되는 시간보다 많다는 연구결과들이 있다.

이것은 정보화사회에서 청소년들이 성인에 비해 정보기술에 대한 적응력이 높다는 장점을 보여준 결과이지만, 청소년에게 미치는 긍정적 영향 이외에 역기능적인 문제에 노출될 위험도 높다는 것이 문제이다. 특히 자신감이 없고 자기존중감이 낮거나 또래와 학교적응에 제한성을 가진 청소년의 경우에는 인터넷 중독이나 게임 중독에 빠질 가능성이 더욱 높다. 최근 청소년들이 인터넷 사용 시 흔히 즐기는 게임은 인터넷 사용의 가장 심각한 문제이며, 여가로서의 게임이라는 단순한 놀이 또는 여가활동이나 생활에서 당면한 어떠한 목적을 위해 필요한 도구가 되지 못한다. 인터넷에 빠지게 되면 그 청소년의 모든 관계와 욕구 충족은 인터넷에 의해서만 이루어지게 되므로 인터넷이 더 이상 일상의 어떠한 목적을 위한 도구가 되지 못하며 삶 전체가 지배당하는 심각한 병리적인 문제가 된다. 이러한 병리적 결과는 청소년으로 하여금 직접적인 만남이 없어도 인터넷상에서 자신의 욕구를 표현할 수 있게 하며 만족감을 얻게 하므로 점차 갈등과 불편감을 줄 수 있는 직접적인 만남을 기피할 수밖에 없게 만든다. 그러한 청소년의 인간관계는 시간이 갈수록 더욱 어려워질 수밖에 없으며, 불안을 감당할 수 있는 능력이 저하되고, 즉각적인 반응에 익숙해지게 되므로 문제 상황을 감당하거나 스스로 통제할 수 있는 능력을 상실하게 된다. 이러한 결과는 청소년기의 핵심 과제인 '독립을 향해 자신이 자기의 주인'이 되어야 하는 분리 독립의 과제를 불가능하게 한다.

부모와 성인으로부터 분리와 독립을 성취하지 못했거나 정체감이 아직 확립되지 못한 청소년들은 앞에서 말했듯이 외부의 현실생활에서 답을 찾지 못한 문제를 인터넷 안에서 해결하고자 한다. 인터넷은 추상적인 상상과 생각으로 자아를 탐색하는 것보다 현실감 있게 자기만의 역할 시연이 가능하고 즉각적으로 해답을 주기 때문에 노력이 들어가야 하는 에너지를 소모하지 않고서도 자신이 원하는 답을 얻고 또 다른 힘을 가진 자기를 발견하게 한다. 그뿐 아니라 인터넷은 누구의 침해도 받지 않는 자기만의 독립된 공간이며 자기만의 변화를 가능하게 하는 세상이고 부모로부터 독립해야 하는 과제와 관련하여 분리개별화라는 유사거리를 유지하게 하는 또 다른 창조적 공간이 된다. 그러므로 부모와 분리 독립하지 못하고 정체감 혼돈이 있는 청소년들은 당면한 과제와 관련하여 성취하고 싶은 욕구를 쉽게 도와주는 마약과 같은 인터넷의 매력에 빠지게 되면 되돌아오는 것이 쉽지 않게 된다. 결국은 현실생활에서의 불편감을 배제하면 할수록 점점 자기만의 상상의 세계로 들어가게 되어 부적응이라는 문제를 파생시키게 된다. 이러한 맥락에서 우리는 청소년기의 발달적 특성과 사회적 변화가 맞물리는 요소에 대해 이해해야 할 필요가 있다.

인터넷의 유익성과 문제는 앞에서 말한 내용 이외에도 언제라도 필요한 자료를 쉽게 검색할 수 있어서 무궁무진한 자료검색이 주는 지식의 대란과 같은 느낌을 줄 뿐 아니라, 그 결과 청소년의 창조적 학습 준비에 장애가 되기도 한다. 청소년기 변화의 특성 중 성적 호기심과 욕구 또한 무수히 많은 자료검색을 통해 쉽게 성 파트너를 접하게 하고, 아동 성추행, 집단 성폭행 등의 왜곡된 문제를 만나게 한다. 그뿐 아니라 컴퓨터문화로 인해 필요한 많은 것이 문서로 전달될 수 있다는 편리성이 대화의 단절이라는 또 다른 문제를 파생시키고, 가족 내에서도 현대의 기술문화에 늦은 부모의 적응은 가족 내에서 자녀와 벽을 만들어가고 부모가 알지 못하는 다양한 문제들로 확대되고 있어서 합리적인 대안이 시급하다.

대중매체의 광고효과가 미치는 영향과 문제

오늘날의 많은 광고들은 과거에 중요시했던 객관성과 공정성, 새로운 시장문화를 알린다는 사회적 목적이 결핍되어 있는 것 같다. 대중의 환상을 부추기고 과장된 선전을 사용하여 실제 이상의 기대를 갖게 하므로 상품 자체가 생활방식의 소비를 촉진하는 상징체계가 되고 있다고 보아도 과언이 아니다. 이러한 광고들에서 암시하는 상징적인 가치는 청소년기의 특성인 집단에 소속되고 인정받고 싶은 욕구를 충족시켜 주고 자유와 새로운 자기를 만들어줄 수 있는 것으로 잘못 인식하게 한다. 청소년들이 특정 상표의 옷이나 신발, 가방, 음료까지도 모방하고 모델과 같아지기를 바라는 현상이 광고의 암시문제라고 볼 수 있다.

최근에 경험한 나의 사례를 예로 들어보겠다. 어느 날 미국에서 오신 어느 교수님과 만나기 위해 약속장소를 이야기하는 중에 있었던 일이다. 약속장소를 설명하는 과정에서 그 분은 1층에는 N 매장이 있으니 쉽게 찾을 수 있을 거라고 알려주셨는데, 나는 N 매장이 무슨 상품을 판매하는 곳인지 아는 것이 도움이 되겠다고 생각했기 때문에 N 매장이 무엇을 판매하는 곳이냐는 질문을 하게 되었다. 동시에 그분은 "아니, 이사람 큰일 났네. N 상표를 모르면 한국 사람이 아니지."라며 장난스럽게 한마디 던지고 웃었다. 그 시간 이후 나는 놀랍게도 길 가는 청소년과 청년들이 입은 옷과 가방과 신발들에서 몇 사람 건너 가지고 있을 정도로 많은 사람들이 동일 상표가 찍힌 물건들을 소지하고 있다는 사실을 발견하고 그 교수님의 말씀을 이해할 수 있었다.

오늘날의 광고는 어느 누구도 거부할 수 없는 환경의 일부가 된 것 같다. 특히 청소년의 경우 지적 수준이나 경험적 수준에서 그리고 민감성의 특성이 갖는 청소년기의 취약함이 외부자극에 반응하는 수준과 그 영향의 결과가 어느 발달단계에서보다 더 강력하고 정체성 형성에 지대한 영향을 미친다. 자기가 주인이 되어야 하는 과제를 안고 있는 이 시기의 청소년들은 부모로부터 벗어나고자 하며, 자기만의 자유와 새로운 방향을 찾고 싶은 욕구는 또래집단에서 함께하는 것으로 나타나며 집단에 소속되기 위해서도 또래들과 유사한 모습을 갖기 원하고 그래서 또한 더욱 유행을 따르고자 한다. 자신을 특별하다고 느끼고 주목받고 싶은 청소년기의 주된 특성은 이렇듯 유행과 떼어놓을 수 없는 욕구이자 이 시기의 보편성이지만 중요한 것은 또래집단의 유행이라는 것이 성인들의 상업주의에 휘말리고 있다는 점에서 대중매체의 광고효과에 대한 배려가 필요하다.

일부 청소년들은 현 사회의 상업적 광고와 물질주의에 반대하여 시위를 하거나 자연주의를 강조하면서 모방적 유행에 따르기를 거부하고 자연과의 관계를 추구하며 강조하기도 한다. 이와 관련하여 나는 청소년기에 있는 학생들의 건전한 문화와 성장을 위해 치료 영역에서 해야할 일이 있다고 생각한다. 최근에 강조되고 있는 학교폭력 문제 또한 대중매체의 광고효과와 무관하지 않다고 본다. 한동안 유행처럼 퍼졌던 모방 자살 또한 예외가 아니며 일류를 추구하는 사고방식과 인간관이 빚어낸 모순이라는 생각을 해본다. 청소년들은 자신이 획득해야 하는 정체감이 중심이 되지 못하고 사회와 성인들이 강요하는 일류문화에 들어가야 하는 길을 찾지 못하게 되면 그것을 찾기 위해 노력하다 결국은 극단적인 방향을 선택하게 된다. 형식적 조작 사고가 활발해지는 시기에 있는 청소년들은 사회의 불합리한 가치에 도전하여 시위에 참여하거나 자기환상에 도취되는 또 다른 문제에 가담하는 결과를 가져다주기도 한다.

교육의 불균형이 미치는 영향과 문제

사회 변화와 함께 등장한 또 다른 환경의 변화는 높은 교육의 필요성과 청소년기 의존시기의 연장이라고 볼 수 있다. 고학력을 고집하는 우리 사회의 경쟁에서 살아남기 위해서는 계속 상위 학교를 추구하지 않을 수 없게 되어버렸다. 현재의 박사과정 진학률이 10년 전 석사과정에 진학하는 비율보다 더 많아진 것 같다. 대학원 출신이 아니면 직업현장에서도 소외되는 것 같은 분위기여서 너도나도 앞다투어 대학원을 진학하려는 사람들의 욕구와 고학력의 사회현상이 씁쓸함을 느끼게 한다.

최근에 모 학교에서 임상을 하던 한 치료사가 치료에 매우 호의적이던 학교장님이 자신이 대학원을 졸업하지 않았다는 것을 확인한 직후 태도가 달라지는 모습에서 좌절감을 느꼈다는 이야기가 생각난다. 그 치료사는 대학원생들이 받은 교육 이상의 훈련과 지도를 받고 있다고 생각되지만 고학력자가 많은 우리 사회의 현상이 그러한 결과를 유도해냈다고 생각한다. 그렇다면 학생들의 미래를 책임지는 인성과 지식을 가르쳐야 하는 교사가 대학교를 졸업하고 학교로 들어가는 것 또한 제약이 되는 게 아닌가 하는 의문이 든다. 우리 사회는 교사가 되기 위해서는 대학교를 졸업하고 시험을 거쳐 정교사 자격을 취득하여 학교로 들어가게 된다. 물론 최근에는 교사들이 대학원을 진학하는 경우가 많은데, 아마도 진학하는 동료교사를 보면서 유행처럼 모두가 대학원 진학을 원하거나 진학을 해야만 인정받을 것 같은 위기감을 느꼈을 것이다. 이것이 우리 교육의 순환적인 문제인 것 같다. 지금 청소년기에 있는 학생들을 위해 관련 전문인들과 교사는 자신의 역할을 위해 더 앞선 지식과 기술을 보완해야겠지만 고학력이 그것을 다 채워주는 것은 아니다. 학력 중심이 아닌 능력 중심과 경험 중심의 국가정책을 간절히 소망해본다.

현대의 교육에서 놀라운 변화는 컴퓨터를 활용한 교육인 것 같다. 교사가 학생들에게 제공하는 과제도 컴퓨터상의 학교 대화방에서 주고받고 상호작용하는 것은 어제오늘의 놀라운 일이 아니다. 대화방에서 일어나는 상호 소통은 교육현장에서 매우 흥미로운 일이며 실시간으로 이루어지는 정보와 자료를 통해 즉각적이고 직접적인 소통을 가능하게 한다. 이와 관련하여 앞에서도 말했지만 긍정적인 효과 이외에 정체감의 과제를 안고 있는 청소년들에게 컴퓨터가 미치는 부정적인 영향을 무시할 수 없다. 이 외에도 현대교육이 가져온 변화가 미치는 긍정과 부정의 다양한 영향은 피할 수 없는 문제로서 변화를 받아들이되 그에 대한 대안 또한 동시에 고려되어야 할 것이다. 이와 관련하여 최근 많은 학교들에서는 치료 프로그램을 활성화하고 있어서 다행한 일이다. 다만 문제는 이 치료 프로그램이 보여주기 위한 결과에 초점을 두고 이상 현상을 묵인하고 받아들이는 곳도 많다는 점이다. 이에 대한 심각성을 방치하고 편리주의의 요구를 수용하는 그리고 지속적 교육으로서가 아니라 단순 프로그램으로 이해하는 몇몇 부정적 시각에 대해서 치료사도 학교 측도 이 문제에 대해 함께 생각해보아야 할 것 같다.

균형적인 교육을 위해 학교에서는 조기중재로서 치료 프로그램을 수용함으로써 아동청소년의 교육과 성취를 증가시키고 지속시키면서 학교적응을 도울 수 있다는 점을 이해할 필요가 있다. 현재 치료 프로그램을 받아들이고 있는 대부분의 학교에서는 일부 학생에게 초점을 두고 있지만 학교교육의 균형을 위해서는 전체 학생에게 접근 가능한 치료교육이 수업의 일환으로 확장되어야 한다. 학교가 균형적인 교육을 위해 치료를 받아들이게 되면 학생 개인은 성격이 통합적이고 풍요로워질 것이며 가정과 학교가 통합된 울타리가 제공될 수 있다. 그럼으로써 학생들은 가정의 울타리에서 사회라는 집단에 적응하고 성장하면서 더욱 넓어진 사회로 진입함과 동시에 독립적인 개인으로 성장하는 과제를 성취하게 된다. 교육의 불균형으로 성격이 형성된 청소년들은 성인의 눈에는 건강하게 보여도 개인적으로는 병리적인 다양한 문제를 가지고 있는 경우가 흔히 있다. 가정과 학교에서 흔히 보이는 불균형의 문제는 신체화 증상을 동반한 질환과 응급 상황과 같은 상해가 일어날 수 있는데 이러한 문제를 우리는 환경의 통합적 관점에서 이해할 필요가 있다.

위에서 제시한 한 치료사의 이야기를 다시 떠올려보자. 고학력을 선호하는 사회 환경에서 충분한 능력을 가지고 있고 그 결과를 도출해냄에도 적절한 평가를 받지 못하고 소외되는 현상은 사회로부터의 박탈이라고 볼 수 있다. 이는 치료사로 하여금 좌절하게 만들고 그 결과 치료대상에게 부정적인 영향을 미칠 수 있다. 물론 개인에 따라서 반대로 사회의 요구에 부응하기 위해 고학력을 원하는 경우도 많이 있다. 이러한 현상을 긍정으로만 보아야 할지 의문이다. 이와 같이 정상 혹은 비정상범위라고 말하는 교육체계 내에서 학생에 대한 평가 또한 유사하다고 볼 수 있다. 개인의 특성을 고려하지 못한 교육은 학생에게 세상을 향한 상처가 되기 때문에 학생은 그 상처를 다른 유형의 문제로 노출하게 되며, 결국 학교와 사회는 그만큼의 대가를 치러야만 하는 순환적인 문제가 발생하게 된다. 그 예로서 최근의 학교폭력을 들 수 있을 것이다. 학교폭력에 가담한 학생들은 단순히 폭력 그 자체의 문제가 아니라 그 이전의 과정을 고려해보아야 이해할 수 있다. 상위 성적과 순응적 행위로 평가되는 교육이 학교가 해야 할 일이 아니라 아동청소년이 미래의 세상을 향해 독립적으로 나아갈 때까지 보호하고 길잡이가 되어주는 것이 학교가 해야 할 일이다. 각 개인의 타고난 잠재력을 인정하고 촉진적 환경으로서 학교와 학생 자신의 실패를 의존으로서의 의존이 아니라 독립으로서의 의존으로 이해하고 수용하면서 지원체계인 치료교육과 함께 가야 한다.

다시 말해서 창조적인 학습으로서 치료교육이 학교교육에 제공되어야 하며 전교생 모두에게 실제적인 기회를 제공해야 한다. 그 방법으로서 학교미술치료가 합법적으로 체계화되어야 하며 진단 중심이 아니라 가능성 중심의 예방접근이어야 한다는 것이 나의 중심생각이다.

가족기능의 변화가 미치는 영향과 문제

산업화와 함께 변화된 우리 사회의 제도들 중에서 가족 또한 중요한 변화를 겪고 있다. 바쁜 삶 속에서 이웃과의 정서적 교류를 발견하기 쉽지 않은 시대에 살고 있는 현대인들에게 가족 자체의 정서적 안정은 더욱 중요해졌다. 가정의 안정이 충족되지 못할 경우 학교나 친구관계에서 실망감과 좌절을 더욱 크게 느끼며 다양한 문제행동이 더 많이 드러난다는 것에 대해 계속 이야기해왔다. 쉽게 이혼하고 쉽게 동거하는 성인들의 삶의 변화를 지켜보면서 청소년들은 어떠한 생각과 경험을 할 수 있을까? 부모의 이혼이 자녀들에게 심리적 갈등과 혼란을 겪게 한다는 보고는 특별하거나 이상한 이야기가 아니다. 아이들은 부모의 이혼과 별거와 싸움의 연속선상에서 자신이 유기되었고 성장을 위한 기본적인 안전체계가 없어졌다는 생각과 더불어 오히려 자신이 부모의 불행에 책임이 있다는 느낌을 가질 것이다. 오래전에 내가 만난 한 청소년의 사례를 살펴보자.

> 이 아이는 3세경에 부모가 이혼을 하여 조부모에게서 양육되다 4세경에 어머니가 재혼을 하면서 새아버지와 함께 생활을 하게 되었지만 아버지의 심한 학대로 다시 조부모에게 돌아갔다. 이후 그 아이는 학대가 있을 때마다 조부모와 재혼가정 사이를 반복적으로 오가며 지내야 했다. 10년 가까이 그렇게 반복적으로 생활공간을 옮겨 다니면서 이 아이에게서 드러난 이상행동은 지속적인 자기비하와 우울 증상이었다. 이 청소년의 이야기에서 반복적으로 등장하는 내용은 자기가 부모를 불행하게 만들었고 그래서 자신은 나쁜 아이이고 벌을 받을 수밖에 없으며 모든 잘못은 자신에게 있다는 죄책감이지만 계속 등장하는 무의식적 표현은 엄청난 분노 그 자체였다.

나는 치료에서 어쩔 수 없이 부모의 품을 떠나보내야 하는 아이들을 보면 많은 생각을 하게 된다. 최대한 가정 내에서 아이들이 돌봄을 받아야 한다는 생각에는 변함이 없고 그들이 부모에게서 보호되기를 바라지만 부모와 분리하는 것이 최선이 될 수 있는 가정도 있다는 사실이 아프게만 느껴진다. 부모가 아이를 맡아야 하는 가장 큰 이유는 청소년기 문제가 대부분 내적 상실과 관련되며 그것은 대상관계에서의 정서발달 과정에서 생기는데, 청소년기 아이들 대부분의 궁극적인 문제는 부모관계에서 시작되기 때문에 가정에서 감당해야 하고 가정 내에서 가장 잘 다룰 수 있기 때문이다.

이러한 아동청소년을 만나게 되면 우선 우리는 그 아이의 개인력과 가족력을 통해 개인의 역사를 살펴보아야 한다. 가정의 안전 수준과 부모의 존재 여부와 관계 수준을 통해 대상관계에서의 박탈경험을 평가하는 것이 필요하다. 성인이 생각하는 귀찮고 힘들게 하는 행동에 대한 단편적인 평가가 아니라 박탈 시기와 지속기간을 평가해야 하고, 관심과 보호가 중단된 시기, 기질적 성격과 지능 수준, 정신의학적 진단 등에 따라 이해해야 한다. 많은 치료사들이 개인의 경험과 환경을 무시하여 본질적인 부분을 배제한 채 현상적인 문제에만 관심을 갖는다면 관심의 방향은 왜곡되고 치료는 일어나기 어렵다. 치료에서 우리가 만난 그 청소년이 초기 성장에서 어느 정도의 대상상실이 있었는지 이해하기 위해서는 좋은 치료환경에서 어떠한 반응을 하는지 관찰해야 한다. 아마도 치료과정이 발전해간다고 확신할 수 있는 것은 그가 증오를 느끼는 것으로부터 가능할 것이다. 그러나 그러한 현상을 보여주는 사례는 그리 많지 않은 것 같다. 오히려 증오를 억압하고 죄책감을 불러일으키면서 변화를 수용하고 종결로 가는 것 같다. 이 증오는 작은 문제였더라도 개인에 따라서는 큰 어려움에 당면할 수 있다. 이때 청소년은 자신의 의식 안에 모든 것을 받아들일 수 있을 때에만 긍정적인 결과를 기대할 수 있는데 그러한 경우는 결코 흔치 않은 것 같다. 환경의 실패와 관련된 감정은 많은 경우 의식 안에 수용되지 못하며 초기에 좋은 경험이 있는 경우에만 이후에 박탈과 함께 온 증오감정을 되찾을 수 있다(이재훈 역, 2001, p.146).

위 사례의 청소년은 부모의 갈등 속에서 임신이 되었고 출생 초기인 3세경에 부모가 이혼한 후 4세경에 어머니가 재혼을 했다. 재혼 초기에 부모는 아이를 잘 돌보려 했지만 곧바로 임신하고 자신의 아이가 출생하면서 그 아기에게만 관심을 쏟게 되면서 점점 아이에 대한 불만이 커지고 부부갈등이 심화되기 시작했다. 치료과정에서 그 아이가 드러낸 주요 증상은 퇴행행동과 작업 속에서 드러난 분노의 연속적인 표현이었다. 이 사례는 출생 때부터 박탈된 경우로서 처음부터 좋은 환경이 없었던 경우이며 좋은 치료환경이 이 아이로 하여금 증오감정을 내어놓을 수 있게 했던 것 같다.

이해를 돕기 위해 앞에서 제시한 사례와 유사한 정서장애를 보인 청소년의 사례와 분열증을 앓고 있는 청소년의 사례를 살펴보자.

> 이 청소년은 경직된 성격의 아버지와 정서불안과 우울증을 앓는 어머니에게서 양육되었으며, 반복되는 부모의 거절과 친구들의 따돌림 속에서 성장하였고 초등학교 후반기에 들어서면서 이상행동이 나타나기 시작했다. 초기에 치료환경은 이 아이에게 마음속 비밀을 털어놓을 수 있는 곳이었지만 증상이 완화되면서 다시 폐쇄공간으로 숨기 시작했다.

> 이 청소년은 외동딸로 태어나 그리 어렵지 않은 환경 속에서 특별히 눈에 띄지 않는 순응하는 아이로 성장했다. 학령기에 들어서면서 집단 따돌림과 학교생활에서 부적응문제가 심각하게 드러났고 분열행동이 나타나기 시작했으나 치료체계를 차단한 채 사회와 격리된 생활을 지속하면서 청소년기를 맞이하게 되었다. 내가 이 아이를 만난 초기에는 현실과 전혀 다른 강력한 망상 속에서 자기만의 세계를 만들고 과대한 이상화된 대상과 소통하며 즐기고 있었다. 현재 이 아이는 만성정신분열증의 특성인 음성증상을 극복하기 위해 노력하고 있고 조심스럽게 사회로 향하고 있다.

첫 사례의 경우에서처럼 청소년이 보인 증상이 완화되다가 다시 숨어버린 변화는 그 아이의 자기통제 능력과 현실감이 살아나기 시작한 증거라고 볼 수 있는데, 이 과정에서 문제로 등장한 것은 부모의 가능성에 대한 기대와 위안의 가능성이 보여지면서 다시 폐쇄적 상황으로 진입하려는 위험과 관련되어 있다. 그러한 현상은 부모의 실패가 아이에게 투사된 결과로 나타날 수 있으며, 만약에 아이가 치료를 통해 어려움이 완화되는 성공을 하게 되면 다시 돌아올 공격이 기다리고 있다고 느끼기 때문에, 치료과정에서의 만족만으로 위안을 삼고 결과적인 성공은 거부함으로써 위안을 삼아야 했을 것이다. 이 사례는 처음부터 증오가 억압되었거나 사랑의 능력을 상실해버린 경우로서 방어조직이 이 아이의 성격 안에 깊게 자리 잡게 된 경우이다. 그럼에도 치료과정을 통해 초기 정서발달 단계로 퇴행하여 지속적인 미숙행동과 공격행동이 나타났다고 볼 수 있으며 이러한 변화를 치료사가 감당하기에 쉽지만은 않겠지만 다행한 일이라고 볼 수 있다.

그러나 두 번째 사례는 깊은 병리적 성격을 형성한 경우로서 부모의 무관심과 강압적 요구에 순응하여 자신의 모습이 아닌 자기 인생의 삼자인격과 같은 구경꾼의 모습으로 삶을 지탱해온 분열의 결과를 말해주고 있다. 이 청소년은 끊임없이 과대망상 속에서 이상화된 대상과 비밀스러운 관계를 유지하면서 사회적 관계에서 고립된 경우이다.

이러한 현상들을 단순히 설명하기는 어렵지만 아동청소년의 문제행동과 고통을 이해하기 위해서는 이러한 현상들을 이해해야만 할 것이다. 청소년기에 있는 아이들이 우울현상을 보이고 반사회적 행동을 하는 경우, 잘했다 칭찬할 수 있는 행위는 아니지만 이들이 희망을 잃지 않았다는 것을, 그리고 관심 가질 수 있는 능력이 아직 있다는 것을 보여주는 것이라고 말할 수 있다. 치료자에게 좋은 감정을 보여주었다면 더욱 좋은 부모와의 상호 관계를 원하고 회복하고자 하는 욕구와 희망이 있다고 이해할 수 있다.

이러한 사례들에 대해 우리가 할 수 있는 일이 무엇인지 생각해보아야 한다. 가정에서의 보호가 붕괴된 아이들에게는 무엇보다 일관적이고 공정한 대상환경이 필요한데 그 환경에서의 엄격성은 인간적 요소와 안정감을 가질 수 있게 한다는 점에서 가치가 있다. 그래서 나는 치료에서 이러한 아이들의 주변체계에 몇 가지 협조 요청을 하게 된다. 빅브라더와 빅시스터 체계를 도입하고, 정해진 규칙과 일관적인 환경에서 크게 벗어나지 않는 범주 내에서 정기적인 만남과 놀이에 참여해주고 관심을 가져주는 이를 연결하기도 한다. 그처럼 활동의 만남과정을 확인하고 일과를 확인하는 단순하고 사소한 일을 모른 척하지 않는 것은 개인을 존중하는 것과 관련되므로 박탈을 경험한 아이들에게 자신이 얼마나 가치 있는 존재인지를 알게 하는 매우 의미 있는 일이다.

관계경험은 아이들로 하여금 치료적 도움뿐 아니라 스스로 안정을 찾고 위안을 얻게 하는 중간대상을 만나고 중간현상을 발생시키며 치료환경을 안전한 중간영역이 되게 한다. 박탈된 아이들은 중간대상을 빼앗기고 중간현상이 방해된 아이들로 이러한 경우 성격을 분열시켜 한쪽은 주관세계에 반응하게 하고 한쪽은 현실세계에 순응하도록 반응하게 한다. 앞에 제시한 사례의 청소년들은 양육환경이 붕괴됨으로써 분열적인 성격이 형성된 경우로 주관적 세계와 객관적 세계를 연결해주는 중간지점이 무너졌거나 아예 처음부터 없었던 아이들일 수 있다.

성적 개방과 성역할의 변화가 미치는 영향과 문제

사회 변화와 함께 성역할의 변화 또한 청소년들에게는 혼란을 가져다준 중요한 요인일 것이다. 청소년들은 인터넷에서 TV나 언론에서 들려오는 성에 대한 문제들을 접하면서 점점 더 혼란스러워하고 있다. 학교에서는 청소년들에게 성에 대한 교육을 하고 토론하게 하며 어떻게 대처해야 하는지에 대한 자극을 주지만, 여전히 청소년들은 성에 대해 어떻게 표현하고 대처해야 할지 잘 모르고 있다. 성적 개방과 교육에 의해 청소년들의 성에 대한 지나친 신비가 사라지고 금기시되어 왔던 성에 대한 시각이 달라지고 있지만, 동시에 등장한 상업적인 성문제가 미혼모 문제와 성폭력과 같은 문제를 강화시키도 하므로 청소년의 성교육과 성상담에 대한 강화가 어느 때보다도 더욱 필요한 것 같다.

청소년기가 되면 이전에 느끼지 못했던 충동을 느끼게 되는 동시에 자신의 감정이 무엇인지 행동을 채 구별하지 못하는 특성적 성향과 함께 사회적인 분위기를 어떻게 받아들여야 할지 혼란에 빠지게 된다. 이러한 감정과 행동에서 청소년 자신이 성적 욕구를 가지고 있다는 사실을 발견하게 되면 죄의식에 빠지기도 하며 충동을 조절할 수 없게 되면서 자기비하와 우울감을 갖기도 한다. 청소년이 이 시기에 갖게 되는 죄의식은 이후에 성인이 되어서까지 성격발달에 영향을 미치게 되어 성에 대한 비밀스러운 자기만의 경험과 죄의식에서 벗어나지 못하거나 그 죄책감에서 벗어나기 위해 또 다른 문제로 들어가는 결과를 가져오게 된다.

어느 한 청소년이 호소했던 어린 시절부터 숨겨온 성적 놀이에 대한 죄책감 문제를 예로 들어보자.

초등학교 1학년 때 동네친구들과 집단으로 성적 유희에 휘말렸던 기억을 떠올리며 수치감 때문에 어쩔 줄 몰라 하던 이 청소년은 그때의 죄책감으로 인해 동생과의 관계가 어렵다고 호소해왔다. 어느 날 친구들이 모였고 소꿉놀이를 시작했는데 엄마 아빠 역할놀이를 진행하다 누가 먼저 말했는지 알 수 없었지만 부모가 잠자는 상황을 연극하라고 했다. 비밀스러운 부모관계에 관심이 노출되기 시작하면서 친구들은 한 친구에게 바지를 벗어보기를 요구했고 모두가 그 친구의 성기를 비밀스럽게 탐색하다 급기야 남녀 짝을 지어 상대의 성기를 보기로 의논했다고 했다. 그날 이후 이 청소년은 두세 차례 동생의 옷을 벗기고 성기를 만지거나 몰래 훔쳐보는 일이 시작되었고 이후 일어나는 성적 충동을 자위행위로 달래는 일이 잦아지게 되었다. 이 일은 그에게 잊을 수 없는 수치감이고 죄책감이었다. 치료과정을 거치면서 그의 수치감과 집착된 자위행동은 감소되기 시작했지만 여전히 그 죄책감은 사라지지 않고 남아있었다.

이 사례의 청소년은 단편적으로 설명될 수 없고 발달적·개인적·환경적 요소가 고려되어야 하며 다만 여기에서는 소꿉놀이로 시작한 부모 역할놀이가 성적 놀이로 확장되었고 그 경험이 개인에게 미치는 결과에 초점을 두었다는 점을 이해하기 바란다.

성적 충동을 조절하는 것은 청소년기에 매우 어려운 과제 중의 하나이며 이 충동을 잘 못 조절할 경우 반사회적 행동문제와 혼전임신, 근친강간 등으로 발전할 가능성이 높다. 이러한 외적인 행동문제로 드러나지 않더라도 경우에 따라서는 성정체성 문제 또는 자기개념 비하와 부정적 신체상을 갖게 되며 심한 경우에는 정서적 또는 정신적 문제까지도 가져올 수 있다. 성기를 보고 싶어 하는 심리에 대해 Freud는 관음증과 관련지어 설명하고 있다. 관음증에는 정상적인 것과 도착적인 요소 모두가 포함되는데 공통요소는 성적 대상이나 성적 행위를 보고 싶어 하는 충동이고 도착증은 강박적이며 만족을 모르는 욕구와 관련되어 있다(이재훈 역, 2002). 이 사례의 청소년은 관음증이라는 표현을 사용하기보다는 초기 유아기의 대상관계 경험에서 붕괴된 외상경험이 적절한 방어능력을 형성하지 못하고 성적 정체성 문제를 가져오게 되었다는 맥락에서 이해할 수 있다. 정신분석적 관점에서 관음적 행동은 초기 유아가 어머니의 얼굴과 젖가슴을 바라보면서 시각적 상호 교류를 하는 초기경험으로부터 시작된다. 유아기에 경험할 수 있는 거세불안은 관음적 행동을 통해 불안을 시각화하고 자신의 행동을 통해 자신감을 가지게 되면서 불안으로부터 극복하고자 하는 동기가 포함된다. 더불어 성정체성은 심리적 분리개별화의 일부를 이루며 대상에 대한 항상성이 생기면서 견고해지게 된다.

사회 변화에 따라 청소년기 성을 다루기 위해서 치료사는 개방성과 성역할의 사회문화적 요소 외에도 발달단계에서의 심리적 발달과 과제에 따른 성정체성 요소에 대해 이해해야 할 것이다.

2. 아동청소년기 공격행동의 의미와 공격행동이 적응에 미치는 영향

공격행동과 관련한 청소년기의 문제가 지금의 일은 아니나 최근에 갑자기 강조되고 있는 폭력문제와 관련하여 청소년의 공격적 특성에 대해 이해할 필요가 있다. 따라서 여기에서는 Winnicott의 관점에서 공격성과 죄책감 및 도덕성이 어떻게 적응문제와 관련되는지 살펴볼 것이다.

청소년기 공격성을 어떻게 이해할 것인가

여기에서는 Winnicott(1939)이 교사를 위한 강연에서 쓴 '공격성과 뿌리'에 대한 글을 인용하여 아동청소년기의 공격성을 다루려고 한다. 교사를 위한 이 글의 서두에서는 '공격성은 두려움에 대한 하나의 증상이고 공격성을 포함하는 사랑과 증오는 모든 인간사를 구성하는 중요한 요소'라는 표현으로부터 시작한다. 나는 여기에서 근원적인 인간의 심층을 논하기보다는 아동청소년을 만나는 학교미술치료사를 위해 공격성과 관련하여 일어날 수 있는 아동청소년의 표면적인 특정 행동과 내면의 욕구가 무엇인지 이해를 돕는 맥락에서 다루려고 한다.

먼저 여기에서 나는 한 청소년의 사례를 들어 그의 마음속 욕구와 행동의 연관성을 풀어볼 생각이다.

> 이 학생은 중학교 3학년생으로 학교에서 의자를 들어 교실 창문에 던지고 창문에서 뛰어내리려고 했던 사건으로 인해 학교로부터 징계 처분을 받고 상담에 의뢰되었다. 교사와 학생들은 이 학생을 두려워했고 전학 보내기를 원했다. 상담을 의뢰한 교사는 이 학생이 평소에는 유순하고 착한 마음을 가진 아이인데 누군가로부터 간섭을 받게 되면 순간 충동적인 감정을 자제하지 못하는 것 같다고 하였다. 때로는 무슨 이유인지 알 수 없는 상황에서 어느 순간 폭발하는 감정을 통제하지 못하고 올라오는 강렬한 분노감정을 어떻게 수습해야 할지 모르는 것 같았다. 교사는 지난 스승의 날에 그 아이로부터 선물을 받은 적이 있는데 나중에 그 선물이 어머니의 것이었다는 사실이 부모 상담에서 밝혀졌다. 교사는 어머니의 물건을 훔쳐서 자신에게 가져다준 그 아이의 마음이 너무 아프게 느껴졌다. 간혹 친구들에게 학용품과 과자를 사주기도 하는데 그 돈이 어디에서 어떻게 생긴 건지는 모르겠으나 아마도 훔친 것이 아닐까 생각이 든다며 미술치료가 이 학생의 부정적 에너지 표출을 도와 긍정적인 자기이미지를 찾고 행동변화에 도움이 되길 바란다고 했다.

이 이야기에서 우리가 알 수 있는 것은 교사가 공격이론에 대해 충분히 이해하지 못했다 해도 이미 교사의 이야기 속에는 본능 에너지의 강렬함을 말하고 있으며 그 에너지를 표출하지 못하고 갇혔을 때 학생 자신과 학생의 주변체계에 위험이 될 수 있다는 생각을 하고 있다는 것이다. 그러나 이 학생의 본능 에너지를 다루려면 개인력과 가족력의 전반적인 내력과 초기 환경뿐 아니라 근원적인 인간 본성의 문제로 들어가야 하므로 매우 복잡해진다. 따라서 단순한 문제로만 볼 수 없는 이 사례에 대해서 우리는 공격성의 기원에 대한 일차적인 이해가 필요하다.

다시 교사가 이야기한 마지막 부분인 선물과 관련하여 학생의 행동을 살펴보면, 이 학생의 행동은 단순한 공격성의 표현은 아니다. 어쩌면 이 학생은 인정받고 사랑받고 싶지만 그 마음을 받아줄 대상이 없었던 것 같다. 그래서 관심받고 사랑받고 인정을 얻기 위해서는 외부에 있는 무언가를 얻어야만 한다는 생각에 집중되었을 것이다. 이 학생의 마음을 이해하기 위해서는 우선 Winnicott의 관점에서 인간의 무의식적 환상을 이해해야 할 것이다. 이 맥락에서 보면 학생을 분노하게 하고 문제행동을 일으키게 한 원인이 되는 공격성이 무의식의 환상 안에 있음을 발견할 수 있을 것이다. 폭력적 행동과 선물로 교사의 관심을 유도하는 학생의 행동을 단순한 문제행동으로만 볼 수도 없으며 원초적인 환상요소인 공격행동으로만 보아서도 안 된다. 그러므로 여기에서 이 두 요소에 대해 더 살펴보기로 하자.

먼저 공격행동에 대한 환상요소를 살펴보기 전에 외부에 있는 관계로부터 오는 일차적인 공격성에 접근하기 위해 아동청소년 치료 상황에서 흔히 발견되는 놀이 상황을 예로 들어보자.

한 아동이 찰흙을 가지고 무언가를 만들다가 어느 순간 뭉개버리는 상황에서 찰흙으로 형상을 만들어 갈 때의 진지함과 그것을 다시 뭉개버릴 때 상기된 아이의 얼굴을 상상해보기 바란다. 사람은 누구나 회복에 대한 가능성을 느낄 때 공격충동을 표현할 수 있으며 기대가 전혀 없다고 느낄 때에는 아무것도 시도할 수 없다. 그러한 맥락에서 이 아동은 자신의 작품이 다시 구성될 수 있다는 희망을 가졌기 때문에 망가뜨리는 것 또한 가능했을 것이다.

이와 관련하여 다른 예를 하나 더 들어보자. 여러분은 늘 유순하고 부모에게 순종하던 아이가 어느 날 갑자기 반항적인 모습으로 돌변하고 부모에게 소리 지르며 공격해서 당황스럽다는 부모들의 이야기들을 들어본 적이 있을 것이다. 이는 청소년기의 중요한 특성 중 하나로서, 이제는 부모가 자신의 주인이 아니라 자기가 자신의 주인이 되어야 하는 과제와 함께 등장하는 이 반항적 태도는 매우 의미가 있다.

아이들은 자신의 태도에 대해 힘들지만 수용하고 감싸 안아주지만 권위 있는 태도로 견뎌내며 경계를 제공해주는 부모환경이 있고, 그 환경에 대해 믿음과 신뢰가 있다면 아마도 충분히 안심하고 공격적인 태도를 드러낼 수 있고, 또한 자연스럽게 공격행동을 멈추는 과정을 보여줄 것이다. 그러나 환경이 그 아이에게 안전하고 믿을 수 있는 곳이 아니었다면 대부분의 아이들은 부모를 떠나 외부에 있는 자신과 유사한 욕구를 가진 다른 친구들을 찾아가게 된다. 이것이 사회에서 말하는 가출을 동반한 반사회적 문제행동이다. 이렇듯 아이들은 너무나도 정확히 자신이 마음대로 할 수 있는 곳인지 아닌지를 잘 안다.

마찬가지로 임상에서는 치료대상자들이 자신을 받아줄 수 있는 기댈 수 있는 곳이라는 믿음을 발견하게 되면 치료사를 마음대로 좌지우지하려는 행동을 드러내게 된다. 그림 표현에서 "죽여버리고 싶다. 서로 잡아먹고 있다." 등은 청소년 임상에서 흔히 등장하는 표현들이다. 잠재적인 공격성 문제의 경우 언어로는 확인이 어려우나 그림은 시각적 표현으로 노출되므로 그림을 통해서 억눌렸던 감정을 표현하게 된다. 그림은 시각적 대면을 통해 자기관찰 경험이 가능하므로 그려진 이미지가 받아들여지고 작업과정을 통해 혼돈된 감정이 질서를 찾게 되는 해독제 역할로 경험된다. 그러므로 마술적인 파괴본능을 이미지로 투사하여 내보내지만 실제로 폭력은 일어나지 않는 것을 볼 수 있다. 만약 이러한 공격성을 배출할 통로가 없다면 아이들은 실제로 타인에게 해를 입히게 된다.

아주 오래전에 백화점에서 아동과 어머니의 행동을 목격한 사실을 예로 들어보겠다.

갑자기 들려오는 아이의 울음소리와 험상궂은 얼굴을 하고 아이를 윽박지르는 어머니의 모습이 눈에 띄었다. 얼마쯤 시간이 지났을까 아이의 울음소리는 그쳤지만 어머니는 아이를 안은 채 소파에 몸을 묻고 매우 지친 모습으로 앉아있었다. 그 어머니가 너무 안타까워 보여 말을 건네자 유난히 힘든 아이라며 긴 숨을 내쉬었다.

어린아이들은 어머니를 지치게 함으로써 공격성을 표출하는 것 같다. 이 경험은 아이로 하여금 자신의 공격성이 어머니를 힘들게 한다기보다는 좋아할 것이라고 왜곡하여 기대하게 만들고 결국 이후부터 아이는 화가 날 때면 어머니를 지치게 하는 행동을 통해 공격성을 드러내게 된다.

다른 예로 과거 오래전에 만났던 한 여학생의 예를 들어보자.

평소에 이 여학생은 어머니를 무척 염려하고 좋아하지만 화가 나면 어머니에게 폭언을 하고 온갖 요구를 하며 괴롭히곤 했다. 그러다가도 어느 순간에는 어머니가 자기 때문에 힘들었을 것에 대해 안타까워하며 죄책감에 사로잡혀 고통스러워하며 슬퍼하곤 했다.

여기에서 나는 이 여학생의 일차적 공격성을 느낄 수 있었다. 어머니를 공격한 후에 느끼는 죄책감은 어쩌면 실제적인 상처로부터 어머니를 보호하는 역할을 하는 것 같다. 이후 자책감에 빠져있던 이 여학생은 자신의 손목을 그어 자살을 시도했는데 그것은 자신을 공격하는 고통을 통해 어머니가 다치는 것을 막으려는 시도로 이해할 수 있다. 다시 말해서 개인은 공격성을 사용하여 대상을 상처 입힐 수 있고 그러한 공격충동을 가지고 있으면서 또한 사랑하는 대상이 상처 입는 것을 막기 위해 자신을 해하면서 자신의 공격충동을 억압한다는 것도 이해할 필요가 있다.

공격성을 내보낼 때 사용되는 반응은 위의 여학생처럼 한편으로는 공격성을 표현하는 동시에 한편으로는 공격한 대상에 대한 죄책감을 피하기 위해 스스로를 벌주는 피학적인 방법을 사용한다. 또는 외부로부터 오는 두려움을 통제하기 위해 공격성을 사용하는데 이 경우 학교에서 또는 가정에서 일어나는 청소년의 공격성과 관련하여 생각해볼 수 있다. 즉, 청소년이 내적으로 불안하다면 자기불안을 통제하기 위해 권위체계에 맞서는 형태의 공격성을 표출하는 것을 볼 수 있다. 건강한 청소년은 이처럼 피학적이거나 불안과 두려움으로 인한 잔인성을 동반한 공격성이 아니라 공격성을 학습과 관련한 경쟁이나 싸움 및 게임에 사용하므로, 이러한 경우 치료가 필요한 것이라기보다는 인정과 허용적 환경에 의해 극복이 가능해진다. 만약 게임과 같은 경쟁의 수준이 적응문제와 관련하여 청소년 자신이 통제할 수 없거나 또는 주요 체계인 성인이 관리할 수 있는 수준을 넘어서있다면 이차적 습득문제와 관련하여 관리가 필요하며 경우에 따라서는 법적 관리가 필요할 수도 있다.

마지막으로 청소년 스스로가 인정하고 책임질 수 있는 공격성은 창조적 행위로서 예술과 놀이 및 학업성취와 관련한 보상적 능력과 연결된다. 즉, 이때의 공격성 수준은 청소년에게 매우 가치 있는 성숙의 기회로 사용될 뿐 아니라 공격성의 승화활동으로 사용될 수 있다. 다시 말해서 공격성은 청소년에게 좌절의 표현이자 성숙을 위한 에너지의 근원이다. 따라서 아동청소년의 공격성이 현재 문제라고 하는 징후와 관련하여 어떠한 의미로 받아들여야 하는지에 대해 치료사는 반드시 이해하고 있어야 한다.

청소년과 공격성의 근원을 어떻게 관련지을 수 있을 것인가

최근까지 지속적으로 방영되고 있는 〈우리아이가 달라졌어요〉라는 프로그램을 많이 보았을 것이다. 이 프로그램에서는 소리 지르고 물고 차고 물건을 파괴하는 어린아이들의 파괴행동과 공격충동을 어떻게 관리해야 할지 심리 전문가와 정신과 의사가 제안하는 대처방법들이 많이 소개되고 있다. 공통된 이해는 아이의 욕구 좌절에 대한 부모의 이해와 행동수정을 통한 방안이 필요하다는 것이다. 여기에서는 이러한 아이들의 파괴행동을 이해하는 기초로서 공격성을 이해하고 계속 성장하는 유기체적 존재로서 개인을 이해하는 것에 초점을 두려고 한다.

관계이론의 맥락에서 접근하는 치료사들은 아동청소년의 공격성을 이야기할 때 공격행위 그 자체만을 가지고 개인을 이해하지 않는다. 그 아이가 어떠한 발달과정을 거쳐왔고 어떠한 환경에서 경험되었으며 어떠한 상황에서 공격성을 보이는지에 대해 관심을 가진다. 개인의 행위를 관찰해보면 공격성은 드러난 것만 있는 것이 아니라 숨겨져 있는 모습 또한 발견된다. 또한 개인의 특성만이 있는 것이 아니라 가족 내력에서 드러나는 특성이 있고 유전적 경향도 있음을 볼 수 있다. 이러한 특성들은 초기 유아기부터 현재에까지 이르는 발달과정과 관련이 있고 개인마다 독특성이 작용하며 공격성의 표현방법도 각자 다르지만 인간 모두에게서 공통적으로 발견되는 본성의 특징들이 있다.

Winnicott(1939)은 이와 관련하여 출생 전 태아와 초기 유아의 운동성을 들어 개인의 공격성이 어떻게 시작하는지 설명하고 있다. 유아가 아무 이유 없이 누군가를 치는 행동이 상처를 입히는 결과를 가져오는 것을 볼 수 있으며, 그다음에 등장하는 행동에서는 사랑하기도 하고 증오하기도 하며 대상을 보호하는 모습을 볼 수 있다. 그리고 더 나아가서는 한 아동의 파괴적 생각과 충동이 어떠한 행동유형으로 조직화되는 방식을 추적할 수 있다. 건강한 발달과정에서 이 모든 것은 아동의 의식적이고 무의식적인 파괴적인 생각과 그러한 생각에 대한 반응으로 나타난다. 그리고 이 모든 것들을 아동의 꿈과 놀이에서 또는 아동이 마음 놓고 공격할 수 있는 수용적인 환경 안에서 표현되는 공격행동에서 찾아볼 수 있다. 이러한 공격행동은 유아가 주관세계 바깥의 세계를 발견하고 외부 대상과 관계를 맺을 수 있도록 이끈다. 그러므로 공격성의 가장 초기 형태는 움직이고 탐색을 시작하도록 하는 단순한 충동에서 찾아볼 수 있다. 공격성은 항상 자기와 자기가 아닌 것 사이를 명확하게 구분할 수 있는 능력과 연결되어 있다 (Winnicott, 이재훈 외 역, 2001, p. 33:3-33:22).

오래전에 만났던 공격성을 다룬 두 청소년의 매우 다른 형태의 사례가 생각난다. 두 사례 모두 교사로부터 의뢰된 사례였는데, 한 예는 매우 위축된 성격을 가지고 있었고 또 다른 사례는 밖으로 공격성을 표출한 경우이다.

첫 번째 청소년은 독실한 기독교인인 부모환경에서 자랐고 청소년의 호소에 의하면 기억나는 시점으로부터 한 순간도 형과 비교되지 않은 적이 없었으며 형과 자신을 비교하는 어머니는 늘 두려운 존재였다. 모범적이고 우수한 학습능력을 가진 이 청소년은 말이 없고 우울하며 어두운 표정을 하고 있었다. 고등학교 2학년이 되면서 분열 증세와 망상장애를 나타내어 정신과 치료를 받아야 했으며 오랜 시간이 지난 지금은 정신분열증이라는 진단을 받고 정신과 치료체계에서 생활하고 있다. 두 번째 청소년은 초기 유아기부터 어머니의 아버지에 대한 분노가 아들에게 투사되어 어머니의 마음으로부터 버려진 아이였다. 어머니로부터 거부당했음에도 이 청소년이 외적으로 보여준 유아기 특성은 별 무리 없이 밝게 성장해왔으나, 청소년기가 되면서 가출과 문제행동을 일으키고 충동적인 공격성으로 주변을 괴롭혀왔다고 한다. 어머니의 표현에서는 자신이 아이를 매우 사랑했다는 이야기가 강조되고 있었다. 이 청소년은 충동적인 반사회적 문제로 인해 법적 조치를 받아야 했지만 이후 안정된 환경으로 회복하고 현재는 매우 적응적인 사회생활을 하고 있다.

전자의 경우는 공격성을 자기 안에서 발견하지 못하고 외부에 있다고 느끼므로 외부에 있는 공격이 언제 자기에게로 향할지 몰라 늘 긴장하고 염려하는 경향성을 갖게 된다. 이 경우 개인에 따라서는 자신의 모든 충동적 욕구가 심각할 정도로 억제되고 공격성을 내부에 간직한다 해도 자기 나름대로의 배려와 보호욕구를 발달시키면서 자기통제력을 가지게 되면 내적 자유를 찾을 수 있다. 그러나 자기통제력을 찾지 못하게 되면 주변체계와 세상은 무자비한 공격 충동에 의해 공격받아야 한다. 이와 다르게 반사회적 행동으로 자신의 공격성을 표출한 후자의 경우는 자신의 공격성을 외부로 표출하는 데에는 제한성이 있기 때문에 표현을 통해 공격성이 감소될 수 있는 가능성이 있어서 오히려 다행이라고 볼 수 있다. 전자의 경우는 실제로 박해대상이 없는 경우 망상적으로 계속 기대하고 자기보호를 위해 상상 속의 공격대상을 만들어내야 하므로 문제가 끝없이 이어질 수 있어서 해결지점에 도달하기가 어렵다.

후자와 유사한 또 다른 사례는 공격성이 오로지 부모에게만 향하는 경우였는데 특히 어머니에 대한 분노가 주된 공격성의 모습이었다. 교사의 의뢰로 치료를 위한 시도가 진행되었는데 과정에서 드러난 공격성의 요인이 어린 시절 그 청소년에게 향한 어머니의 폭력이었고 그 것의 배경에 있는 요인은 어머니가 경험한 아버지로부터 당한 폭력이 원인이었다는 것이 발견 되었다. 남편으로부터 학대를 당한 어머니가 남편과 동일시된 아들에게 분노를 투사하여 폭 력이 반복되었고, 아들은 어린 시절 억압시켰던 공격충동을 청소년이 되면서 표출하게 된 사 례이다. 어머니에 의하면 어린 시절 이 학생은 매우 유순하고 우울할 정도로 말이 없는 아이였 다고 한다. 어머니의 기억에 이 아이는 수유 중에 자주 젖꼭지를 깨물었는데 그럴 때마다 순간 남편에 대한 분노가 올라왔고 그 아이를 죽이고 싶을 정도로 싫어했다고 했다.

만약 이 청소년이 어린 시절에 어떠한 식으로든 공격성과 어머니의 폭력에 대한 분노와 적 대감을 개방적으로 표현할 수 있었다면 오히려 지금 보이는 공격성으로부터 벗어날 수 있었 을 것이다. 그러나 청소년은 어머니에 대한 화를 내부에 간직한 채 긴장하고, 유아 초기부터 본능적으로 가진 자기 내부의 공격성을 발견한 것이 아니라 외부인 어머니에게서 발견하였으 며, 성장과정 내내 외부로부터 공격성이 자기를 향할 것이라는 염려와 두려움을 가졌을 것이 다. 초등학생이 되면서 실제로 다가온 어머니의 폭력은 학생의 성장과정에 실제 외부 공격자 로서 재현된 초기 유아기 박해대상이었던 것 같다. 이것은 그에게 필요한 과정이었고 지금은 치료환경에 들어왔으며 아직은 인정하지 않지만 자기 감정을 드러내고 화의 근원지를 찾아가 고 있어서 변화를 기대해볼 수 있을 것이다. 이 사례는 우리로 하여금 어린 시절에 자기통제가 지나치게 심할 경우 언젠가는 감당할 수 없는 폭발을 일으킬 수 있다는 것을 암시해주고 있다.

Winnicott은 개인의 성숙과정에서 나타나는 건설적인 충동으로서의 공격성을 놀이와 연결 하여 이야기했다. Winnicott이 강조하는 건설적인 놀이는 "시간의 흐름과 함께 아동이 부모 또는 대리부모가 만들어주는 환경 안에서 경험하는 삶의 총체적인 결과로서 나타나는 것이다 (Winnicott, 1936, p. 37)." 건강한 아이들은 놀이과정에서 자연스럽게 부수고 분노하고 보복 하면서 동시에 그 상황을 받아들이게 된다. 대부분의 아이는 엄마를 아프게 하면서 깨무는 행 위를 통해 음식물을 먹는 즐거움으로 전환한다.

앞에서 소개된 청소년의 유아기 때 어머니의 젖꼭지를 깨무는 행위를 생각해보면, 그 청소 년이 어린 시절 어머니의 젖꼭지를 깨물었을 때 어머니의 분노가 드러나는 대신 수용적 경험 을 했더라면 반복적인 그 경험을 통해 공격성을 표현할 수 있는 능력을 잃지 않았을 것이다. 그러면서 이후 자신의 공격적 행위가 어떠한 결과를 가져온다는 것을 자연스럽게 알게 되고 흥분을 관리할 수 있는 복잡한 과정을 거치면서 공격성을 승화하는 과정이 가능했을 것이며, 그 결과 사랑하고 놀이하는 데 사용할 수 있는 건설적인 기여를 가능하게 했을 것이다.

결국 Winnicott이 강조하는 공격성의 기원은 심리내적 갈등의 원천이자 갈등해결의 원천으 로서 생명의 본능이다. 대부분의 분석가들에 의하면 모든 공격행동은 공격욕동이 자아기능에 의해 수정되고 외현적으로 나타나는데, 그것은 간접적으로 위장되어 나오기도 하고, 직접적인 경쟁을 통해서 나오기도 하며, 타인의 목표를 방해하는 수동적인 공격이나, 자해적인 행동으로 공격성을 표출하며 확대적인 의미로서 주도성과 권리주장을 공격성에 포함하기도 한다.

무력감에 빠져 아무런 희망을 느끼지 못하던 한 청소년이 떠올라 마음이 아프다. 그 아이는 자신이 무엇을 하며 살아온 사람인지 경험을 회상하지 못하는 듯 자신의 모든 지난날을 망각한 채 살고 있는 듯했다. 기억상실증에 걸린 듯 과거를 기억하지 못하는 이 아이는 부모의 폭력과 거절에 대해서마저 분노감정을 갖지 못하고 반성문을 쓰듯 늘 자신이 잘못해서라며 넋두리를 하는 아이였다. 또래관계에서도 적응하지 못하고 반복적인 부적응행동을 통해 비난받을 일을 만들어내는 아이였다. 이 아이를 보면 초기 환경의 좋은 양육이 인격의 통합에 얼마나 중요한 영향을 미치는지, 그리고 사랑받은 경험이 없는 사람은 사랑의 대상이 없으므로 자기 안에 미움을 가지면서 자기를 돌보지 못하는 것뿐만 아니라 타인을 배려하지도 못하는 성격을 갖게 된다는 논리를 인정하게 된다.

청소년기 공격성과 죄책감의 관계를 어떻게 이해할 것인가

앞에서도 다루었듯이 청소년기 공격성의 일차적인 이해를 긍정적인 발달적 의미로서 시작하기로 한다. 우선 청소년기 아이들은 연속적인 발달과정에 있으며 초기 유아기의 내적 욕구로 인해 대상이 파괴되는 것으로부터 죄책감이 나타나고 그 죄책감의 결과로 긍정적 의미로서 생명의 본능이라고 일컫는 공격적 활동이 일어난다. 이 과정은 단순한 것이 아니며 매우 복잡하지만, 개인의 정서가 발달하면서 연속과정이 일어난다는 것은 다른 어떠한 설명보다도 적절하다고 본다. 이것은 Klein의 죄책감 발달에서 좀 더 분명하게 설명될 수 있을 것이다.

Klein은 죄책감의 기원과 관련하여 초기 유아기 때 어머니의 몸에 대한 탐구욕에 대해 이야기하면서, '편집분열적 자리'라는 발달단계의 개념을 빌려 인간 본성의 파괴성을 설명하고 우울적 자리발달에서 죄책감의 정서적 과정이 어떻게 건강함으로 연결되는지에 대해 설명했다. 초기 유아는 죄책감에 대한 능력이 아직은 없으나 자연스러운 발달과정을 거쳐 죄책감의 능력을 갖게 되는 기간이 있다.

나는 이 시점에서 둘째 딸의 성장과정에서 발견된 죄책감의 시기에 대해 이야기하고자 한다.

두 번째 생일이 막 지났을 즈음이었을까, 어느 날 저녁시간에 온 가족이 식사 후 거실에서 TV를 보며 과일을 먹고 있었다. 갑자기 둘째 딸아이가 달려 나오더니 무언가를 움켜쥐고 감추듯 거실바닥에 엎드렸고 순간 언니와 오빠가 달려들어 이상하다며 동생이 움켜쥔 것을 빼앗으려 하자 아이는 뺏기지 않으려 안간힘을 쓰며 울었다. 결국 언니와 오빠가 동생에게서 찾아낸 것은 언니의 빨간 몽당연필이었다. 아마도 언니의 빨간 연필이 부러웠던가 보다. 언니가 아끼는 연필을 갖고 싶은데 언니가 주지 않으니 그것을 가질 수 있는 날을 기대했을 것인데 아마도 이날이 그때였지 않았나 싶다. 원하는 것을 자신의 작은 손에 숨길 수 있다고 생각한 아이는 언니 몰래 가져가 숨기기는 했지만 나쁜 행위라는 것을 이미 알기 때문에 드러내고 가질 수는 없었을 것이다. 그러나 이 아이가 아직은 잘못을 어떻게 숨겨야 하는지에 대해서는 지능적이지 못하기 때문에 가족이 모두 있는 앞에서 그러한 행위를 보였다고 볼 수 있다. 언니의 공격과 함께 한바탕 울고 소란이 났지만 결국 언니가 아이에게 그것을 다시 선물하고 동생을 다독이던 그날이 지금도 선명하게 기억에 있다. 이 아이는 지금 매우 보편적이고 건강한 관심의 능력을 가진 청년기의 과정을 거치면서 성인으로 성장을 향해가고 있다.

이와는 다른 방향의 초등학교 3학년 남자아이의 이야기를 사례로 들어보자.

그 당시 이 아이의 누나는 심한 정서장애로 치료를 받고 있었고 치료과정에서 부모가 누나에 대해 더 많은 관심을 가질 수밖에 없는 상황이었다. 어느 날 누나가 학교에서 돌아오자 아끼던 햄스터의 팔다리가 찢겨진 채 죽어있는 것을 발견하고 집안에 한바탕 소동이 났다. 누나는 동생이 그랬다고 의심하진 않았지만 부모는 이미 그것을 알고 있었고, 그렇지만 밝힐 수 없었을 것이다. 여러 상황으로 보아 나는 짐작할 수 있었고 부모 상담에서 그 사건이 드러나게 되면서 동생에 대한 관심과 부모역할에 대해 더욱 강조하게 되었으며 동생의 공격성 문제를 돕기 위해 집단 참여를 권유하게 되었다. 이 일이 있은 후 동생은 집단 개입을 통해 극복과정을 거치게 되었고 부모의 양육태도 변화가 가족의 역할균형을 가능하게 하였다.

동생의 사례에서 알 수 있는 공격성의 근원은 부모의 사랑이 누나에게로 옮겨가 버렸다는 좌절에 따른 분노와 대상에 대한 미움과 사랑이, 그리고 부모의 사랑이 자기로부터 사라지는 것에 대한 두려움 반응과 관련되어 있다는 것이다. 그 아이는 자기 내면으로부터 올라오는 파괴성이 자기가 사랑하는 사람과 관련이 되어있으므로 자신이 스스로 그 공격성에 대해 책임감을 갖고 감당하기란 어려웠을 것이다. 누나에게 사랑하는 대상을 빼앗긴 동생의 분노가 스스로 감당할 수 없을 만큼 얼마나 강렬했을지 햄스터 사건에서 드러나고 있으며 더불어 나는 이것을 통해 인간의 좌절에 따른 파괴성의 강도를 이해할 수 있었다. 결코 사랑대상과 관련된 파괴성은 개인적으로 감당할 수 있는 것을 넘어서는 것이며 스스로 책임질 수 있는 쉬운 일이 아니다.

이 시점에서 우리는 통합이라는 개념과 관련하여 청소년 개인이 자신의 감정과 생각에 대해 책임을 지는 죄책감의 능력이 발달해가는 과정에 대해 다룰 필요가 있다. 건강한 청소년기의 아이들에게서 볼 수 있는 중요한 사실은, 아이들이 자기 안에서 올라오는 공격충동과 관련하여 자신의 고통을 매번 타인과 어떤 특정 대상에 투사하여 표현하지는 않는다는 사실이다. 물론 초기 유아기인 절대적 의존기에 붕괴된 정서문제는 이미 분열적 성격을 형성하게 된 경우와 관련되기 때문에, 지금 여기에서 논의하고자 하는 내용은 아동청소년치료사를 위해 청소년기 아이들의 공격성을 치료 영역에서 어떻게 수용해야 할지에 초점을 두고 있다는 사실을 이해하기 바란다.

　죄책감과 공격성과 관련하여 위의 햄스터사건을 다시 연결해보자. 동생이 참여한 집단의 구성원은 대부분 가정폭력과 알코올 중독인 부모를 둔 아이들로 구성되어 있었고, 대부분의 아이들은 강렬한 파괴적 특성을 드러내면서 의존적이고 심한 죄책감을 가진 아이들이었다. 이 집단에서 동생은 창작활동에서 자신의 파괴성을 거침없이 드러내기 시작했고 치료자를 반복적으로 잔인하게 죽였다. 치료자를 파괴하는 행위는 집단의 중반 이후까지 계속되었는데 그 과정이 얼마나 끔찍하게 내 감정으로 돌아왔는지 설명하기 어렵다. 그럼에도 나는 그 아이의 과정을 이해하고 있는 만큼 버텨야 했고 그 자리를 지켜야 했다. 이 과정에서 나는 그 아이와 개별 면담이 있었는데, 집단에서 보였던 태도와는 상반되게 개별적인 만남에서는 매우 순응적이고 치료자를 배려하는 모습까지 보였다. 이러한 태도에서 나는 그 아이의 관심과 인정에 대한 욕구가 얼마나 강렬했을지 이해되었으므로 그 아이의 감정을 있는 그대로 수용하였다. 그 일이 있은 후 아이는 가정에서 누나와 부모에게 공격과 협조라는 두 모습을 드러내기 시작했는데 어느 날은 학교에 가지 못할 정도로 심하게 앓으며 몸이 아프기도 했다. 몇 일간 아프고 난 뒤 아이는 또 다른 놀라운 변화를 보이기 시작했는데, 이전에 없었던 교사에게 순응적인 태도를 보인다거나 누나의 수업이 끝나도록 기다린다거나 자발적으로 부모의 집안일을 돕는 등의 변화가 일어나기 시작했다. 어머니는 누나를 기다리는 일은 이전에도 없었던 일이라며 집단경험의 효과성에 놀라워했지만 나는 이 변화를 다른 맥락에서 이해했다.

　이 변화는 집단에서의 만남과 개별 만남에서 교차된 치료자로부터 느끼는 사랑과 인정받고 싶은 욕구와 관련되며, 그 아이의 내면에서 온 유아적 미숙성의 원시적 측면이 발견되면서 파괴적 공격성의 출현과 함께 등장한 죄책감 문제로 이해되었다. 즉, 자기로 인해 상처 입은 대상이 보이기 시작하면서 협조하여 돌보고 싶은 마음이 움직였다고 볼 수 있다. 나는 그 아이의 공격을 견뎌내고 있었고 돌보고 있었기 때문에 아이는 두 감정을 다 다룰 수 있었으리라 본다. 이 경험은 부모의 구체적인 상담과정을 통해 힘을 갖게 되었고 그럼으로써 아이가 온전히 다시 가족 안으로 돌아갈 수 있었다. 이 사례를 통해서 죄책감은 원시적 사랑 안에 있는 파괴충동을 감당하는 데에서 가능하다는 논리를 또 한 번 가슴으로 이해하게 되었다.

　통합과 관련하여 소개하고 싶은 또 다른 사례는 한 청소년의 어머니 상담에서 경험된 공격성과 죄책감에 대한 내용이다. 지금 이야기하려고 하는 내용에 대해서는 치료사들이 흔히 경험하는 사례일 것이므로 이해가 쉬울 것이다.

　이 청소년이 가지고 온 문제는 초기 유아기에 상실된 사랑에 대한 분노와 공격성 문제였다. 여기에 구
체적인 이야기를 다 할 수는 없지만 핵심적인 요소는 공격성이 초기 대상관계 경험과 직접적으로 관련

되며 치료과정에서의 긍정적인 변화가 어머니의 통합되지 못한 정서로 인해 또 다시 어려움에 부딪히게 되었다는 것이다. 몇 개월 집중적인 치료를 통해 많은 변화가 나타났고 가족들도 놀라워할 정도의 긍정적인 변화가 있었다. 그 과정에서 어머니는 청소년의 치료에 소비되는 여러 불편사항을 호소하기 시작하면서 치료계획과 치료자와의 약속을 번복하기 시작하였다. 변화를 유지하기 위해 적절한 대안을 제시하고 확인하는 과정을 견디지 못한 어머니는 치료자에게 화를 내고 죽고 싶다는 표현으로 자해적 공격성을 표현함으로써 치료자를 협박하곤 했다. 그러다가도 때때로 어머니는 전혀 다른 모습으로 치료자에게 도움을 요청하곤 하는 모습들에서 앞의 사례와 유사한 공격충동과 협력하고 돌보려는 두 양상의 무의식적 욕구를 이해할 수 있다.

이 사례에서 우리가 무엇을 다루어야 할지에 대해서는 아마도 나와 만나게 되는 치료사들과의 논의에서 좀 더 구체화될 수 있을 것이라 기대하면서 이만 줄이려 한다. 다만 이러한 사례들을 통해서 우리가 알 수 있는 것은 개인이 가지고 있는 능력이 사용될 수 있다면, 모든 사람은 자기 안에 있는 본성에 해당하는 파괴적 공격성을 견뎌내고 자기가 한 일에 대해 책임지기 위해 불편을 견뎌내려는 자기의 능력을 위해 무언가를 수정하려고 노력할 것이라는 사실이다. 그 수정과정이 방해받는다면 공격충동에 대한 책임을 질 수 없게 되고 결국 자기구축은 실패로 돌아가므로 심한 우울감을 갖게 되거나 위의 어머니처럼 자해적 공격성을 사용하여 투사하고 자기파괴성을 다른 곳에서 발견하게 될 것이다.

이러한 관점에서 아동청소년을 만나는 치료사는 일차적으로는 변화할 수 있는 인간의 능력을 발견하고 믿어야 하며, 통합적 성숙을 향한 청소년기의 파괴적 공격성에 대한 이해와 건강한 죄책감의 형성이 어떻게 발달해가는지에 대해 이해해야 할 것이다.

청소년기 도덕성과 부적응문제의 상관성은 무엇인가

여기에서 나는 청소년기 부적응문제와 관련된 가장 흔한 문제로 반사회적 경향성과 도덕성 문제를 대상관계의 박탈경험으로 연결해보려고 한다. 나는 학교와 지역사회에서 교사와 치료사들이 아동청소년과 학생들의 문제행동을 그들의 심리내적 욕구를 이해하는 토대 위에서 다루기를 기대한다. 그러므로 이 글을 읽는 독자들 또한 그러한 맥락에서 공감하고 논의할 수 있기를 바란다. 현재 우리 사회와 학교의 청소년기 문제행동에 대한 방향은 과거에 비해 많은 변화가 있었지만 아직도 표면적으로 드러난 것과 실제적이고 구체적인 내용과는 상당히 다르게 왜곡되어 있는 것을 볼 수 있다. 문제행동을 보이는 청소년기 학생들이 가정에서는 부모에게, 학교에서는 교사에게, 그리고 사회에서는 대중의 보복감정을 불러일으키고 때로는 그 보복감정이 더 큰 문제를 가져오기도 한다. 그래서 우리 사회에서는 학교의 규칙과 법적 규제를 사용하여 문제를 완화시키려고 노력하고 있는데, 이것은 법과 규칙이 부모와 교사와 관계체계의 감정을 대신해줌으로써 주요 체계 간의 관계를 유지시켜 주는 토대를 마련해준다고 볼 수 있다.

이러한 논리에 대해서 부모나 교사는 아마도 의문을 가질지도 모르지만 관계이론의 맥락에서 보면 학교나 사회의 규칙은 관계체계의 무의식적 보복감정으로부터 청소년을 보호하는 것일 수 있다. 청소년이 문제를 일으킬 때마다 교사는 좌절을 느끼고 안타까워하지만 문제가 반복되고 시간이 지나면서 그 교사는 학생이 학교의 규칙에 따라 벌을 받도록 규제할 수밖에 없게 된다. 그러한 과정은 가정에서도 마찬가지이다. 문제가 발생한 초기에는 부모가 자녀를 보호하고 적응을 돕기 위해 최선을 다하지만 시간이 지나면서 좌절하고 자녀를 포기하게 되며 더불어 청소년은 분노를 쌓아가게 된다. 그러한 포기과정은 나의 치료관계에서 너무나도 많이 경험된 사례들이며 현재도 유사한 일들을 만나고 있다. 마찬가지로 치료가 되어갈 때쯤 이제 회복의 길에 가까이 들어섰다고 느끼는 순간 놀랍게도 이론과 경험적 보편성을 끼워 맞추기라도 하듯 부모가 좌절 상황에 들어가는 것을 볼 수 있다. 그래서 부모나 교사는 치료사가 될 수 없다는 한계가 성립될 수 있다. 물론 치료사도 이때 실수를 할 수 있는데 그것은 무의식의 보복감정을 고려하지 않고 이해하지 못하고 견뎌내지 못했기 때문에 일어나는 결과라고 볼 수 있다.

이러한 맥락에서 10여 년 전에 정신과 병원에 입원한 품행장애 및 정서장애를 나타내는 아동청소년들과 나의 치료실을 찾는 청소년기 아이들을 조사한 결과, 이들 대부분의 가족배경이 교육과 법을 중요시하는 직업을 가진 부모환경에 있는 아이들이었다. 표면적으로는 매우 반듯하고 좋은 양육환경으로 이해될 수 있는 배경을 가진 아이들이 왜 부적응적 문제를 보이는지에 대해 나는 생각해보아야 했고, 그것에 대해 조사한 결과 가정에서의 정서적 박탈은 품행문제와 학교생활 부적응과 직접적인 상관관계가 있는 것으로 이해되었다. 그래서 아동청소년의 치료접근과 방법은 부모와 중요한 체계 간의 관계문제를 해결하지 않고서는 이야기할 수 없다는 결론을 얻게 되었다. 이후 나의 아동청소년 부적응문제에 대한 모든 접근은 일차적으로 부모중재로부터 시작되었고 많은 치료에서 주변체계보다 아동청소년 개인에게 초점을 두는 치료방법에 이의를 제기하면서 어느 기간 동안 부모중재를 더욱 강화해야 한다는 것을 주장해왔다. 그 생각은 지금도 변함이 없다.

어쨌든 지금까지 아동청소년의 정서와 관련된 치료에서 드러난 문제의 결과는 내가 조사한 결과뿐만이 아니라 많은 아동청소년 관련 연구자들과 정신분석가들 사이에서도 유사한 이야기가 논의되어 왔다. 이것은 가벼운 정서문제와 문제행동에서부터 심하게는 성격장애와 정신분열증에까지 문제의 범위가 다양하다. 이론은 그러한데 사회에서는 왜 부도덕하다고 보이는 행동의 변화에만 초점이 맞춰지는 듯한 접근을 하는 걸까? 드러난 행동문제와 도덕성에 대한 심리적 이해를 어떻게 해야 하는 걸까? 생각해볼 필요가 있다. 도덕성이 결여되어 보이는 품행장애와 관련된 부적응문제를 가진 아동청소년은 아마도 자신에게 가장 필요하다고 느끼는 안정감과 위로를 가정이나 학교에서 찾기보다는 밖에서 찾고 있다고 볼 수 있다. 그 위로대상을 찾기 위해 선택된 행위는 현재에 드러난 결과일 뿐 핵심문제는 더 오래되고 가장 기초적인 위로와 안정감 때문일 것이다.

Winnicott(1946)은 어린 아동이 훔치는 것은 물건이기보다는 자신의 좋은 어머니를 찾는 것이라고 했다. 아동은 어머니로부터 좋은 것을 얻을 권리가 있으며 그것은 아동 자신이 자기의 능력인 일차적인 창조성으로부터 어머니와 자신의 좋은 것을 만들어냈기 때문이며, 그뿐 아니라 아버지를 찾아 자신의 공격으로부터 어머니를 보호하게 한다(Winnicott, 이재훈 외 역, 2001, pp. 64-65).

이러한 맥락에서 지금쯤은 중년의 나이에 진입해있을 초기 청소년의 사례를 들어 훔치기 문제를 생각해보기로 하자.

> 사례의 대상은 당시에 초등학생이었는데 어느 날 부모의 지갑에서 10만 원권 수표를 훔쳐 동네 슈퍼마켓에서 동일한 문구를 반복적으로 구입하는 행위가 시작되었고, 유사한 시기에 과자를 훔치는 일이 발각되면서 수표를 훔친 일이 드러나게 되었고 그 일로 인해 처음으로 아버지로부터 심한 꾸중과 벌을 받게 되었다. 아이는 아버지로부터의 벌을 오히려 기뻐하는 내용을 일기장에 쓸 정도로 아버지의 꾸중을 원망하고 슬퍼하기보다는 오히려 아버지의 관심을 확인한 양 기뻐하며 문제행동은 잠시 휴지기에 들어갔다. 그러나 이후 아이는 폭력행동 등 점점 확장되는 다양한 문제행동이 드러나게 되면서 치료환경에 의뢰되었다.
>
> 이해를 돕기 위해 아이의 배경을 좀 더 이해할 필요가 있을 것 같다. 아이는 출생 직후 입양되어 부유한 환경에서 현재 부모를 친부모로 알고 성장해왔다. 아버지는 따뜻한 분이셨지만 아내에게 주장하지 못하는 아버지였고 어머니는 매우 경직되고 제한적인 감정으로 딸을 대해왔던 것으로 알고 있다. 아이는 어릴 적부터 어머니를 좋아했지만 늘 거절적인 어머니에게서 깊은 좌절을 경험했으리라 짐작된다.

나는 이 아이의 훔치기 문제를 Winnicott이 언급한 유아의 원시적 사랑 안에 있는 어머니에 대한 공격성으로 이해했고 가정 내에서 찾지 못했던 사랑을 집 밖에서 찾고 있다는 관점에서 치료를 시작했다. 그 아이는 아무리 찾아도 찾을 수 없었던 어머니의 사랑을 찾아 헤매고 있었고 충동적으로 문제행동을 하는 자신에게 울타리를 만들어주고 한계를 그어주는 아버지를 필요로 했을 것이다. 그래서 자기를 지켜주는 아버지의 권위를 발견하고자 하는 강력한 욕구를 문제행동으로 드러냈던 것 같다. 반사회적 행동이 어느 정도 수준에 도달하면 더 이상은 어머니의 사랑을 추구하는 것이 아니라 어머니를 보호해줄 더 엄격하고 강한 대상으로서 아버지를 찾는 욕구로 드러나게 된다. 이때 아버지는 따뜻하고 안아주는 아버지여야 할 필요가 있지만 동시에 보다 더 강하고 엄격해야만 원시적 충동과 죄책감을 극복하고 회복을 도울 수 있다.

사례의 아버지는 따뜻했지만 무력하여 강력한 힘이 있는 울타리로서의 역할은 제한적이었던 것 같다. 청소년기 아이들이 말썽을 부린다는 것은 아직 희망이 있다는 것을 의미하므로 신뢰할만한 강한 대상이 필요하다. 아마도 치료자가 그 역할을 할 수 있으리라 보며 학교의 울타리와 규칙이 그 역할로 대변될 수 있으리라 생각되므로 학교 내에서의 치료적 접근체계가 무엇보다 중요하다고 본다. 만약 부적응 청소년이 순응적이고 전혀 문제를 일으키지 않는다면 아마도 그 아이는 자신에게 사랑의 능력은 없어야 하는 금지된 영역으로 받아들이게 되며 그 결과 아무것도 가져서는 안 되는 무력한 자기로 비하시킬 것이다. 또한 우울하고 해리성 인격을 경험할 수 있으며 결국은 폭력적 행위 외에는 그 어느 것도 현실감을 경험할 수 없게 만든다. 나는 이러한 청소년을 수없이 만나왔고 지금도 만나고 있다.

또 다른 한 청소년의 경우 표면적으로는 순응하는 아이지만 보이지 않는 곳에서는 언제라도 무슨 일을 일으킬지 모른다고 호소하는 어머니의 이 아이에 대한 불안이 최근에는 어머니 자신의 분노감정을 통제하지 못하고 폭력으로 표출되기도 했다. 어머니의 이러한 정서와 아이에 대한 태도는 양육을 포기한 것처럼 치료자에게 책임을 떠넘겨버린 듯 했다. 더욱 안타까운 것은 변화가 보이기 시작할 때 치료에 대한 관심을 중단해버린 모성이 아직도 등을 돌리고 돌아보지 않는다는 점인데, 심한 무력감에도 불구하고 어머니의 관심에 대한 끈을 놓지 않고 버티고 있는 아이와 아버지를 나는 포기할 수가 없다. 내가 그들의 어머니이자 아버지가 되어야 한다는 나의 역전이 감정을 어떻게 할 수 없기 때문이다. 또한 내가 그들의 대상으로서 살아남지 못하면 그리고 믿을 수 있는 보상의 기회를 제공하지 못하게 되면, 그 청소년은 유아적인 원초적 방어(불안, 분열, 해체)를 사용하여 잡고 있던 끈을 놓아버리게 될 것이며 그렇게 되면 더 이상은 기대할 수 있는 것이 아무것도 없기 때문이다. 이 청소년은 순응이라는 외현적 도덕성을 가진 아이이다. 순응은 진정한 성실성으로 지켜낼 수 있는 자기 능력을 희생시키고 결정적인 어려움에 부딪히게 되면 그 순간 파괴되어 버리는 도덕성으로서, 그 아이는 현재 순응이라는 거짓 자기를 사용하여 버텨내고 있지만 흡사 언제라도 폭발할 수 있는 지뢰를 안고 있는 것과 다를 바 없어서 매우 안타깝다.

3. 아동청소년기 정신건강의 범위

청소년의 정신건강은 단편적으로 이야기할 수 없으며 앞에서 논의된 다양한 특성과 관련하여 설명될 수 있을 것이다. 따라서 여기에서는 우선 정신건강의 보편적인 개념을 정리하고 청소년기 발달적 특성과의 관계에 대해 다룰 것이다.

아동청소년의 정신건강 개념과 의미

정신은 사고나 감정의 작용을 다스리는 인간의 마음으로 대뇌기능의 이상을 의미하는 정서적 관계와 사회문화적 맥락 내에서의 평형의 의미를 포함하며, 건강은 신체적 건강과 함께 인간의 정서사회적·정신적 가치와 윤리의 균형이 외부환경에 적응적이고, 개인이 자신의 능력을 최대한 발휘할 수 있는 광의의 개념을 포함하는 용어이다. 따라서 건강과 정신을 합한 정신건강은 개인이 바라고 원하는 방향으로 목표가 달성된 이상적인 상태를 지칭하며 정신건강을 위한 실천적인 수단을 강조하는 용어로서 정신위생이란 개념을 사용하기도 한다. 정신건강의 사전적 의미는 포괄적인 의미의 정신적 안녕과 신체적·사회적·도덕적 건강의 개념을 포함한다. 소극적 의미로는 병에 걸리지 않음 또는 병에서 회복되었다는 의미이며, 적극적 의미로서의 정신건강은 개인이 최선의 기능을 발휘하는 하나의 이상적인 상태라고 볼 수 있다. 이러한 개념적 의미를 종합하여 일반적으로 통용되는 정신건강의 개념을 정리해보면 정신적으로 건강하지 못한 상태의 예방과 치료라는 소극적 측면과, 정신적으로 건강한 상태의 유지 및 증진이라는 적극적 측면을 모두 포괄한다고 말할 수 있다. 미국 정신위생위원회에서 보고한 정신건강의 개념은 정신질환에 걸리지 않은 상태만이 아니라 만족스러운 인간관계와 그 관계를 유지할 수 있는 능력을 의미한다. 이는 모든 유형의 개인적·사회적 적응을 포함하며, 어떠한 환경에도 대처해나갈 수 있는 건전하고 균형 있는 성격의 발달을 의미한다.

학자들은 유사하면서도 다른 개념으로 정신건강의 조건과 특성을 이야기하고 있다. 예를 들면 Freud는 개인의 정신내적 발달과정의 관점을 강조하면서 성숙한 성격을 정신성욕의 발달과 관련시켜 각 발달단계의 욕구가 만족되었을 때 건강한 성격의 사람이 된다고 본다. 건강한 사람은 자아가 충분히 강해서 다양한 욕구와 현실적인 도덕규범과의 갈등을 해결하고, 도피하지 않고, 자유롭게 표현하며, 잘 적응할 수 있다고 본다.

대인관계론자인 Sullivan은 대인관계적 관점을 강조하면서 인간 개인이 가진 성격의 지배적인 주체를 대인관계로 보았고 그중에서도 특히 개인생활에 의미를 두고, 타인에 대한 지각과 태도를 강조하였다. 즉, 건강한 사람은 통합적 사고를 가지고 있으며 불안의 첫 반응은 도피이지만 원만한 대인관계 소통을 통해 만족과 이해가 형성됨으로써 불안이 사라진다고 보았다.

그러므로 건강한 사람은 과거 관계의 상징이 아니라 현실적인 관계를 맺을 수 있는 능력을 가지고 행동하며 정확한 지각과 자신과 타인에 대한 신념을 가질 때 만족이 가능해진다고 한다.

또한 사회문화론자인 Erich Fromm은 사회체계와의 관계적 관점을 강조하면서 정신건강의 준거를 인간과 그가 속한 사회관계에서 설명하고자 하였다. 건강한 사람은 비합리적인 권위에 복종하지 않고 양심과 이성을 받아들이고, 살아있는 한 늘 새로 태어나는 과정이 있음을 알고 인생을 가치 있는 선물로 받아들이는 사람이며 자신의 욕구를 외부와 적당한 관계를 맺어가면서 순차적으로 충족해갈 수 있는 사람이다. 만약 이것이 안 되면 그 사람은 착취적 성격과 흡입적 성격을 갖게 된다.

자아심리학자인 Erikson은 개인이 성장해가는 과정에서 발달단계마다 성취해야 하는 과제가 있으며 개인체계의 과제가 달성되지 못하면 다음 단계에 문제가 일어난다는 점을 강조하면서, 건강의 척도를 인생의 각 단계에서 습득되는 기본적인 신뢰의 형태에 따르는 것으로 보았다.

따라서 전반적인 학자들의 정신건강 조건은 자신과 타인에 대한 관용과 칭찬과 긍정적인 자기존중 능력, 타인존중의 자세, 자신과 타인에 대한 장점과 한계에 대한 이해와 수용능력, 인간의 모든 행동에 대한 원인과 결과의 이해, 고통을 견딜 줄 아는 자아성취에 대한 동기와 노력, 그리고 자기실현을 강조하는 것 같다.

정신건강과 관련된 기타 개념의 정의

정신건강과 관련하여 대립되는 용어로서 정신질환과 정신장애를 설명할 수 있다. 정신질환이란 질병의 개념을 강화시킨 용어로서 생물학적 또는 심리적 병변으로 인해 정신기능의 제 영역이라고 볼 수 있는 지능, 지각, 사고, 기억, 의식, 정동, 성격, 정신운동 등에서 병리학적인 현상이 진행되는 것을 말하며 이는 정신병적이고 신경증적인 모두를 포함한다. 정신병은 이해하기 어렵고 쉽게 공감이 가지 않으며 자아기능의 퇴행이 심하고 현실검증 능력이 거의 없는 특성적 징후를 가진 경우를 말한다.

정신병과 유사한 개념으로서 정신병적, 정신신경증, 신경증 등의 용어를 사용하고 있어서 이에 대한 개념을 구별할 필요가 있다. 본래 정신병이란 망상, 환각, 착란, 기억장애, 퇴행행동이 있으며 사회적 · 개인적 기능장애가 심하여 사회로부터 철회된 상태 또는 가정생활이나 직장생활을 수행하지 못하는 상태로 간주되었다. 현재 임상에서는 '정신병적(psychotic)'이란 용어로 많이 사용하며 이러한 개념은 엄격한 의미가 있다기보다는 사회적 기능과 자아기능의 심한 손상이란 뜻으로 사용된다. 정신신경증(psychoneurosis)은 정신병적인 정도보다 비교적 더 흔하고, 증상을 이해할만하며 공감할 수 있는 증후를 나타내는 것을 말한다. 신경증은 불안 증상을 중심으로 기질적 병변 없이 외적인 요인 또는 심인성 요인에 의해 신경증적 정신기제들이 작용하여 발생하는 것이 특징이다. 그 정신기제에 따라 강박증, 공포증, 성기능장애 등이 결과로 나타나며, 신경증의 증상과 징후는 매우 다양하고 광범위하다. 신경증의 증상은 현실검증력이 손상되지는 않았지만 일상에 지장을 초래할 만큼 불안정한 정서와 생활태도를 보이므로, 개인은 스스로 그 고통과 괴로움으로부터 벗어나려고 한다. 신경증에서는 정신병에서 보이는 괴이한 증상은 나타나지 않으나 정상의 상태와 정신병적 상태의 중간에 해당한다고 볼 수 있다.

정신장애(mental disability)는 정신병과 정신질환의 개념을 포괄하는 용어이며 질병 자체의 진행 외에도 질병으로 인한 기능의 파손까지 포함하며 정신지체와 정신질환으로 구성된다. 정신질환은 명확한 원인과 진행 및 예후가 분명하지만 정신장애는 증후군보다는 나으나 불분명한 경우이며, 증후군은 증상만 있는 경우로 구별되고, 정신지체(mental retardation)는 출생 시부터 또는 어려서부터 나타난 지적 능력의 결손을 의미한다. 정신질환은 과거에는 건강했으나 후에 병이 나타난 것을 의미하며 정신질환과 정신장애는 현재 혼용되어 사용되고 있다.

아동청소년의 정신건강을 돕기 위한 접근이론의 범위

아동청소년의 정신건강은 발달적 특성과 관련하여 생물학적 맥락, 심리학적 맥락, 사회환경적 맥락, 생태체계적 맥락에서 설명될 수 있을 것이다. 생물학적 맥락에서는 뇌기능의 취약성과 염색체의 유전성을 고려할 것이다. 심리학적 맥락에서는 불안의 개념을 중요시하므로 특히 학생의 정신건강에 관심을 갖는 아동청소년 및 학교미술치료에서는 의뢰 학생의 불안 수준에 관심을 가지게 될 것이다. 학생이 보이는 불안은 병리적 불안과 정상적 불안 두 맥락에서 정도의 차이를 고려해야 한다. 즉, 병리적 불안은 대다수의 사람이 일상에서 느끼지 않는 불안을 지속적으로 나타내는 것이며, 정상적 불안은 스스로 인식하고 있고 발달시기에 일시적으로 나타나는 것으로 결과적으로는 긍정적 의미로 제공될 수 있는 수준이다. 사회환경적 맥락은 사회, 제도, 문화의 거시적 차원에서 고려될 것이며, 생태체계적 맥락에서는 생물학적, 심리적, 사회적 요소 모두를 포괄하는 통합적 접근으로서 인간환경을 이해하기 위해 개인체계와 환경체계의 다양성과 복잡성에 대한 이해를 필요로 할 것이다.

생태체계적 맥락을 이해하기 위해서는 이와 유사한 일반체계이론과 생태이론을 이해할 필요가 있다. 일반체계이론에서 체계란 상호 의존적이고 상호작용하는 각각의 부분들로 구성되어 있고 체계가 성장함으로써 안정성을 유지해간다는 맥락이다. 따라서 인간행동의 원인은 반드시 기본체계 내부에 있는 것이 아니라 다른 체계에 있을 수 있다는 관점이다. 체계이론에서 말하는 체계의 구조는 세 가지 유형의 맥락에서 평가할 수 있다. 예를 들면 체계의 경계가 경직되었는가 또는 고립되었는가, 체계가 개방적인가 또는 폐쇄적인가, 체계의 유형은 어떠한 가 등이다. 체계의 유형은 직접적인 관심의 초점인 주요 체계로서 대상체계와 대상체계의 외부에 있으면서 영향을 미치는 교회 등의 상위체계, 부부와 부모 자녀 및 형제체계로서 종속적인 관계를 가지는 하위체계 등에 대해 평가하게 된다. 또한 체계의 항상성과 안정 상태에 대한 변화 유형과 행동특성을 통해 성장 수준을 평가할 수 있다.

생태이론은 환경이 인간행동을 결정한다고 보는 관점이며, 부적응행동은 예를 들면 특정 학생의 부적응적 행동원인을 말할 때 학생 개인의 문제가 아니라 그의 생활환경이 비정상적이므로 병리행동이 나온다고 보는 것이다. 반면에 생태체계이론은 환경과 인간을 하나의 총체로 보고 인본주의 철학을 토대로 접근하며 개인과 환경에 다양한 기법과 기술을 사용하는 통합적인 접근 맥락이다. 아동청소년의 정신건강을 다루는 치료사에게 생태체계적 접근은 아동청소년의 문제를 다양한 각도에서 통합적으로 이해하는 데 매우 의미 있는 접근방법이다(청소년 임상 미술치료 방법론, 제1장 참조).

제 2 장

아동청소년기의 발달적 특성

이 장에서는 아동청소년기에 획득해야 하는 성장의 맥락에서 발달적 특성인 신체적 발달과 인지발달 및 도덕성과 정체성 등 발달의 중요성에 대해 논의할 것이다. 일반적인 발달적 특성에 대한 내용은 이미 **청소년 임상 미술치료 방법론**(2005) 제1장에서 설명하고 있으므로 보편적인 특성은 이미 소개된 문헌을 통해 이해하기 바라며 여기에서는 발달의 개인차와 성역할의 특성과 관련하여 심리학적으로 풀어가 보고자 한다.

1. 신체변화와 적응문제

청소년기의 신체발달은 평생을 거쳐 유아기와 함께 최대의 변화가 일어나며 이것은 심리적인 면에서도 지대한 영향을 미친다. 그러므로 이 시기의 신체발달은 심리적 성숙과도 관련되며 중요하게 다뤄질 필요가 있다. 따라서 여기에서는 청소년기의 특성으로서 신체변화와 신체성숙이 발달과 적응에 미치는 영향에 대해 생각해보기로 하자.

신체변화에 따른 적응적 특성

청소년기에 흔히 듣는 이야기는 체격은 좋아졌는데 체력은 그에 못 미친다는 표현이다. 우리는 체격이 무엇이고 체력은 무엇인지, 체격과 체력의 차이는 무엇인지, 그 차이가 미치는 영향은 무엇인지에 대해 이해할 필요가 있다. 청소년기에 있는 아이들의 체격변화는 근육과 골격의 급성장이라고 볼 수 있다. 체격의 변화가 빠른 아이들은 대부분 12~14세에 변화가 두드러지기 시작하고 변화가 늦은 경우는 그 이후에 급성장하는데, 조기 성장을 하는 경우 성인이 되었을 때 늦게 신체가 성장한 사람에 비해 체중이 더 나가는 것을 볼 수 있다. 체력은 체격변화와 함께 발달하며 근력, 근지구력, 순발력, 스피드, 유연성, 전신지구력 등이 체력의 요인으로서 일상생활의 과제를 심한 피로감이나 스트레스 없이 수행하거나, 여가를 즐기고, 예측하지 못했던 위험에 대처할 수 있는 능력에 영향을 미칠 뿐 아니라 개인의 삶의 질을 높여주는 데 영향을 미친다.

청소년기의 생리적인 변화로서 내분비선의 뇌하수체와 성선(sex gland)도 급성장을 하게 된다. 뇌하수체는 전엽, 중엽, 후엽 등의 세 엽으로 구성되어 있으며 다른 많은 내분비선의 활동을 자극하거나 억제하기 때문에 가장 중요한 내분비선으로 알려져 있다. 특히 뇌하수체의 전엽에서 분비되는 생식선(혹은 성선)은 많은 성호르몬을 분비하며 청소년의 심리성적 발달과 사춘기의 신체변화에 영향을 미친다. 남성의 경우 뇌하수체에서 분비된 황체형성호르몬의 자극을 받아 고환에서 남성의 성호르몬인 안드로겐을 생성하기 시작하여 음경발달 및 정액과 이차성징의 발달을 담당하게 된다. 남성호르몬의 하나인 테스토스테론은 남성의 이차성징인 수염, 체모, 변성, 근육과 골격의 발육을 전달하고 유지하며 정낭, 전립선, 부고환, 남근 및 음낭을 발달시킨다. 여성의 경우 난소는 에스트로겐이라는 호르몬을 분비하여 자궁, 질, 나팔관, 유방 및 이차성징의 특징을 발달시키고 유지시킨다. 중요한 여성호르몬인 프로게스테론은 배란에서부터 다음 월경에까지 이르는 월경주기의 길이를 조절하고 임신을 대비하여 자궁을 준비시키고 임신을 유지시키는 역할을 한다.

사춘기에 일어나는 이러한 성적 성숙의 직접적인 결과로서 청소년은 이성에 대해 관심을 갖고 성에 관한 상상을 하게 하며, 성적 관심을 끌기 위해 시간과 비용을 투자하거나 성적 대상을 찾아다니거나 또는 자위행위에 몰두하거나 또는 어떤 청소년은 성적 관심을 학습과 운동과 같은 건설적인 방향으로 승화시키기도 한다. 신체변화와 함께 등장하는 이러한 청소년기의 변화는 성인으로의 재통합으로 가기 위한 전환기로서 중요한 최대의 변화이다. 이러한 청소년기의 신체변화와 함께 오는 성호르몬의 자극은 부모대상으로부터 분리해야 하는 욕구와 동시에 또래집단을 형성하게 되며, 더불어 초자아 기능 또한 변형과정이 일어나게 된다. 초자아 기능의 변화는 신체적 변화와 함께 불안을 자극하고 퇴행적 방어를 발생시키게 되므로 항문기 수준의 자기대상 조직화가 강화되고 반항적 태도가 나타나기도 한다.

특히 초기 청소년의 경우는 성장과 성호르몬 분비가 급증하지만 생리적 또는 성적 성숙이 이 발달의 마지막 시기에 가능해지므로 더욱 신체 이미지에 혼란을 느끼게 되며 따라서 자아 왜곡이 일어날 수 있다. 초자아의 기능은 부모의 통제로부터 벗어나 약화되고 자위행위에 몰두하면서 자기감을 획득하려는 한편 부모에게 도전적인 태도와 사회로부터 부적응적인 태도를 보이며 우울감, 수치감, 격노와 같은 정서를 나타내기도 하면서 합리적인 사고와 자율적인 자아기능은 감소된다. 중기 청소년들은 초기에 비해 다소 신체변화가 둔화되고 신체 이미지에 대한 자아의 지배가 강화된다. 오이디푸스적 대상에 대한 피상적인 에너지 집중으로 인해 강렬하지만 일시적인 상호작용이 일어나므로 이 시기의 욕동은 어느 정도 통합적이고 적응적인 자아기능에 의해 통제되고 행동화는 감소한다. 후기 청소년기는 심리구조가 상대적으로 안정된 시기이므로 신체상에 대해서도 자기감과 정체성을 가지고 통제할 수 있으며 관계를 맺을 수 있고 책임질 수 있는 개인능력의 확립이 가능해진다.

이렇듯 청소년의 신체변화와 자기의 신체변화에 대한 자각은 내면세계의 충실함과 자기감 및 정체성 획득과도 관련되지만, 청소년이 자기 신체의 변화에 대해 스스로 느끼는 가운데서도 성적 성숙의 변화는 일어나므로 특히 성적 성숙의 이러한 경험은 충격으로 다가가 심리적 혼돈과 관계의 어색한 현상을 일으키기도 한다.

신체성장의 개인차가 청소년기 적응에 미치는 영향

청소년기 발달의 또 다른 특성은 같은 연령에서도 신체성장이 다르고 성장에 따른 적응도 개인차가 매우 크다는 것이다. 이 시기에 신체발달의 빠르기는 적응과 성격에 영향을 미칠 뿐 아니라 성장속도에 따라 심리적으로나 행동적으로 차이가 있을 수 있으므로 개인차를 고려하여 이해해야 할 것이다. 신체성장이 빠른 청소년들은 대부분 안정된 행동, 자기수용, 타인에 대한 긍정적 태도, 적극적으로 활동에 참여하는 것을 볼 수 있으며, 성장이 느린 청소년들은 불안, 열등의식, 부적응적 행동을 나타내거나 성인이 되어서도 자제력이나 사회성이 부족한 경우가 흔히 있다.

신체성장은 청소년의 자기인식에도 영향을 미치며 그 영향은 성별에 따라서도 차이가 있다. 성장이 빠른 남아는 또래관계에서 인기가 있고 특권을 가지거나 인정받게 되므로 긍정적인 자기평가를 하는 반면에, 적극적인 청소년기가 되어가면서는 책임과 역할을 외부로부터 기대받게 되면서 긍정적인 영향뿐 아니라 심리적 압박과 자유에 부정적인 영향을 받게 된다. 여아는 성장이 빠른 경우 또래 사이에서 평판이 나쁘거나 사회적으로 불리한 면을 갖는 경우가 많음을 볼 수 있다. 중학생이 되면서는 성숙한 여성의 모습과 성적 관심으로 인한 문제가 생길 수도 있지만, 고등학생이 되면서는 자기개념이 긍정적이고 적응적이며 대인관계도 높아지는 것을 볼 수 있다. 반면에 성장이 늦은 여아는 또래로부터 인기가 높고 리더가 되는 경우가 있지만 성인이 되어서는 지배적이고 공격적이며 비판적인 태도와 타인에 대해 회의적이고 자기통제에 결함이 있을 수 있다. 성장이 늦은 남아의 경우는 또래로부터 놀림대상이 되거나 열등감이 높고 외부에 대한 거부감정과 지나친 관심욕구를 기대하며 지배적이고 과대적인 보상을 기대하는 성격을 형성할 수 있으며 성인이 되어서는 사회적 지위의 안정감(남녀 유사)이 낮을 수도 있다.

앞에서도 이야기했듯이 신체적 변화와 성숙은 청소년으로 하여금 성인으로서의 이미지를 갖게 하며 성역할의 정체성 강화에 중요한 영향을 미친다. 이 시기는 키나 근육이 발달하면서 사회나 또래로부터 인정을 받게 되고 운동기능도 성숙되지만 신체 각 부분의 성장이 전체적으로 조화를 이루면서 진행되는 건 아니기 때문에 청소년 전반기에는 일시적이지만 자연스럽지 못한 부조화 상태에 빠지기도 한다. 어색하고 자연스럽지 못한 느낌은 특히 청소년 남아의 자존심에 작용하여 신체변화에 혼돈을 주기도 하며 어떤 상황에서 어떻게 처신해야 할지 불안감을 자극하기도 한다.

청소년기의 남아들은 몇 가닥 있지도 않은 수염을 깎겠다고 면도기를 들려는 태도를 보이는데 이것은 수염을 깎는 행위를 통해 남성다움을 드러내고 싶은 동시에 스스로의 남성다움에 도취되고 싶은 욕구를 표현하고 해소하기 때문이다. 여드름이 난 청소년의 경우는 면도과정에서 상처가 날 수 있는데 상처로 인해 그 청소년은 자기인정과 과대자기에 상처를 입는 부정적인 경험을 하기도 한다. 그럼에도 면도행위가 주는 성인다움과 자기인정의 욕구가 우선되기 때문에 청소년들은 그 일을 그만둘 수 없는 것 같다.

나에게는 두 아들이 있는데 이 아이들이 중학생 때였던 것 같다. 아빠의 면도기를 몰래 훔쳐 책상 속에 감추고 수염도 없는 얼굴에 면도를 하다가 얼굴에 상처를 내기도 했던 일들이 기억난다. 청소년 여아의 경우는 보편적으로 남아에 비해 성장이 2년 정도 빠른 것 같다. 여아들 역시 남아 못지않게 성인의 모습을 모방하고 숙녀다워지기 위해 노력하는 모습들이 남아에 비해 더 빠른 시기에 드러나는 것을 볼 수 있다. 큰 키를 숨기려 어깨를 구부리고 살을 뺀다고 식단에 신경 쓰면서 엄마의 립스틱을 몰래 바른다거나 얼굴에 하얗게 파운데이션을 바르는 등 여성적인 모습에 신경을 쓰는 행위가 두드러진다. 또는 청소년 남아가 면도를 하듯 여아들은 다리나 겨드랑이의 체모를 깎는 것으로써 성역할을 드러내기도 한다. 즉, 남아가 수염 깎기를 통해 자기에 도취되듯 여아는 화장을 통해 자기도취적인 욕구를 채우려 하며 여성다움의 이상형에 접근하려고 한다.

또한 청소년들은 신체발달의 각 측면들이 또래의 승인이나 지지를 요구하는 양면적인 가치와 관련한 감정을 동반하므로, 지지받지 못했을 때 오는 좌절감은 낮은 자존감을 형성하게 한다. 그러므로 청소년이 자신의 신체적 변화를 수용하고 이 시기의 변화를 자연스럽게 받아들이도록 도와야 한다. 그러기 위해서는 이 시기 신체변화의 의미에 대해 가족과 또래의 적절한 인정과 보상반응이 필요하며 그로 인해 성역할에 대한 긍정적인 정체감을 형성하게 된다. 청소년은 자신의 신체에 대한 인정과 승인을 거침으로써 긍정적인 신체상을 형성하게 되며, 그러한 신체상은 청소년 자신의 신체에 대한 감각, 느낌, 태도를 포함하는 정신적 표상으로서 평생을 거쳐 영향을 미치게 된다. 이러한 신체상에 대한 관심은 청소년기에 가장 높으며 이 시기의 긍정적인 신체상에 대한 평가는 학업 성취와 안정감 있는 학교적응과 정서적 풍요와 직접적인 상관관계를 가지면서 영향을 미친다. 특히 신체상에 대한 부모의 평가는 청소년의 신체상 형성에 더욱 중요하고 직접적인 영향을 미치게 된다.

2. 인지발달과 적응문제

인지는 기억이나 사고에서 가장 기초적인 과정으로서 인지발달과 관련하여 이 시기에 정점을 이루는 청소년기의 지능이 사고발달과 어떠한 관련성을 가지며 사고발달을 촉진하는 환경적 역할은 무엇인지에 대해 우리는 관심을 가질 필요가 있다. 특히 청소년기의 중요한 발달적 특성인 형식적 조작사고의 발달과 자아중심성의 특성에 대한 이해는 청소년의 적응문제를 다루는 치료사에게 매우 의미 있는 중재를 가능하게 할 것이므로 여기에서는 그러한 내용들을 다룰 것이다.

지능과 사고발달에 따른 적응적 특성

지능이란 포괄적이고 추상적인 개념으로서 일반적으로는 언어능력과 문제해결 능력 및 환경적응 능력 등으로 정의된다. 지능은 유·아동기에 서서히 상승하다가 10~17세경까지 급상승하고 18~20세에 정점에 도달하며 20세 이후부터는 완만하게 낮아지면서 청년기에 완성이 된다. 일반적으로 지식은 기억에 의존하며 언어나 추리능력은 사고력에 의존하는 것으로 알려져 있으므로 이러한 청소년기 또는 청년기의 지능과 관련한 능력들은 사고력과 깊은 관계가 있다고 볼 수 있다.

기억이나 사고에서 기초적인 과정인 인지는 시야에 들어온 것이 무엇인지를 아는 것으로서 인지의 방식과 양식에는 개인차가 있고 그 개인차에 의해서 기억이나 사고의 양식이 달라진다. 인지양식이란 인지행동에서 나타나는 지능, 적성, 흥미, 동기 등의 개인차를 말하며, 외부 환경이나 사물을 지각하는 것과 상황이나 정보에 대한 지각과 사고 및 기억 등의 인지활동을 수반한다. 이 시기의 인지양식은 발달적으로 충동형에서 반성형으로 이행하는데 그 이유는 성장과정에서 충동을 억제하는 능력이 발달하며 이러한 자제능력은 도덕성의 발달과도 관련이 있기 때문이다. 아동의 연령이 증가함에 따라 기억방식도 발달하므로 주의집중 시간도 길어지고 기술도 발달해가며 그러한 기억기술에는 기계적 기억과 의미적 또는 논리적 기억이 있다.

기계적으로 기억한다는 것은 숫자 또는 의미 없는 단어 등을 기억하는 방식을 말하며 의미적 또는 논리적으로 기억한다는 것은 유의미한 단어 또는 관련이 없는 것에 의미를 부여하여 암기하는 기억방식을 의미한다. 보편적으로 6~10세경에는 기계적 기억이 우세하며 초기 청소년기에는 기계적 기억이 더 이상 발달하지 않고 진행되다가 중기 청소년기에 도달하면서는 의미적 기억이 더 쉬워지는데 이것은 인식이나 사고발달과 관련이 있기 때문이다.

형식적 조작사고와 자아중심성이 청소년기 적응에 미치는 영향

청소년기는 보이지 않는 모든 가능성을 고려하고 원리를 찾으며 이론을 형성할 수 있는 사고능력이 가능한 시기이다. 이러한 능력은 11~12세경에 시작하는 형식적 조작사고로 인한 결과이며 그러한 사고발달은 성인기까지 계속된다. 특히 청소년기의 형식적 조작사고는 가설을 설정하고 추론하는 명제적 사고, 문제해결 과정에서 관련된 변인을 찾아내고 분석하여 관련짓고 종합해내는 결합적 분석, 구체적인 대상과는 무관하게 사고할 수 있는 추상적 추론 등의 특성적 사고를 가능하게 한다. 그러므로 청소년기는 구체적 조작사고를 하는 아동기와는 다르게 추상적이고 융통성 있는 창의적 반응이 더욱 가능해진다(Piaget, 1950, 1967, 1971, 1972, 1980).

청소년기의 또 다른 특성은 사람과 관련되는 모든 대상의 제반특성에 관한 사고와 판단을 의미하는 광범위한 개념으로서 사회적 인지의 발달이다. 사회적 인지는 대인관계나 사회적 조직 내에서 사회적 행동을 결정하는 내재적 과정이며 사회인지의 대상은 자기와 타인 그리고 사회적 관계가 포함된다. 청소년기 발달에서 사회인지의 특성은 자아중심성(Elkind, 1978)으로서 형식적 조작사고가 발달하는 청소년기에 가장 자연스러운 발달적 속성이기도 하다. 자아중심성은 11~12세에 시작하여 15~16세경에 정점을 이루다가 다양한 대인관계를 경험하면서 사라지게 된다. 이러한 특유의 자아중심성은 개인적 우화와 상상적 청중이라는 두 가지 특성으로 청소년기 적응문제와 관련되어 긍정적인 요소와 부정적인 요소 둘 다를 가지고 영향을 미치게 된다.

개인적 우화는 청소년 자신이 특별하고 자신의 감정이나 정신세계는 타인과 근본적으로 다르다고 믿는 비합리적이고 허구적인 관념이며 이것은 현실검증력 및 자신과 타인에 대한 인식, 타인과의 친밀관계가 정립되면서 서서히 사라지게 된다. 개인적 우화의 긍정적인 결과는 성인이 하지 못하는 가능성을 믿고 실천할 수 있는 능력을 갖게 하며 환경운동 또는 학생운동에 참여하여 실천하고자 하는 힘을 발휘하게 한다. 반면에 부정적인 결과는 지나치게 영속성과 불멸성을 믿음으로써 음주, 폭주, 마약, 성문란 등의 파괴적인 행동 등의 위험행동에 빠질 수 있는 충동적 행위에 가담하게 만들기도 한다.

상상적 청중은 청소년으로 하여금 과장된 자아의식을 갖게 하여 타인으로부터 집중적인 관심대상이 되고 있다고 믿게 하는 또 다른 자아중심성의 형태이다. 자아중심성이 높은 청소년은 방임 또는 부모통제가 심한 경우와 폭력 및 반사회적 경향성과 연관될 수 있으며, 반면에 자아중심성이 낮은 청소년은 수용적인 부모와 애정관계를 유지하고 있거나 인정과 사랑을 받고 있다고 자각하고 있는 경우와 관련이 있을 수 있다.

이처럼 형식적 조작사고의 발달로 인한 청소년기 특유의 이상주의는 비현실적인 참여와 사고를 강화하기도 하지만 사회환경에 의해 다양한 조건들을 감당하게 하는 사고가 촉진될 수 있다. 예를 들면 보편성의 법적 근거나 상황에 대해 추상적인 원리에 근거를 두고 상황을 구체적으로 언급하는 경향성을 드러내면서 문제를 해결하려고 한다거나, 자신이 지각한 현실의 사회적 상황이 자신이 상상하는 이상과 맞지 않으면 좌절과 분노를 느끼면서 이상향에 대한 좌절이 일어나는가 하면, 사회적 통념에 대해 처벌 지향적이다가 나이가 들어가면서 개인의 자율성과 변화의 가능성을 인식하고 고려하는 비율이 높아진다. 이러한 특성들은 환경에 따라 상대적인 사고를 발달시켜 가게 된다. 즉, 역할수행의 과정에서 어떠한 상황에서는 의미 있는 행동이 다른 상황에서는 수용될 수 없다는 인식을 하게 됨으로써 상대적 사고를 발달시킬 수 있게 된다. 성장배경이 다른 다양한 또래집단을 만나게 되면서 자신의 생각과 기대가 타인과 다르다는 것을 알게 되고 이를 통해 자신의 가치관을 평가해볼 수 있게 된다. 학교교육을 통해서도 청소년은 논리적 관계를 학습하게 되며 일반적인 원리에서 특수한 원리를 찾아내기도 하고 다양한 것들을 모아 일반화시키는 추론을 학습하게 된다. 형식적 조작사고는 이 외에도 청소년의 정서에 영향을 미치며 방어기제를 사용하여 정서적 안정을 찾으려는 노력에 사용되기도 한다. '자아중심성'의 비현실적 사고가 극단적인 문제로 확대되면서 학교부적응을 초래했던 한 청소년의 사례를 살펴보자.

이 청소년은 의뢰된 당시 자신의 신체와 외모가 또래들과 다르고 얼굴과 가슴을 수술하지 않고서는 학교생활도 할 수 없을 것 같다고 호소하는가 하면, 누군가 자신을 쳐다보면 갑자기 화가 나고 극심한 공포감이 올라와 죽을 것 같은 호흡곤란을 느낄 정도로 불안을 나타내고 있었다. 숨이 막힐 것 같은 불안과 사람들과의 접촉에 심각한 스트레스를 느끼므로 학습에 집중할 수도 없는 상황이 되면서 병원 진료를 받고 공황장애 진단과 약물 처방을 받았으나 병원을 거부하여 심리치료에 의뢰되었다.

이러한 증상을 호소하기 이전에 이 청소년은 보편적인 청소년들의 특성적인 모습인 상상적 청중 현상을 드러내면서 사람들의 관심과 자신의 능력을 시험해보고자 했던 것 같다. 극단적인 자아의식을 드러내는 과정이 있었는데 길 가다 괜히 어깨를 으쓱하며 사람들이 자기를 쳐다보기를 기대했으며 교실에서 큰 소리를 내고 의자를 쿵쾅거리며 내려침으로써 친구들이 자기를 바라보게 한다든지 하는 도발적인 행동을 하여 시선을 집중시켜 보았지만, 누구도 지지적인 관심을 보여주지 않자 의자를 던져 유리창을 깬 사건으로 인해 징계 처분을 받았던 적이 몇 차례 있고 이후로 더욱 문제행동이 두드러지기 시작했었다. 아직은 사회적 기술이 부족한 이 청소년은 상상적 청중 현상을 통해 관심을 기대했지만 비난의 반복경험을 통해 스스로 의미 있는 행동을 발달시키지 못하고 자존감에 상처를 입게 되면서 심한 분노를 드러냈던 것 같다.

청소년들은 중요한 사람들을 즐겁게 하기 위해 노력하며 작은 실수에도 감정이 흔들리고 상처를 받고 분노감정을 드러내는 것을 볼 수 있다. 부모나 교사 또는 중요한 사람들로부터 칭찬받고 적절한 신뢰를 받는 경우 자아중심성이 낮게 나타나고 지나친 통제를 받은 아이들일수록 자아중심성이 높으며, 그러한 높은 자아중심성은 문제행동과도 연관이 깊다. 관심의 욕구와 자신이 타인과 근본적으로 다르다고 믿는 비합리적이고 허구적인 관념은 실수를 거치고 그럼에도 배제되지 않을 경우 어느 정도의 규제와 수용경험의 교육과정을 거치면서 현실검증력이 생기고 자신 및 타인인식과 타인과의 친밀관계가 정립되면서 서서히 사라지게 된다.

3. 자아의식의 발달과 적응문제

청소년기의 자아발달은 신체발달과 관련하여 독특한 정서와 감정을 유발시키고 그로 인해 정체감 위기를 유발시킬 수 있다. 여기에서는 자아의식이 어떻게 발달해가며 청소년기의 중요한 과제인 정체감 발달에 어떠한 영향을 미치는지에 대해 살펴볼 것이다.

자아의식 변화에 따른 적응적 특성

청소년기에 나타나는 내적 혼란과 외적 혼란은 문화적인 요인에 특별히 영향을 받는다기보다는 모든 사회에서 기본적으로 유사한 것 같다. 앞에서도 말했듯이 신체변화와 함께 등장하는 청소년기의 특성은 성적 충동에 대한 사회적 제약과 금기에 대한 죄책감과 수치감과 관련된 독특한 감정이다. 이러한 정서와 관련하여 청소년들은 내면에 감춰져 있던 또 다른 자기를 발견하게 되면서 긴장과 불안을 초래하기도 하지만 중요한 것은 자기가 자신을 통제하는 강력한 힘을 가진 존재라는 사실을 알게 되는 것과 동시에 지금까지 자신을 지켜온 신체의 질서를 재체계화하려는 움직임이 일어나면서 자기를 의식하게 된다는 사실이다.

이 시기는 자기가 자신의 주인으로서 누군가의 도움 없이 스스로 당면한 과제에 대처해야 하는 시기이기 때문에, 세상 밖으로 발을 내딛고 확장해가면 갈수록 불안의 정도는 심화되고 혼돈을 겪으면서도 청소년은 내적인 자기가 될 것에 대한 책임에 임하게 된다. 이전에는 외부로부터 어떠한 역할과 과제를 요구받을 경우 감당하기 힘들다고 느끼게 되면 부모에게 의존하고 뒤로 숨을 수도 있었고 관계를 피할 수도 있었지만, 청소년기에 등장하는 특히 대인관계 문제는 내부로부터 오는 문제이기 때문에 부모나 타인의 의존과 회피로는 불가능하다. 그것은 자기가 자신의 주인이 되어야 하기 때문이며 누군가가 자기를 대신하여 감당할 수 있는 것이 아닐 뿐 아니라 자기를 거부하는 것이기 때문이고, 내면에서 이미 비로소 자기 자신이 될 것을 기대하고 있기 때문이다.

이러한 과제와 함께 등장하는 청소년기의 내적 갈등은 형식적 조작사고의 발달로 인한 자기관찰 능력 때문일 것이다. 자기 자신뿐만이 아니라 타인의 눈도 의식할 수 있는 능력을 가질 수 있기 때문에 세상과의 관계가 깊어지는 것이다. 이러한 변화들로 인해 청소년기는 어느 발달단계에서보다 더욱 혼란스러운 시기인 동시에 통합적 주체로서 의식적 자기가 되는 시기이고, 자기의 개별성이 강조되고 타인이 아니라는 자아의식 가운데에서 정체성을 확립해가는 시기이다.

자아정체감(Erikson, 1968)은 자아의식보다 더욱 포괄적인 개념으로서 자신이 동질적인 존재라는 사실 자체에 대한 단순한 인식 이상의 것이라고 말할 수 있다. 자아정체감은 개인의 자아가 그의 인격체계(본능, 자아, 초자아)를 통합함으로써 고유한 자기동일성을 견지해나가려는 자각과 의식적 · 무의식적 노력을 말한다. 그러므로 자아정체감이 강할수록 타인과 같은 동기, 흥미, 가치 등을 공유하고 있더라도 자기를 타인과 분리된 독특한 개인으로 자각하며 자기일관성 또는 전체감을 갖고자 한다. Erikson은 이러한 평생 작업으로서의 자아정체감 형성 과정은 변화된 개인의 신체특성, 욕구, 능력, 개인이 느끼는 중요한 동일시, 일관된 역할 등의 다양한 요인들이 개인의 독특하고 고유한 방식으로 통합됨으로써 이뤄져 간다고 본다. 성적 충동과 같은 청소년기의 신체적 성장이 정체감 형성의 토대를 만드는 데 기여하고, 자아의식과 같은 심신의 급격한 변화가 정체감의 혼돈을 초래하기도 한다. 반면에 이러한 개인적인 측면 외에도 사회적인 측면이 관여하므로 청소년들을 고민하게 하는 것은 신체적 성장이나 성적 충동이 아니라 다른 사람의 눈에 좋게 보이지 못하게 될 것에 대한 불안과 타인의 기대에 어긋날지도 모른다는 불안 때문이다.

청소년기에는 자기 존재에 대한 확고한 확신이 없기 때문에 소속집단에 동일시하려 하거나 중요하고 의미 있는 대상을 동일시하는데, 이러한 부분적인 여러 형태의 동일시가 개인의 고유한 전체성으로 통합될 때 비로소 일관된 정체감을 이룰 수 있게 된다. 즉, 어떤 청소년들은 급하게 정체감을 갖고자 갈망한 나머지 자기 자신과 자기의 이상, 자신과 반대되는 사람이나 적대감정을 느끼는 사람을 고정관념으로 규정시키기도 하고, 종교적인 교리나 정치적인 이데올로기에 동조하여 집단정체감을 형성하기도 한다. 이때 중요한 과제는 적절한 아동기 경험과 성인들의 희망으로부터 비롯되는 중심적인 통일성과 방향을 스스로 만들어내는 것이다. 스스로 만들어낸 성취는 스스로를 '~할 수 있는 사람'으로 인식하기 때문에 정체성 발달에 기여하게 된다.

만약 스스로 만들어낸 성취가 어렵거나 지속적인 참여가 안 될 때 청소년은 자신의 능력을 고통스러워하게 되며 결정해야 할 일이 너무 많다고 느끼거나, 자신의 결정이 다른 가능성에 방해가 될 거라고 생각하거나, 참여가 너무 어려워서 다음으로 미루기도 하여 결국은 정체감에 문제가 일어나기도 한다. 성취하지 못하게 되는 것과 관련하여 다음으로 미루는 것을 심리사회적 유예라고 하며 이것의 반응으로 흔히 나타나는 현상으로는 어려운 결정을 해야 할 때 여행을 떠나거나, 두문불출하거나, 학교를 휴학하거나, 조기에 군입대를 하는 것 등이 있다. 이처럼 청소년들이 진정한 자기를 찾는 여정이 힘겹다고 느낄 때, 자기를 찾지 못한 상태에서 주어진 제한된 사회적 역할을 급하게 받아들이는 경우 정체감의 조기 완료 또는 정체감 폐쇄라는 용어를 사용한다. 어떤 식으로든 결정을 미루면서 청소년들은 고통을 경험하게 되지만 결국은 그 고통의 과정을 통해 더 높은 차원의 통합을 이루게 되는 것 같다. 그러므로 사회에서는 청소년들의 문제를 불문율로 인정하고 수용하면서 성인으로서의 결정이나 책임을 지우기보다는 가능한 모든 시도를 허용하는 유예기간을 두고 있다.

그러나 이 유예기간 동안에 관여대상이 너무 많거나 시도의 변화가 너무 빈번해지면 역할 확산의 위기에 부딪치게 되며 끝내 확신이 서지 않게 되면 심각한 정체감 혼돈에 빠지게 되는데 이 시기를 정체감 위기라고 한다. 정체감 위기에 처한 청소년들은 고통에서 벗어나기 위해 비행이나 범죄에 가담하게 되며 그 결과 부정적인 정체감을 형성하게 된다. 정체감 위기의 현상적인 모습은 시간감각의 위기, 과대한 자아의식, 자기의문, 허무감, 역할혼돈, 권위와 권력의 혼돈, 자기 신념의 부재 등의 문제에 빠지게 한다.

자기통제로서 도덕성 발달이 청소년기 적응에 미치는 영향

청소년기의 도덕성 발달은 그들이 자신의 충동을 어떻게 통제하고 관리해가는가 하는 자기통제력의 발달과 깊게 관련되어 있다. 청소년기는 신체적 성숙과 지적 성숙에 의해 자아정체감의 확립을 향해가게 되며 그러한 성숙과제들은 자기가치 문제를 피할 수 없는데, 이 시기에 가장 중요한 것은 자기가 자신의 주인이 되고자 하는 존재감에 대한 가치일 것이다. 이때 청소년의 지적 발달은 도덕적 가치판단 문제에 휩싸이게 할 뿐 아니라 개인의 내적 갈등 때문에 성인의 도덕성에 관해서도 회의적일 수 있다.

남아들의 전쟁과 평화, 사회현상에서 흔히 접하게 되는 옳고 그름의 판단과 선악의 불분명함 등에 관한 도덕적 의문은 청소년기 특유의 공격충동의 증대와 자아갈등으로 인해 야기되는 경우가 많다. 여아의 경우 도덕적 가치판단의 문제는 성인들의 성에 대한 가치관을 냉소적으로 보는 태도에서 발견할 수 있다. 간혹 가출 소녀들이 TV 취재에 응하고 있는 것을 보면 성충동에 휘말려있는 자신에 대해 전혀 죄의식을 느끼지 않는 것처럼 보이기 위해 과장된 태도와 행동을 하는 것으로 보이며 자신의 부모를 부정하고 징계하고 있는 것 같기도 하다.

청소년이 자기 자신에게 적절한 가치를 선택한다는 것은 그리 쉬운 과제가 아니다. 자기신뢰가 있어야 하고 자신이 신뢰한 것을 상황의 변화에 따라 새로운 형태로 유지할 수 있어야 하며 그뿐만 아니라 신뢰하는 가치나 대상에 헌신하는 능력을 키워야만 가능한 일이다. 만약 이게 안 되면 자아가 약한 병적 상태가 되거나 반사회적 집단으로 들어가거나 둘 중 한쪽이 될 가능성이 높다. 가치 선택과 관련하여 자기통제력의 발달은 보다 크고 장기적인 목표달성을 위해 순간적인 충동욕구나 행동을 자제하며 만족을 지연시키는 능력과 관련되며 그 능력은 발달단계에 따라 순차적인 과정을 거쳐 형성된다.

예를 들면 1~2세경의 아이들에게서는 자기통제의 일차적인 표현이 수동적인 순응행동으로 나타나며 이 시기 아동의 자기통제는 내면화된 행동이라기보다는 외적 통제에 대한 반응이 전반적이다. 이때의 순응은 즉각적인 보상을 가져오게 되어 성인은 순응을 성장으로 오해하기도 하며 그렇게 될 경우 참자기는 어디론가 숨어버리고 거짓자기로 무장하게 된다. 2~3세에는 본격적인 자기통제가 시작되므로 외부의 지시가 없이도 스스로 자기 행동을 통제하는 능력이 가능해진다. 아이가 무언가를 만지다가도 스스로 "안 돼."라고 말하면서 행위를 멈추는 것이 그러한 결과를 보여주는 한 예이다. 초기 아동기의 자기통제 발달에 영향을 미치는 중요한 요소는 언어이며 아동들은 어른이 하는 언어로 혼잣말을 하면서 자기통제의 수단으로 삼게 된다. 3~4세경에는 유혹에 저항하는 능력이 발달하게 되는데 이 능력은 바람직한 과제를 위해 일시적인 즐거움을 물리칠 수 있는 능력을 말한다. 대부분의 아동들에게 있어 친구가 불러낼 때 놀고 싶은 유혹을 뿌리치는 것이 쉬운 일은 아니지만 이 시기의 아동들은 만족을 지연시킬 수 있는 능력이 발달하기 때문에 성취되는 자기통제는 자기 가치를 신뢰하는 능력을 발달시키게 된다. 이것은 다시 도덕성을 발달시키는 중요한 과제성취의 과정이 되며 도덕성 발달에서 자기통제력을 말하는 이유는 그와 같은 개인의 성장에 미치는 영향 때문이다. 오늘날과 같은 성취 지향적인 사회에서 아동청소년이 미래의 성취를 위해 충동적이고 즉각적인 욕구나 충동을 자제하는 것은 자신의 잠재력을 충분히 발휘하는 한 사람의 성인으로 성장하는 과정에서 중요한 의미를 지닌다.

도덕성의 발달과정에 대해 설명해주는 이론들로는 Bandura(1977)의 사회학습이론과 Freud의 정신분석이론을 기초로 한 사회화 이론, Piaget(1948)의 인지발달이론, Kohlberg(1958)의 도덕성 발달이론 등이 잘 알려져 있다. 사회화 이론에서는 외적인 사회적 규범을 내적인 신념으로 내면화하는 과정을 통해 도덕성이 발달한다고 본다. 아이들이 성장하는 과정에서 부모나 어른의 가르침이나 통제에 의해서 가치나 행위의 규범체계를 자신의 것으로 내면화해가는데 이 내면화가 도덕성 발달의 과정이라고 한다.

　Freud에 의하면 도덕성 발달은 초자아의 형성과정이며 초자아는 3~6세 사이에 형성되어 아동이 스스로 도달하고자 지향하는 가치체계인 자아 이상과 옳고 그름을 판단하는 양심으로 구성된다. 자아 이상은 부모와 성인의 행위를 닮고 싶어 하는 행동의 동일시에 의해 획득되는 반면에 양심은 긍정적인 행동은 보상을 주고 부정적인 행동은 처벌을 주는 부모의 통제에 의해 형성된다.

　사회학습이론은 다른 행동과 마찬가지로 도덕성도 모방과 강화에 의해 학습되는 행동이라고 보는 관점이며, 아이들은 초기부터 부모나 교사 또는 주변인들을 모델로 하여 도덕적 행동을 배우고, 이 과정은 스스로 옳은 일을 했을 때 받는 보상과 부적절한 행동을 했을 때 받는 처벌을 통해 억압되는 강화의 원리가 크게 작용한다고 본다. 또한 타인이 같은 방식으로 강화받는 것을 보고 배우는 대리강화도 중요한 도덕성의 학습기제가 된다. 이러한 사회화 이론에 대한 비판요소는 인간의 고유성에 대한 문제와 결과 지향적인 관점으로서 아동의 도덕적 가치나 행동을 획득해가는 기제를 설명하는 데 적절한 이론이지만, 도덕성이 외적인 통제로 학습된다는 관점은 인간의 고유성을 인정하지 않는다는 의미를 함축하고 있다. 따라서 사회화 이론은 외적인 통제가 없어지면 도덕적 가치나 행위도 무너질 수 있다는 위험을 안고 있다는 점이 문제점이다.

　도덕성 발달에 대한 인지적 관점은 도덕성 발달을 설명하는 가장 중심적인 이론으로 Piaget에 의해 시작되었으며 도덕성의 발달을 전반적인 인지발달의 한 양상으로 설명하고 있다. 이 이론에서는 도덕적 특성이 관여하는 상황에서 옳고 그름을 판단하는 인지능력을 가지고 있을 때 비로소 도덕적 행동이 가능하다고 본다. 그러므로 아동이 성장하면서 인지능력이 질적으로 변화하면 그에 따라 도덕성의 발달도 일련의 질적 단계를 거치면서 발달한다고 본다. 도덕성의 발달단계에 따르면 2~4세경에는 규칙이나 질서에 대한 도덕적 인식이 거의 없는 단계이므로 아무런 규칙 없이 상징놀이나 게임에 몰두하는 것을 볼 수 있다. 이 시기는 아직 도덕성의 갈등 상태에 대해서도 일관성 있는 도덕적 인식을 끌어내기가 불가능하며, 5~7세경이 되어서야 도덕성의 발휘가 가능해지고 놀이 속에서 경험을 통한 일상생활이 구체적으로 재현된다. 그 가운데 자신이 따라야 할 규칙이 있으며 사회질서가 있다는 것을 깨닫고 존중하며 실천하려는 노력이 시작된다. 이러한 규칙은 절대적인 신이나 부모가 만들어놓은 것으로 받아들이고 반드시 지켜야 하는 변화 불가능한 것으로 믿고 있어서, 이 시기 도덕성의 특성은 타율적 도덕성에 의해 선악이 결정된다. 절대적이고 타율적인 도덕적 사고는 이 시기 아동의 인지발달 수준이 주관적 경험과 실제를 구별하는 데 제한적인 자기중심적이며 실재론적인 사고 때문이다.

인지적으로 성숙하고 경험이 확장되어감에 따라 숨겨진 의도를 파악할 수 있는 능력이 생기게 되고 점차 타율적이며 절대적인 도덕성에서 자율적이며 상대적인 도덕성으로 이행해가게 된다. 또한 내재적 정의에 의해 도덕성을 판단하므로 아동의 기준에서 부정적이라고 생각하는 어떤 일이 있었을 때 또는 다음 날 길 가다 넘어져 다치거나 안 좋은 일이 생기게 되면 벌을 받아서 그렇다고 생각하게 된다. 아마도 그러한 생각은 많은 사람들이 공감하는 어린 시절에 한두 번쯤은 경험했을 법한 내용일 것이다. 8~11세경이 되면 도덕적 상대주의 단계에 이르게 되며 이 단계의 아동에게 사회적 규칙은 임의적인 약속이고 사람들의 농의에 의해 변화될 수 있다는 것을 알게 된다. 그러므로 규칙은 상황에 따라 지켜지지 않을 수도 있고 지켜지지 않은 일로 인해 반드시 처벌을 받는 것도 아니라는 것을 알게 되며, 어떠한 일에 대한 동기나 의도에 따라 상벌이 달라질 수도 있다는 도덕적 사고가 가능해지는데, 이 단계를 자율적 단계라고도 한다. 11세 이후가 되면 조작적 사고가 가능해지면서 도덕성의 마지막 단계에 들어서게 된다. 이 시기가 되면 아이들은 새로운 규칙을 만들어 가설적 상황을 통제할 수 있는 규칙을 미리 설정할 수 있게 된다. 이 단계의 도덕적 추론은 전쟁, 환경, 공해문제 등과 같은 보다 높은 사회적·정치적 차원으로 확대해간다.

Piaget의 인지적 도덕성 발달을 세분화한 Kohlberg(1958)의 도덕성 발달단계도 마찬가지로 아동의 인지능력이 발달함에 따라 도덕성 발달의 수준도 단계적 계열을 따라 순서대로 발달해간다고 보았다. Piaget와 다른 부분은 아동의 도덕성 발달의 양상이 몇 살의 아동이 어느 단계에 해당한다는 것을 말하기에는 개인차가 너무 크기 때문에 어렵고, 다만 나이가 들어감에 따라 인습적 수준에서 후인습적 수준으로 발달해간다고 한다. 도덕성에 대해서 많은 심리학자들은 신뢰라는 개념에서 도덕성을 말하고자 했으며 Freud는 항문기와 관련하여 아동이 스스로 자기를 통제할 수 있는 단계까지 기다리면 믿음과 성취감의 성장을 이루게 된다고 했다. 따라서 도덕성의 교육은 사랑에 기초하며 부모의 믿음과 돌봄에 의해 신뢰가 형성되고 양육자에 대한 지각이 형성됨으로써 선에 대한 개념이 자연스럽게 형성되므로 훈육은 주입이며 도덕성을 형성하는 데 장애가 될 뿐이라고 했다. 이러한 맥락과 유사하게 Winnicott은 종교가 개인의 도덕적 가치관을 창조할 수는 없으며 오히려 도덕성을 고갈시킨다고 보았다. 가치관이란 개인이 가진 신념체계 가운데 하나의 중심적인 신념이라고 할 수 있다. 그러므로 청소년기에 어떠한 가치관을 형성하는가 하는 것은 그가 어떠한 인간이 되어가는가를 말해주는 것으로 청소년의 가치관에 대한 이해는 이 시기의 그들을 이해하는 기초가 될 수 있다.

청소년기의 도덕성 또는 가치관 발달의 정신분석학적 입장은 초자아 발달에 대한 이론이 핵심이다. 청소년기의 원본능과 자아의 왕성한 활동을 초자아를 통해 통제하려면 자신을 부모와 같은 권위자와 동일시함으로써 가능해진다. 이때 초자아는 자기 스스로 자신의 행동에 일정한 상벌을 내릴 수 있는 개인 내적인 기준과 힘을 말하며, 이러한 내적 기준과 힘은 부모가 내리는 신체적·정신적 측면에서의 처벌 가능성에서 생겨나고 이것이 '양심'의 발달에 기초가 된다. 처벌의 측면 외에 긍정적인 지도와 칭찬을 받는 측면이 있는데 이것을 자아 이상이라고 하며 자아 이상과 양심은 결국 부모와 동일시한 결과로 이뤄지는데, 이때 아동은 더 이상 부모의 처벌이나 승낙을 기준으로 행동하지 않으며 스스로의 양심에 의해 가치 있다고 느끼는 것을 선택하게 된다.

청소년기의 가치관에 대한 학습이론은 행동주의이론과 사회학습이론이 기초이다. 청소년이 자신의 가치관을 형성해가는 과정은 기본적으로 과거에 그가 경험한 강화의 역사에 달려있다고 보는 맥락이 학습이론의 입장이다. 이 이론의 관점은 무의식의 동기와 초자아의 발달이 아니라 단순히 가치 있고 도덕적 행동을 했을 때 받게 되는 강화와 개인의 습관이 어떻게 가치관을 형성하는가를 강조한다. 성장과정에서 칭찬과 벌의 강화가 행동을 하게 하며 행동의 획득과정은 관찰과 모방학습을 통해 배우게 되고 부모와 교사 그리고 또래집단으로부터 가치관과 도덕적 판단 및 행동을 배우게 된다.

청소년기 가치관의 지각적 해석이론(윤 진, 1988)은 개인의 동기와 지각과의 관계를 다루는 전통적인 형태심리학에 기초하는 이론으로, 행동의 주체인 개인의 환경에 대한 지각이 어떠하냐에 따라 가치관이 형성된다고 보는 이론이다. 청소년은 주위 환경에 있는 가치관을 수동적으로 받아들이는 것이 아니라 자신의 행동으로 인해 어떠한 피드백을 받게 되고 그 환경의 피드백에 따라 자신의 환경이 형성되는데, 가치관이 형성되는 것 또한 이러한 인지과정에서 도식이 형성되는 것과 같은 과정으로 형성된다. 유기체로서 자신의 신체운동이 중추신경계에 어떻게 표상되는가에 따라 개인의 신체 이미지가 달리 나타난다. 즉, 자기 신체의 각 부위가 상호 연관되어 움직이면서 움직이는 형태나 몸의 자세 등을 중추신경계가 먼저 표상하여 본인에게 자기 신체의 각 부위가 어떻게 움직인다는 것을 피드백시켜 준다. 이러한 신체 이미지는 능동적인 경험을 통해서만 정확히 확립될 수 있다. 가치이론도 이러한 과정을 통해서 개인의 자극경험과 변화가 자신의 행동의 결과로 나타난다는 것을 믿을 때 비로소 가치관이 형성된다는 것이다. 즉, 가치관은 자연스러운 도덕성의 발달과정을 거쳐 자신의 행동과 주위 환경을 스스로 통제할 수 있을 때 비로소 형성되므로 억지로 주입되는 도덕성 학습은 경직된 가치감을 형성하거나 거부된다고 본다.

발달과 적응에 영향을 미치는
주요 체계와의 관계

청 소년기 발달에서 적응에 영향을 미치는 다양한 과제들이 있지만 문제의 깊이에 다가가면 갈수록 핵심문제는 관계문제라는 것을 확인하게 된다. 이 관계문제는 오직 청소년에게만 해당되는 것은 아닐 것이다. 인간의 모든 부적응의 핵심에는 관계문제가 자리 잡고 있다는 것을 이미 치료사들은 이해하고 있을 것이다. 이 장에서는 그러한 인간의 관계문제가 특히 청소년기 발달과 어떠한 상관관계를 가지며 영향을 미치는지에 대해 살펴볼 것이다.

1. 부모 자녀관계가 발달에 미치는 영향

청소년기에 부모와의 관계에서 가장 중요한 과제는 분리개별화 과제와 그에 따른 부모 자녀관계의 갈등이라고 볼 수 있다. 분리개별화 과제는 청소년기의 모든 영역에서 반드시 부모로부터의 독립과 자율성 획득의 시기라는 단편적인 의미라기보다, 부모의 보호와 애착관계가 무엇보다 중요하다. 이와 관련하여 청소년이 기대하는 부모로부터의 애착욕구와 분리욕구는 부모로 하여금 불안과 과보호적 욕구를 불러일으키고 서로 다른 요구에 부딪히게 되면서 갈등을 부추기게 된다. 이러한 부모와의 갈등은 이 시기의 과제에 가장 방해요인이 된다. 여기에서는 이 분리개별화와 갈등문제에 대해 생각해보기로 하자.

분리개별화에 따른 청소년기 과제와 적응문제

최근의 임상연구에서는 분리문제와 관련하여 청소년기 문제에 접근한 많은 연구결과들이 발표되고 있다. 주된 내용은 반사회적인 문제나 불안 및 우울문제들이 부모와의 부적절한 분리문제로 심각화되었다는 보고들이다. 나의 임상에서도 다르지 않게 어린 시절 너무 빠른 분리문제들로 인해 무력감과 우울과 불안문제를 가져와 심각한 정신병리를 드러낸 아이들을 수없이 만나왔고 현재도 만나고 있다. 이 아이들은 심각한 불안과 우울정서를 가지고 있고 내면에 억압된 분노가 언제 폭발할지 모르는 상황이어서 치료공간으로 들어오지 않으면 안 되었던 아이들이다. 더욱 심각한 것은 외부의 고통을 끊고 자기보호를 위해 외부와의 분열방어를 사용하여 차단하고 그 속에 숨어버린 아이들이다. 구체적으로 그들의 분리과정에 들어가보면 대부분 어머니의 젖가슴이 가장 큰 위로였을 시기에 강제로 분리되거나 그 슬픔을 자폐적인 공격성으로 사용하여 스스로를 위로해야 했고 어느덧 자란 후에는 슬픔 이상의 오열 속에서 몸부림치다 지쳐버린 경우이다. 나는 이들의 아픔에 대해 Winnicott의 관점에서 박탈을 경험한 아이들이라고 보고, 다시 말해서 청소년기 적응문제를 관계의 상실 그 자체에 두어 애도할 수 있는 능력이 갖추어지기 전에 일어난 문제라는 측면에서 논의하고자 한다. 즉, 적응이라는 문제는 미숙한 자아가 슬픔을 감당할 수 없는 시기에 박탈과 분리불안을 경험함으로써 적응에 진입할 수 없었던 원인적 내용이라는 맥락에서 다루려고 한다.

슬픔을 충분히 경험하고 건너갈 수 있다는 것에 애도라는 개념을 사용할 수 있을 것이며 이 애도는 개인의 성숙 정도를 말할 수 있는 지표가 된다. 20여 년 전 나는 Klein의 정신분석 문헌 속에서 애도라는 용어를 처음 알게 되었고 7~8년 전에는 지식적으로만 이해하고 있었던 애도를 실제로 경험하게 했던 대상이 있었다. 그 과정은 언어화하기 어려울 정도로 감당하기 힘든 슬픔과 분노가 이어지는 과정이었지만 그 과정이 있었기에 지금 나는 이 자리에 있을 수 있고 그와의 관계를 유지할 수 있다는 것을 알고 있다. 그리고 지금 청소년기의 적응에 대해 말할 때 적응문제가 관계에서의 상실이이라고 말할 수 있게 된 것 같다.

애도의 기제를 가지고 청소년의 관계문제를 설명하는 것이 복잡하고 어렵지만 성격장애를 보였던 한 여학생의 학교부적응 사례를 들어 애도하지 못한 부모대상의 상실이 어떻게 부적응을 초래하는지 예로 들고자 한다.

이 여학생의 주된 특성은 친구관계에서 자신의 부족함이 드러날 것을 염려하여 늘 긴장하고 조금의 실수만 드러나도 관계를 차단하여 고립되는 문제를 반복하였다. 이 여학생의 마음속에서 일어나는 친구에 대한 원망과 분노에 따르는 심리적 반응은 자기에게로 향하면서 깊은 자기비하 속으로 빠져들게 하였다. 이 여학생이 문제를 구체적으로 드러내는 과정에서 어머니에 대한 폭발적인 분노와 공격이 있었고 그 기간은 꽤 오랜 기간 이어졌던 걸로 어머니는 기억하고 있으며 그 사건이 상담을 시작하게 된 가장 큰 이유였다.

이러한 현상은 드러난 결과일 뿐 원인은 더 깊은 곳에 있다고 보아야 한다. 어린 시절 유아기 양육으로 거슬러 가보아야 지금의 문제가 이해될 것이다. 우리는 어머니 개인의 약한 정서적 요소와 아이를 돌볼 수 있는 에너지가 부족했던 어머니 자신의 경험적 역사와 학생의 개인력과 가족력을 이해해야 이 여학생의 문제를 이해할 수 있을 것이다.

자녀를 돌볼 수 없는 가정의 물리적 환경과 정서적 위안이 되어주어야 할 대상이 약한 심리적 환경에서 자란 이 아이는 당연히 부모대상을 상실했을 것이고 그 상실은 아이의 내면에 깊숙이 유기불안으로 자리 잡아 고통을 경험했을 것이며 그 고통은 다시 상실된 대상을 자기 안에 내사하여 증오의 대상으로 삼음으로써 자기위로와 고통을 반복했을 것이다. 만약 어머니가 실수를 해도 정서적으로 힘이 있었다면 아이의 상실감은 고착되는 것이 아니라 증오와 사랑의 대상으로 반복경험이 일어날 수 있다. 이때 내사된 대상이 지닌 심각성은 다양할 수 있다. 만약 이 여학생의 경험 속에 있는 대상에 대한 행복감이 크다면 살아있는 대상으로서 행복한 기억으로 살아갈 수 있었을 것이다. 그러나 이 여학생의 대상에 대한 증오는 좋은 기억보다 더 깊어서 그 경험이 현실의 관계에 영향을 미치고 있다고 볼 수 있다. 친구관계에서도 대상관계에서 실패를 경험하게 했던 사건과 관련된 어떤 일이 떠오르게 되면 다시 고통으로 들어가게 되고 우울해지는 상황이 일어나게 된다. 이 여학생은 오랜 시간을 거쳐 내면화된 대상의 초기 증오심으로부터 어느 정도 자유로워지는 과정이 있었고 상실감을 회복하기에 이르렀지만 여전히 부분적으로는 어려움을 호소하기도 한다. 이 여학생이 상실된 대상에 대한 애도과정을 충분히 극복하기 위해서는 지속적인 환경을 지원해주어야 하는데, 이 과정은 너무나도 복잡해서 이 지면에서 단순히 설명해내기에는 제한적인 것 같다.

분리불안을 겪는 아동청소년을 만날 때 많은 치료사들은 분리불안이라는 증상 그 자체에만 몰두하는 것 같다. 위의 여학생의 경우도 박탈로 인한 불안이 근원이며 이 경우 상실에 대한 성숙한 반응을 기대하기란 쉽지 않다. 유아기 경험의 어느 발달단계에서 상실로 인한 어려움은 자아성숙을 방해하며 그 성숙하지 못한 자아가 애도할 수 있는 능력에 장애가 있기 때문에 적응문제를 일으키게 된다. 따라서 상실로 인한 적응문제를 다룸에 있어서 우리는 드러난 문제 그 자체의 소거가 우선이 아니라 분리개별화로 가는 과정의 애도심리에 대해 이해할 필요가 있다. 즉, 초기 발달에서 경험된 정서가 어떤 것이었는지 이해할 필요가 있으며 그 정서는 어떠한 반응 유형이었는지 추적해야 한다. 그래서 나는 상실문제를 다루기 위해 현재의 정서로부터 시작하여, 그의 마음 깊은 곳에 잠재해있는 정서와 감정을 살펴보고 그 정서가 어떠한 대상과 상황과 환경 그리고 사건들과 연루된 것인지 탐색할 수 있도록 기회를 제공하는 작업을 안내하곤 한다. 그럼으로써 현재의 발달적 과제가 어떠한 연관성을 가지고 진행되거나 진행되지 못하고 있는지 확인하고 자신의 분리개별화와 관련하여 극복의 용기를 드러내게 된다. 이것은 결국 자기와 대상에 대한 애도능력을 발휘하는 것이며 성장과 성숙을 향하는 직접적인 시도이자 과정이다.

부모 자녀관계의 갈등이 적응에 미치는 영향

갈등은 사춘기 징후가 나타나는 시기에 증가하며 귀가시간, 머리와 옷차림, 방 정리, 학습 등 사소한 문제로 나타나는 것이 대부분이다. 특히 학습문제와 관련한 갈등은 중고등학교 시기까지 지속되다가 대학에 입학하게 되면서 감소하는 것을 볼 수 있다. 이러한 부모와의 사소한 대립문제가 청소년기 적응문제를 초래한다는 이야기는 드러난 보편적인 내용일 뿐 보다 근원적인 내용은 앞에서 이야기된 분리개별화의 문제와 관련된 부모 자녀관계의 갈등인 것 같다.

많은 발달심리학자들이 공통적으로 이야기해온 발달적 과제와 관련한 내용에서 청소년기는 자율성과 책임성을 획득해야 하는 시기이며 부모로부터 독립을 향해 가야 하는 시기라고 강조되어 왔다. 이 과제는 앞에서도 말했듯이 자칫 오해할 수 있는 내용으로 부모로부터 독립과 자율성의 획득과 책임이 모든 영역에서 반드시 부모로부터 벗어나야 하는 시기가 아니라 보호와 함께라는 점을 이해해야 한다. 청소년기는 성장을 향해있고 아직은 미숙성을 벗어나지 못한 시기로서 부모와의 안정된 애착관계를 계속 유지하면서 의사결정이 부족한 부분에 대해서는 부모로부터 계속적인 조언이 필요한 시기이다. 이는 청소년기에 임상적 도움이 필요한 아이들 대부분의 특성에서 잘 이해되는 내용일 것이다. 부적응문제로 치료에 들어온 아이들의 공통 특성은 늘 부모와의 애착과 관련되어 있으며 그와 관련하여 부모 자녀관계의 갈등은 청소년기 자아정체감 형성에 직접적인 영향을 미치는 것을 볼 수 있다.

물론 청소년기에 부모와의 어느 정도 갈등은 자아정체감을 탐색하는 과정에서 통과의례와 같은 과정이며 그러한 갈등을 통해 성장이 촉진된다. 부모 자녀관계에서 나타날 수 있는 문제는 어느 한쪽의 일방적인 태도로 말할 수만은 없는 상호작용적인 요소가 있다. 부모나 청소년의 개인적인 성향과 부모의 원가족환경으로부터 온 순환적인 대물림 문제나 부모의 부재 또는 부모의 취업과 관련한 돌봄의 부재와 경제적·물리적 환경 및 상호작용 형태의 문제, 한 부모의 부재로 인한 성역할 발달의 비균형적인 문제들로 인해 발달에 균열이 오고 낮은 자존감을 형성하여 반사회적 행동과 학업에 집중하지 못하고 주물대상을 이상화하여 집착하는 이상성격을 형성하게 되는 결과를 가져오기도 한다.

이 외에도 청소년 개인의 미성숙과 부모의 정서적 미성숙으로 인해 자녀를 독립적으로 떠나보내지 못하는 부모와 성인으로의 발달을 거부하고 어린아이로 남아있고자 하는 욕구에서 벗어나지 못하는 청소년들이 늘어나고 있다. 부모 자녀관계에서 떠나보냄은 인간의 성장과 발달의 보편성이며 통과의례이나 가정의 붕괴와 서로를 놓지 못하는 미성숙이 이 통과의례를 거스르고 개별화된 삶을 인정하지 못하게 함으로써 청소년기의 홀로서기를 방해하고 부모 자녀 간의 갈등을 심화시켜 결과적으로는 청소년의 보편적인 적응을 방해하는 요인이 된다.

현대의 우리 사회와 가정에서 일어나는 보편적인 풍경을 하나의 예로 들어보자. 학교에 적응하지 못하는 자녀에 대한 불만족감을 외국 유학으로 만회해보려고 애쓰는 부모의 이야기와 조기유학으로 자녀를 훌륭하게 성장시킬 수 있다는 기대로 나이 어린 자녀를 외국으로 보내는 부모들의 이야기를 흔히 만날 수 있다. 이와 관련하여 나는 오래전에 만났던 17세 여학생의 가족 이야기를 하려고 한다.

이 아이는 9세 때 이미 부모의 품을 떠나 미국 콜럼버스에서 지냈고 한국으로 돌아온 것은 17세가 되던 가을이었다. 부모는 이 아이가 집으로 돌아올 즈음에는 주변 사람들에게 자랑할만한 성숙한 여성의 모습이 되어있길 기대했고 집에서는 그에 어울리는 멋진 환영파티를 열게 될 것이라고 기대했었다. 그러나 돌아온 딸아이의 모습은 좌절과 상처 난 자국들로 얼룩진 모습 그 자체였으며 학생으로서 역할과 책임을 다하지 못한 것에 전혀 반성이 없이 오히려 부모를 원망하고 공격하는 행위가 충동적으로 나타났지만 강력한 부모의 훈육에 곧바로 순응하는 아이로 되돌아갔다. 이러한 돌출행동과는 다르게 내가 그 아이를 만난 시점에서는 자신의 신체를 가누기조차 힘들어할 정도로 무력감과 우울감에 빠져있었다. 그러한 딸을 바라보는 부모는 방학기간에도 집으로 돌아와 가족이 함께하기보다는 많은 비용을 투자하여 세계 각국을 여행하며 적극적으로 자기를 성장시키기 바라며 온갖 정성을 쏟았던 노력에 배반감을 느끼면서 좌절하고 분노하고 있었다.

많은 부모들은 자신의 자녀를 바라보면서 그 아이가 무엇을 생각하고 있는지, 자신은 자녀에게 무엇을 해줄 수 있으며 해주어야 하는지 생각하고 있을 것이다. 부모로서 할 수 있는 것을 최대한 동원하여 자녀를 위해 노력하고 애쓰지만 기대했던 것만큼 긍정적이지만은 않은 결과에 혼란스러워하고 화내고 포기하는 부모들이 지금도 우리 가까이에 많이 있을 것이다. 이 부분에 대해 도대체 무엇이 자녀를 위한 일인지 함께 생각해보자.

위 사례의 여학생이 보였던 초기의 모습처럼 자신을 위해 최선을 다해온 부모를 오히려 공격하고 불평하는 자녀라면 어느 기간 동안은 오히려 안심해도 될 것이다. 그 공격에는 집이 미국보다 훨씬 자유롭고 편안하며 좋다는 의미가 함축되어 있으며 그것에는 변화하고 싶은 희망을 내포하고 있기 때문이다. 그리고 화내는 자녀에게 부모가 현실의 자기에게 어떠한 일이 일어났는지 느끼고 생각할 수 있도록 시간을 주었다면, 그 여학생은 자유롭게 자신을 돌아보고 다음 단계를 준비할 수 있는 생각을 모을 수 있었을 것이다. 그러나 이 여학생의 부모는 그러한 여유보다는 자기배반감에 사로잡혀 화내고 좌절하며 딸에 대해 이해할 수 있는 여유를 갖지 못했다. 그러한 상황에서 이 여학생이 자신의 잃어버린 부분을 찾을 수 있는 자유를 가질 수 있었을까? 실패를 잘했다 할 수는 없지만 많은 청소년들은 자기의 실패를 인정하기보다는 오히려 문제행동을 사용하여 자기의 능력을 확인하려고 한다. 그것은 새로운 도전을 위한 노력일 수 있으며 그 노력을 위한 시작을 알리는 신호일 수 있다는 것을 부모가 이해할 수 있다면 청소년이 필요로 했던 안정감을 되찾을 수 있는 엄격한 경계를 제공할 수 있을 것이다. 그리고 스스로 자기통제권에서 살았던 긴장을 풀고 자연스럽고 자유롭게 집에서 쉴 수 있게 될 것이다. 그러나 이 여학생의 그러한 시도는 가능성을 기대할 수 있는 부모의 여유를 만날 수 없었기 때문에 빠르게 자기표현을 철수하고 익숙한 순응으로 되돌아가버린 것이다.

지나치게 자기통제를 하며 자유롭게 살지 못했던 아이들은 대부분 떠넘겨받았던 통제라는 책임성을 부모에게 되돌려주기 위해 종종 문제행동들을 나타낸다. 이때 부모가 함께 있을 수 있다면 아이들은 현실검증 능력과 자율적이고 생생하게 그리고 자연스럽고 자유롭게 자기 삶을 성장시켜 갈 수 있을 것이다. 부모 자녀관계는 오로지 의식주를 제공해주는 관계만이 아니라 스스로를 통제하지 않아도 되는 자유가 있는 휴식을 제공받을 수 있는 가장 중요한 관계요소이다. 합의된 일정 틀 안에서 실패해도 되고 미워해도 되고 말썽을 일으키고 못해도 되는 그러한 환경에서 쉴 수 있는 가정이어야 아이들은 자존감을 가질 수 있고 다시 도전할 수 있는 힘을 얻게 된다. 공격하고 미워하고 화내도 조건 없이 받아줄 수 있는 대상으로 부모보다 더 좋은 대상이 얼마나 있겠는가? 아이의 성공을 위해 떼어놓았던 양육과 그러다 영속성이 조각나버린 부모 자녀관계에 의해 상처 입은 이 여학생의 회복을 위한 중재는, 부모가 책임을 가지고 자녀의 횡포를 감당할 수 있도록 지지하는 데 일차적인 초점을 두었다. 이후에 이 여학생은 다시 미국으로 돌아가지 않았고 자신이 좋아하는 그림을 그리게 되었는데 그 시점에 개입된 치유작업은 세상에 다시 발을 들여놓고 적응할 수 있는 힘을 가지게 한 시작의 기회였다.

2. 또래관계 및 친구와의 우정이 발달에 미치는 영향

또래관계라는 개념 외에 친구와의 우정이라는 개념을 사용한 이유는 또래관계에는 유사한 연령과 유사한 발달적 의미와 학교와 이웃이라는 물리적인 이유가 함축되어 있지만, 친구나 우정이란 개념을 사용하면 마음이 맞는다거나 보다 정신적인 요인이 작용하여 맺어진 관계로 보는 심리적 거리 때문이다. 여기에서는 친구관계가 청소년기의 발달에 어떠한 영향을 미치는지에 대해 살펴볼 것이다.

청소년기 동성 친구관계의 발달

아동청소년기의 친구관계는 개인마다 다소 차이가 있다. 아동기에는 단순한 놀이 친구가 필요한 반면에, 청소년 초기에는 내면을 깊이 이해하고자 하는 욕구를 충족시키는 관계이자 사회화 과정에서 모범이 되어주고 성격발달의 중요한 매개자 역할을 해주기 때문에 이 시기의 친구관계는 초기 아동기보다 더욱 큰 의미를 갖는다. 이 시기에 나타나는 동성의 단짝 친구관계는 아동기에 가졌던 또래집단과 우정과는 판이하게 다르다. 이것은 두 사람 사이의 동성관계이며 서로 간에 심리적으로 관여하는 정도가 매우 깊다. 서로 간에 거부당할 것에 대한 불안감도 없는 깊은 관계이다. 이 시기에 나타나는 동성 친구로서 단짝끼리의 감정적 애착관계는 이성에 대한 부정적 태도가 특징인 반면에 동성 친구에 대한 애착은 더욱 깊어지게 되는데, 이것은 청소년기의 중요한 과제인 자아정체감에 중요한 영향을 미치게 된다.

동성 친구와의 우정관계는 독립을 향해 홀로서기를 시도하는 청소년들에게 같은 고민과 비슷한 발달과제를 안고 있는 지지자로서 서로에게 친밀감을 가지게 된다. 친구관계의 이러한 우리의식은 강한 집단정체감을 형성하게 하는데, 이때 집단과의 친밀감은 단순히 겉으로만 나타나는 이해관계와 교류관계의 특징이 아니라 마음속 깊은 곳으로부터 이어지는 감정인 우정이며 그러한 우정관계는 동성 간의 친밀감에서 더 나아가 이성과의 친밀감으로 이행하도록 돕는 중요한 경험의 발달적 과정이다. 이 시기는 단짝 친구를 통해 충분한 심리적 · 사회적 지원을 받고 자존감을 형성함으로써 깊은 관계로부터 좀 더 확장된 사회적 관계로 옮겨가고 이성을 받아들이는 준비를 하게 되는데, 만약 이 시기에 우정이라는 친밀관계가 결여된다면 고립의 위험에 당면할 수 있으며 그 결과 사회에 대한 거부와 왜곡된 사고로 고립감을 갖게 된다. 따라서 동성 친구와의 우정관계 결함은 이성과의 친밀관계를 가질 수 없게 되거나 지나치게 집착된 이성관계를 만드는 결과를 가져오기도 한다.

그러다가 청소년 중기에 들어서게 되면 동성 친구와의 친밀감에서 더 나아가 이성과의 친밀관계로 확장해간다. 많은 청소년들이 친구와 나누는 이야기 속에 이성 친구에 대한 관심이 등장하게 되지만 동시에 다양한 친구들을 받아들이고 안정적인 대인관계를 유지하고자 한다. 이 시기의 친구관계는 서로를 지지하고 의지할 수 있는 관계로서 거리를 두고 서로의 관심을 존중하고 이해할 수 있으면서 확대된 관계의 관심을 존중할 수 있게 된다. 청소년 후기가 되면 이성에 대한 관심사가 더욱 중요해지고 성적 성숙과 함께 이성에 대한 성적 욕구의 갈등이 등장하면서 그 결과 성정체성 형성에 중요한 영향을 미치게 된다. 그러나 많은 연구들에 의하면 이 시기의 성적 갈등과 욕구가 중요한 과제임에는 분명하나 청소년들이 더 중요하게 생각하는 것은 자아정체감이다. 따라서 동성 친구뿐 아니라 이성 친구도 영원한 관계가 될 수 없으며 상황에 따라서 바뀔 수 있는 관계로서 지속된다.

청소년기 이성 친구관계 발달

동성 친구관계의 발달에서도 말했듯이 청소년 초기의 이성 친구관계는 즐거움과 자존감을 높이는 데 의미를 갖는 정도인 반면에, 청소년 후기 또는 청년기의 이성관계는 성적 정체감을 정립하며 미래를 함께할 동반자로서의 배우자를 찾는 과정으로 연결되는 현실적인 의미를 갖는다. 즉, 청소년기의 이성 친구 선택은 또래집단 내에서의 인기도와 같은 외적인 요인의 영향을 받지만, 청년기의 이성 친구 선택은 유사한 흥미와 관심의 척도, 가치감의 공통성, 삶에 대한 가치와 방향 등 내적인 요인에 의해 선택하게 된다.

과거 한국 사회의 청소년기 이성 친구관계는 매우 보수적인 부모환경과 사회의 부정적 시각에 의해 억압되다가 청소년 후기인 대학생활이 시작되면서 갑자기 부모로부터 자유로워지고 그 자유를 어떻게 사용할지 당황해하면서 노출되는 문제가 흔히 이성관계의 문제로 나타나는 경우가 많았다. 최근 몇 년 전부터 우리 사회는 남녀공학 체계가 중등학교에 도입되면서 청소년기 이성 친구관계가 매우 자유로워진 것을 볼 수 있다. 그럼에도 여전히 긍정적으로만 볼 수 없는 우리의 보수적인 규제는 여전히 학습에 더 큰 가치를 두고 있어서 청소년들의 혼란을 가중시키는 것 같다.

청소년기 우정과 자아발달

청소년기에 친구와의 우정은 인생의 지주와 같은 역할을 한다. 아동기의 우정관계는 가까이에서 자주 만나고 함께 소통할 수 있는 대상이며, 소외되고 거절당하지 않고 함께 놀이하고 싶은 심리에 대한 반응으로 우정관계를 형성하기 원하며, 또는 서로에 대한 호의적인 평가를 받을 때 생기는 관심이 우정관계를 형성하게 한다. 그러므로 초기 청소년기를 포함한 아동기 우정은 개인의 삶에 우선적인 관계요소는 아니고 일차적인 주요 핵심관계는 부모이며 아직까지는 우정이 부모역할의 부수적인 관계일 뿐이다. 그러나 청소년기가 되면 아동기와는 다르게 친구의 선택기준이 달라진다. 부모로부터 독립과 함께 친구의 우정관계는 위로의 대상이며, 인생의 조언자로서 자신의 고민을 들어줄 수 있으며, 안전하게 삶을 향해갈 수 있도록 돕는 힘이자 역할모델이고, 존경의 대상으로서 함께하며, 사회로의 독립과 안정된 성인기로 옮겨갈 수 있는 힘이 된다. 따라서 이 시기에 마음이 맞는 친구가 있다는 것은 청소년의 위기 상황을 극복하도록 지지하고 정서적 동반자로서 발달에 중요한 기능을 발휘하게 한다. 즉, 청소년기의 우정은 아동기에 부모에게 의존했던 모습과는 달리 새로운 가치를 추구하고 창조하며 성인 사회의 압력으로부터 도피할 수 있는 안정된 장이 되므로 청소년의 정체성 확립에 중요한 영향을 미치게 된다. 때로는 이 시기의 독립과 관련하여 불안을 해소하고 위로하는 친구집단의 역할이 반작용으로 사용되어 성인과 사회에 대한 반항의 근거지가 되기도 하는데 그것은 청소년기의 심리적 · 정서적 변화가 주는 불안을 보호해주고 위로해주는 친구집단이 공통의 욕구로 만나게 되면서 그곳이 학습의 장이 되기 때문이다. 간혹 부정적인 영향으로 친구의 우정관계가 성립된다 해도 청소년기의 우정은 당연히 중요하다.

친구관계에서 싹트는 우정이 청소년기의 위기를 극복할 수 있는 요인이라는 사실을 검증할 만한 하나의 사례를 살펴보자.

어느 날 딸아이로부터 친구의 이야기를 듣게 되었다. 참으로 예쁘고 매력적이라고 생각했던 그 친구가 어느 날 방과 후에 행하였던 이야기이다. 갑자기 소란스러운 소리가 들리면서 그 친구가 교실로 뛰어들었고 뒤이어 그 친구의 욕 소리와 함께 순간 교실은 아수라장이 되어버렸다. 책상 위를 뛰어다니고 의자가 날아가는 광경에 놀란 딸아이는 예쁜 그 친구의 모습에서 상상할 수 없었던 행위에 눈을 떼지 못한 채… 그 일이 있은 후 그저 마음이 그 아이에게 쏠리고 있는 자신을 발견하였다. 어느 날 그 친구에게 편지를 쓰게 되었고 이후 어색함 속에서 두 아이는 서로의 시선을 접촉하고 관심을 가지게 되면서 자연스럽게 관계가 시작되었다. 시간이 지나면서 알게 된 그 친구의 사연은 경제적으로 부유한 가정에서 자랐지만 여기에 밝힐 수 없는 몇 가지 이유로 인해 또래집단을 이루어 거리를 방황하며 수시로 수업에 불참하고 부모가 원하지 않는 행동을 하여 학교에서도 주의를 요하는 대상으로 낙인 찍히고 있었다. 이후에 너무 바쁜 부모의 생활로 가정의 안정감이 제한적이었다는 것과 그 친구는 가족 내 정서적 접촉에 부족함을 느끼고 있다는 것을 알게 되었고, 마음이 그 친구에게 끌리는 이유가 명확하지는 않았지만 서로에 대한 관심과 우정이 깊어지게 된 사실이 지금도 딸에게는 중요할 뿐이다. 사연이 무엇이었든 그 아이와 친구가 되고 관계가 깊어지면서 그 친구는 놀라울 정도로 자신의 잠재된 좋은 면을 드러내기 시작했고 변화되기 시작했으며 학교생활에 적응해가는 변화를 보이기 시작했다.

사례를 들어 말하고 싶은 것은 친구관계의 우정은 청소년기의 위기를 극복할 수 있는 중요한 요인이며 자아기능으로서 매우 강력한 의미로 정체감을 확립시켜 줄 수 있는 위기 극복의 장이 된다는 것이다. 서로가 가진 것을 나누고 함께 경험하면서 진실한 마음으로 연결된 친구관계는 평생을 보장받을 수 있는 인생의 양식이자 평생의 양식과 같다. 나에게는 위 사례에서 말한 딸아이의 친구와는 또 다른 모습을 가진 스승과도 같은, 그리고 어머니와도 같은 의미로서 내 안에 들어와있는 친구가 있다. 멀리 있어서 자주 만날 수는 없지만 이 친구가 있어서 나는 늘 위로가 되고 언제라도 쉬어갈 수 있는 마음의 텃밭이 있다는 것에 감사한다. 그 외에도 좋은 친구들이 있어서 위안이 되고 언제라도 함께해줄 친구들이 있어서 마음이 든든하다. 사회적 관계에서 만난 사람들과의 관계에서 경험되는 좋음과 실망은 친구관계에서 경험되는 것과는 차원이 다르다고 한다면 나의 지나친 생각일까?

3. 청소년기에 교사와의 관계가 발달에 미치는 영향

청소년들은 하루 중 거의 대부분의 시간을 학교에서 보낸다 해도 과언이 아니다. 그러므로 학교생활에서 교사와의 상호작용을 통해 사회로 향하기 위한 지식과 기술과 태도와 가치를 자연스럽게 배우게 된다. 안정감 있고 책임감 있으면서 애정 있는 교사와의 상호작용은 청소년에게 중요한 역할모델이다. 그러나 우리 사회의 현실에서는 과도한 업무로 이루어져 있는 학교환경의 체계와 교사로 하여금 그처럼 안정적이고 애정 있는 역할을 하도록 여유를 제공하는데 방해되는 일들이 많은 것 같다. 그럼에도 사례를 들어 청소년기에 교사의 역할이 얼마나 중요한 영향을 미치는지에 대해 논하고 교사의 협조체계로서 전문적인 상담영역이 학교에 들어갈 필요성과 그 대안에 대해 생각해보기로 하자.

청소년의 정체감 형성에 미치는 교사의 역할

교육체계 내에 있는 청소년기 학생들에게 교사의 영향은 아무리 강조해도 과하지 않을 만큼 중요하다. 일상의 대부분을 학교에서 보내는 학생들에게 교사는 학교교육의 전반적인 영역에서 청소년기의 자아가 건강하게 성장할 수 있도록 돕는 가장 강력한 대상이며 모델이기 때문이다.

나에게는 늘 위로가 되고 지금 이 일을 하게 한 중요한 배경의 한 사람으로서 기억되는 선생님이 있다. 그분을 만나게 된 건 내가 17세가 되던 해 3월이었다. 선생님은 다른 모든 선생님들과 학생들의 선망의 대상이었고 어린 내가 보아도 참으로 아름답고 멋진 선생님이었던 것으로 기억한다. 그 당시 나는 B 지역의 일류라고 불리우는 학교에 진학을 준비하고 있을 때였는데 고등학교 입시를 앞두고 어머니의 병환과 관련한 가정적인 문제로 갑자기 K 지역으로 전학 가게 되어 원치 않는 고등학교에 진학한 상태였기 때문에 좌절된 마음으로 외부 상황을 수용하고 있었던 시기이다. 익숙하지 않은 지역적 특성과 학교환경 그리고 다른 억양과 언어표현들과 생소하고 새로운 환경이 사춘기인 나에게는 버텨내기 쉽지만은 않았던 것으로 기억한다. 청소년기에 꿈꾸었던 많은 소망들이 한순간에 사라지고 바뀌어버린 환경에서 만난 그 선생님은 내게 또 다른 세상을 알게 한 희망이었다.

어느 날 갑자기 선생님이 나를 교무실로 불러서 제안하기를 선생님이 매주 봉사하고 있는 특수학교에 함께 가지 않겠느냐는 것이었다. 그날로부터 나는 그 학교를 방문하여 앞을 보지 못하는 아이들과 주말마다 만나기 시작했고 선생님과 함께 시작한 그 일이 있은 지 1년도 채 못 되어 선생님이 결혼과 함께 학교를 떠났지만 그들과 나의 만남은 이후에도 고등학교를 졸업하기까지 계속되었다. 학교를 떠나면서 선생님이 내게 전한 이야기를 지금도 나는 기억하고 있고 그 기억으로 지금도 힘을 얻고 위로로 삼고 있다. 선생님은 첫 부임한 이 학교에서 긴장되고 불안한 상태에서 발견한 나의 미소가 위로가 되었고 용기를 갖게 했었다며 나에게 관심 갖게 된 이유를 밝히셨다. 고마움의 표현과 함께 전해준 선생님의 이야기는 "앞으로 어른이 되어가면서 예측할 수 없는 많은 일들이 일어날 수 있을 텐데 어떠한 어려움이 닥쳐도 그 미소를 평생 잊지 말고 살라."는 당부였다. 선생님의 마지막 이야기가 교육과 치료를 담당하고 있는 나에게 여전히 위로가 되고 있고 반성하게 한다. 선생님과의 만남이 청소년기에 무엇보다 적극적으로 나의 자아를 성장하도록 돕는 기회였을 뿐 아니라 나의 인격 형성에 중요한 영향을 미쳤던 것 같다. 그 당시 좌절감에 빠져 무력하고 슬퍼하고 있던 나에게서 선생님이 발견해주신 나의 미소는 선생님에게 위안이었다고 하셨지만 그 일은 오히려 나로 하여금 주변 상황이나 사건에만 머물지 않고 스스로 내면의 세계를 관찰하게 하고 발견하게 하는 힘을 발휘하게 했던 것 같다.

교사의 관심은 이렇듯 청소년기의 학생에게 개인으로서의 자아 형성과 창조의 과정을 거치면서 주체적이고 독립적인 존재가 되어가도록 돕는 가장 적극적이고 직접적인 역할을 하는 것 같다. 발견해주고 지지해주고 끌어주는 교사의 역할이 청소년기 학생에게 미치는 영향은 나의 사례에서뿐 아니라 더 많은 귀한 이야기가 있을 것이다. 이렇게 교사의 역할이 청소년기 학생에게 직접적인 영향을 미치듯 중요한 것은 교사가 단편적이지 않고 일방적이지 않으면서 청소년이 스스로 책임을 깨우치고 창조적으로 자신의 과정을 가도록 지켜봐줄 수 있는 자세를 가져야 한다. 그러나 현실은 교사에게 그러한 여유를 주지 않는 것 같다. 그래서 더욱 필요한 것은 교사역할의 협조체계로서 상담 영역이며 특히 학교미술치료가 그 역할을 하는 데 어떠한 의미가 있는지에 대해서 더 생각해볼 필요가 있다.

교사역할의 협조체계이자 대안으로서 상담 영역

학교는 교육체계인 만큼 교사역할의 협조체계로서 상담 영역이란 예방적 접근에 우선적으로 초점을 둔다. 교육과정에 장애가 되는 학생문제에 대해 탐구하고 진단하며 변화를 돕고, 모든 학생의 잠재적인 능력을 최대화하여 학습과 성장을 최대화하려는 공동의 노력으로서 학교상담 및 학교미술치료를 이해해야 할 것이다. 청소년기 학생들이 어떠한 고민을 하고 있는지, 어떠한 문제를 안고 갈등하고 있는지, 그 이유와 학교의 영향과 학생의 욕구에 대해 어떻게 반응하고 대처해가야 할지 지식적인 이해가 아니라 직접적이고 더욱 적극적으로 그들의 닫힌 마음을 열고 다가가야 할 것이다. 이에 대해 학교에서도 교사들이 마음을 열고 외부의 전문 영역을 선별하여 수용할 자세가 되어있어야 할 것이다. 그러나 아직도 일부 교사들은 전문 영역과 무분별한 영역의 구분이 잘 안 되는 것 같다. 이유는 교사들의 문제라기보다는 사회의 무분별한 사업수완으로 상담 영역이 확장되었기 때문에 온 오해의 결과가 아닐까 생각된다.

학교의 협조체계이자 상담 영역으로서 학교미술치료는 모든 학생의 잠재력과 가능성을 최대화할 수 있도록 도와야 하는 사회의 지지적 요구에 토대를 두며, 학교의 목적과 목표인 학생의 사회적 기능과 학습경험을 최대한 활용하도록 학생의 욕구에 초점을 맞춘다. 또한 학생의 교육과 성장을 돕는 교사의 협조자이자 동반자로서 학교 내 프로그램을 수행할 역할을 가진다 (학교미술치료의 실제, 2008 참조).

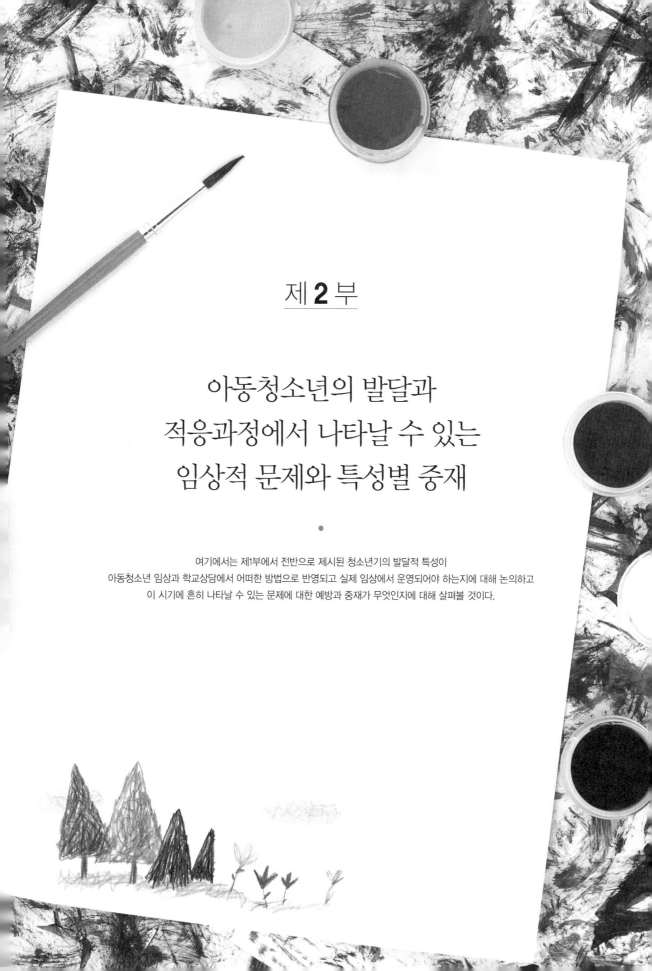

제 2 부

아동청소년의 발달과 적응과정에서 나타날 수 있는 임상적 문제와 특성별 중재

여기에서는 제1부에서 전반으로 제시된 청소년기의 발달적 특성이
아동청소년 임상과 학교상담에서 어떠한 방법으로 반영되고 실제 임상에서 운영되어야 하는지에 대해 논의하고
이 시기에 흔히 나타날 수 있는 문제에 대한 예방과 중재가 무엇인지에 대해 살펴볼 것이다.

제**4**장

발달의 특성별 중재 지침

우리는 지역사회와 학교에서 흔히 만날 수 있는 보편적이고 평범한 아동청소년이 어느 날 갑자기 치료환경으로 들어와야 하는 일들을 흔히 만난다. 임상환경은 실제로 이들에게 도움이 되며 성인 병리로 가도록 악화시킬 수 있는 문제를 막을 수 있다. 따라서 우리는 아동청소년기에 보호와 치료 이외에 필요한 요소에 대해 이해하고 그에 대한 대안을 가져야 할 것이다. 이 장에서는 그러한 필요에 대해 생각해보기로 하자.

1. 신체발달 측면에서 건강과 성장을 위한 중재 지침

제2장 1절에서도 언급되었듯이 청소년기 발달과 관련하여 가장 두드러지는 발달은 신체변화이다. 신체발달과 관련하여 임상현장에서 치료자가 가장 염두에 두어야 할 것은 청소년기 초기와 중·후기 발달의 차이에 따라 드러나는 욕구의 경향성도, 문제의 경향성도 다르게 나타난다는 것이다. 그러한 변화와 차이를 염두에 두고 임상에 임해야 하는 치료자의 중재에 대해 생각해볼 필요가 있다.

신체변화의 관심에 대한 접근

청소년기에 있는 아이들은 누구든 자신의 신체발달과 변화에 관심이 있을 뿐 아니라 더불어 외부 시선에 민감한 반응을 보인다. 자신의 키에 대해서, 생리현상에 대해서, 골격의 남성다움에 대해서, 여성스러운 몸매에 대해서 또래와 비교하고 우월감을 느끼기도 하고 열등감을 가지기도 한다. 청소년기에 자신의 신체변화에 관심을 가지는 것은 자연스러운 일이지만 그 정도가 지나쳐서 일상생활에 부적응을 초래하는 경우도 적지 않다. 이와 관련하여 성인은 청소년이 자신의 신체변화를 자연스럽고 계속 성장해가는 과정으로 받아들이도록 도와야 할 것이다. 특히 임상환경에 들어오는 청소년에 대해 치료사는 청소년이 자연스럽게 변화해가는 자신을 수용하고 외부로 드러나는 신체조건보다 더 중요한 것이 있다는 것을 이해하도록 도와야 한다. 우선 드러난 행위와 표현은 이차적인 결과일 뿐 일차적인 내용이 무엇인지 이해할 필요가 있으며, 신체변화의 열등감에 사로잡힐 수밖에 없었던 다른 이유가 무엇인지 평가해야 하며, 외적으로 나타나는 신체변화와 외모 이외에 흥미와 관심 및 대인관계를 유지하고 다양한 활동을 찾음으로써 자신의 가치를 찾을 수 있도록 도와야 한다. 오래전에 내가 만난 한 청소년의 이야기를 살펴보자.

> 이 청소년(고등학교 1학년)은 치료실에 들어오자마자 "선생님은 내 얼굴이 이상하다고 생각하지 않나요? 내 팔이 이상해요. 코가 삐뚤어졌지요?" 하며 계속 동의를 구하기 위한 말을 두서없이 시작했다. 이 아이가 병원을 찾게 된 배경은 종일 거울을 들여다보며 얼굴과 몸의 이상을 찾으면서 불만족감을 말하기 시작했고 어느 날부터는 외출을 거부하고 결국에는 학교를 거부하고 신체조건 이외에는 어디에도 관심을 가지지 못한 채 은둔생활이 이어지면서 결국에는 정신과를 찾을 수밖에 없게 되었다.

이 청소년의 치료과정에서 발견된 일차적인 핵심문제는 대상상실 문제였다는 것이 파악되었고 공감적 환경을 회복하는 데 치료의 초점을 두고 접근했던 기억이 난다. 청소년기 신체변화와 관련하여 치료사의 중재에서 우선되어야 하는 것은 왜 신체와 외모가 가장 중요한 것이 되었나에 함축되어 있는 심리적 역동을 살펴보는 것이다. 신체조건과 대치되는 투사적 요인을 찾고 그에 대한 대안을 어떻게 치료에 적용할 것인지 계획을 세워야 한다. 인지적인 왜곡을 합리적인 사고로 변환해야 하고, 정서 내면에 감춰진 욕구를 드러내도록 지지하며, 사회적 관계를 활성화하도록 안내하고 대안을 제시할 수 있어야 하며, 가족역동의 무엇을 어떻게 도와야 할 것인지에 대해 구체적인 방안을 찾고 연결해야 한다. 청소년이 내면의 욕구를 발견하고 불만족감을 투사하여 부적응의 결과를 가져오게 한 문제를 인식하고 받아들이게 되면, 지금까지 자신이 집착했던 신체조건보다 더 중요한 것이 있다는 것을 발견하고 받아들이게 되면서 자연스럽게 신체조건에 대한 관심이 줄어들고 정체감을 유지할 수 있게 된다.

성적 욕구변화에 대한 접근

성적 충동을 통제하고 조절하는 것은 청소년에게 쉽지만은 않은 과제 중의 하나이다. 순간 조절되지 않은 성적 충동으로 극단적인 행동장애를 불러일으킬 수 있으며 자아에 혼란을 가져올 수 있어서 이 시기의 성적 욕구변화는 청소년기의 성정체성 문제와 관련이 깊다. 제1장의 "성적 개방과 성역할의 변화가 미치는 영향과 문제"에서 제시한 사례에서 보았듯이 성적 놀이경험으로 인한 죄책감이 청소년기 이후 성인기에까지 영향을 미치게 된다.

다시 말해서 아동청소년을 만나는 치료사에게 청소년기의 성적 욕구와 관련하여 우선되어야 하는 것은 청소년의 신체적 발달특성을 이해하고 신체적 이미지를 보다 객관적으로 받아들이도록 안내하는 것이다. 더불어 성적 욕구는 매우 자연스러운 과정이며 비밀스러운 것이 아니라는 것을 이해하고 일어나는 욕구에 대해 말할 수 있는 자연스러운 자리를 마련해주는 것이 필요하다. 성적 발달에 대한 자료를 제시할 수 있어야 하고 필요시에는 교육적 접근을 할 수 있어야 하며 치료적 교육접근 또한 구체화될 필요가 있다. 보이지 않게 청소년들 가운데 성적으로 노출되고 고착된 일반적인 상황을 벗어나는 문제가 성인문제로 고착화되는 경우가 있어서, 이 경우 임상에서는 무엇을 우선적으로 이해하고 어떻게 적용할 수 있을지에 대해 이해해야 한다.

이와 관련하여 치료자는 예외를 벗어나는 성적 욕구와 노출에 집착하는 대상의 심리적 역동을 이해하고 있어야 하는데 성적 고착문제에서는 대부분의 경우 남성대상에 초점을 두고 이야기되고 있다. 과거에는 성욕구에 대해 Freud의 관점으로 이야기되었지만 최근의 정신분석에서는 욕동이론만으로는 임상적으로 나타나는 성과 관련된 공상과 행동의 많은 부분을 설명할 수 없으므로 다양한 측면에서 이해할 필요가 있다고 한다. 핵심은 소아기에 경험된 부모로부터의 모욕에 복수하고 싶은 환상과 관련되며 어머니의 내적 표상으로부터 분리개별화된 독립된 자기로서 외상을 승리로 전환하고자 하는 방편이라고 본다. 또한 일탈된 성적 행위가 부분적으로는 자신의 공격으로부터 내재화된 대상을 보호하려는 역할을 담당하기도 한다.

반면에 Kohut(1971, 1977)은 도착적 성행위를 대상관계의 공감적 자기대상 반응이 없는 상태에서 자기통합과 자기응집력을 회복하려는 시도의 결과라고 보았다. 위협적인 외적 환경에 의해 분리하고 포기하고 싶을 때 성적 공상을 통해 스스로 살아있다는 느낌을 갖게 된다는 것이다. 즉, 성적 집착과 고착문제는 대상과의 공감적 융합을 원하는 일차적 심리기제가 붕괴된 후의 결과로 오는 욕동의 산물이며, 그 욕동은 성에 대한 공상과 행동으로 상실된 대상융합을 찾고 스스로 치유하고자 하는 병적 수단의 시도이다. 청소년 집단폭력에서 흔히 등장하는 반사회적 문제에서 잔혹한 성폭력성에 대한 이야기를 여러분은 간간히 들었을 것이다. 정신병원에 입원해있는 분열증이나 정신병적 경계에 있는 사람들의 성문제 또한 들어보았을 것이다. 이들은 어쩌면 자기소멸의 느낌에 대항하기 위한 수단을 사용한 것일 수 있다. 이러한 심리적 맥락과 관련하여 정신과에 입원한 청소년이나 청년기에 있는 환자들에게서 유아동기에 성적으로 폭력을 경험했거나 반복적인 성폭력에 노출된 경우를 생각해볼 수 있다.

입퇴원을 반복한 청소년기 후기에 있던 한 여성이 무분별한 성문제로 개입된 사례를 살펴보자.

> 이 아이가 병원을 찾게 된 이유는 심부름을 갔다가도, 학교에 가는 길이나 하굣길에도 수시로 가출하는 문제였으며, 매우 단아하고 정감 있는 모습이었지만 얼굴 표정과 눈빛은 아무 의욕이 없는 듯 슬픔을 담고 있었다. 그녀는 어린 시절에 부모로부터 버려진 후 시설에서 성장하였고 가출문제를 제외하고는 매우 성실한 아이로 인정받고 있다는 것이 학교의 평판이었으며 시설에서도 어머니처럼 어린아이들을 돌본다고 했다. 가출의 형태는 길 가다가도 누군가가 관심을 보여주면 처음 보는 남자라도 자연스럽게 따라가고 성관계를 맺는다는 것이다.

그 당시 그녀에게 제공된 기관의 치료목표는 인지와 행동변화였지만 나는 그녀의 문제를 단순히 성충동 문제에 제한하지 않고 내면의 핵심 욕구가 무엇인지에 관심을 가졌으며, 추가로 시설에서의 또 다른 문제가 발견되었지만 그 외에도 밝혀지지 않은 또 다른 사실들이 있을 것으로 보았다. 사례의 내용을 여기에 다 밝힐 수는 없지만 시설에서 보인 긍정적인 태도는 스스로 그녀 자신이 부모화된 경우로서 버려진 아이들의 부모를 대신하여 책임감을 느끼게 되었을 것이다. 그러한 책임감은 부분적으로 남성을 성적으로 만족시켜야 하는 책임성까지 포함하여 자신의 요구나 권리는 무시되고 타인의 요구를 만족시키기 위해 존재하는 것으로 드러난 문제로 보았다.

치료과정에서 등장한 치료진들의 갈등은 그녀가 자신의 충동과 소망의 근원에 대해 인식하고 있는 것처럼 보였지만 실제 일상으로 돌아가면 문제행위에 대해 전혀 변화의 욕구가 없다는 사실이었다. 이것에 대해서 나는 그녀 자신이 속한 삶의 공간에서 일어난 일들과 그 일로 인해 자유가 통제되고 비난과 무시 속에 가두어지는 것보다 입원환경이 오히려 더 나은 곳이라고 생각하고 있다고 보았다. 또 다른 측면에서 보면 반복적인 치료환경을 사용하여 놀이를 즐기고 있는 것 같기도 했으며 그녀가 만들어내는 그러한 문제는 결과적으로 자신이 선택할 수밖에 없었던 결과에 대한 보복이라고 보았다.

다른 사례를 더 들어보자. 사례의 대상은 현재 30대 후반이지만 그를 처음 만난 것은 중학교 2학년 때였으므로 청소년기의 발달적 결핍요소가 성에 대한 무관심과 이상행위로 드러날 수 있다는 맥락에서 제시해본다.

> 친구들과 집단으로 술과 담배를 하여 교무실에 불려가고 집단으로 본드 흡입과 폭력문제로 경찰서에 감호 조치되는 사건으로 이 아이와의 만남이 시작되었는데 몇 개월간의 치료과정을 거쳐 학교로 돌아

갔고 별 무리 없이 졸업을 할 수 있었다. 그러나 수년이 지난 후 그 아이는 다시 나를 찾아왔는데, 성적으로 전혀 감동하지 못하는 자신이 문제가 있는 것 같다며 분노에 찬 목소리로 쉼 없이 내뱉은 이야기의 핵심은 아버지에 대한 내용이었다. 가장 수치스러웠던 기억 때문에 힘들다며 시작한 이야기 속에는 고등학교 1학년 때 매사에 자신을 간섭하는 아버지가 자신의 옷을 모두 벗기고 밖으로 내쫓았던 기억이 있고, 성인이 되도록 친구나 다른 사람을 모방하고 그 집단에 포함되고자 안간힘을 썼던 기억들, 자신이 누구인지, 타인과 무엇이 다른지 알 수 없다고 호소했다. 주변인들이 자신에 대해 부적절하게 말하거나 자신의 모든 상황을 수용하지 못하면 그들 모두를 없애버리고 싶을 정도로 화가 나서 견딜 수 없다고 했다. 더욱 견디기 힘든 것은 배우자와 성적 관계를 유지할 수 없을 뿐 아니라 몸을 훔쳐보는 것이 더 기분 좋게 한다고 했다.

성적 욕구와 관련된 이 남성의 이야기들은 관음증적인 행위에 주로 맞추어져 있었다. 아버지의 관음증적 행동에 대한 분노가 주로 표현되었지만 숨겨져 있는 또 다른 내용은 어머니의 정서적 돌봄의 부재와 어머니의 아버지 무시와 부모갈등이었다. 이 사례에서 제시된 성적 무감동과 이상행동은 발달과정에서 공감적 환경의 부재와 함께 등장한 불안문제와 관련된다. 청소년기의 통과의례인 자기가 주인이 되어야 하는 과제와 동반되는 죄책감 문제가 형식적 조작사고와 맞물리면서 불안이 가중되는 어려움을 나타낸 결과라고 볼 수 있다. 다시 말해서 청소년기는 이 시기의 형식적 조작사고의 특성인 자기중심성과 관련하여 자기가 주인이 되어야 하고 인정받아야 하는 환상이 경험되어야 한다. 그런데 이 사례의 남성은 인정의 경험과는 무관하게 주요 체계인 타인으로부터 이상화 반응을 얻지 못할까 봐 자기의 모습이 상실될까 염려하는 두려움으로부터 온 불안과 관련되어 있다. 이것의 궁극적인 요인은 초기 불안과 관련이 있을 것이라고 보았기 때문에 나는 그가 제시한 문제의 요인을 비공감적 환경에 대한 결과로 보고 치료목표를 세웠던 기억이 난다.

이처럼 어떠한 이유로든 성을 분노와 책임성의 도구로 사용하는 경우 결국은 죄의식 속에서 성인기로 발달하게 되므로 자기비난과 낮은 자존감에서 벗어나기가 쉽지 않다. 이에 청소년치료사는 청소년의 발달과 교육적·치료적 접근에 대해 이해하고 있어야 하며 필요에 따라서는 사실적 자료를 통해 청소년이 자신의 신체 이미지를 보다 객관적으로 가지도록 돕고 심리학적 맥락에서 이상 성심리를 이해하여 내면의 본질적 욕구에도 접근할 수 있어야 할 것이다.

2. 인지발달 측면에서 건강과 성장을 위한 중재 지침

초등학교 과정을 지나면서 중기 청소년기에 들어서는 과정에서 형식적 조작사고가 시작된다. 그러므로 이 시기의 청소년은 자신의 사고과정을 이해할 뿐 아니라 외부 상황들이 자신의 사고과정에 어떠한 영향을 미치는지, 무엇을 어떻게 노력해야 하는지에 대해 사고하는 능력을 가지게 된다. 따라서 반성하는 사고 또한 가능하여 자신에 대한 질문과 그에 따른 불안도 가지게 된다. 이러한 청소년기의 인지변화는 비교적 객관적인 자기관찰이 가능하여 실제적인 자아개념 형성의 기반을 마련하게 되지만 형식적 조작사고는 논리적이고 추상적인 사고과정을 실험하고 활용하는 수준을 넘어서서 어떠한 특정 사고에 빠지기도 한다. 다양하고 새로운 외부 조건들을 수용하여 구체화하기보다는 자기가 경험하고 관심을 가진 것에 대한 환상과 생각으로 이론화하려고 하는 모습이 이 시기의 인지적 특성이다. 때로는 성인들의 복잡한 사고에 짜증을 내기도 하는 반면에 어느 부분에 대해서는 지나치게 몰두하여 생각에 빠지기도 한다. 그러므로 치료사는 이러한 청소년의 사고 기능과 관련하여 불편한 감정을 감소시키기 위해 추상화시키거나 주지화 경향성을 나타낼 수 있다는 것을 이해하고 단순한 방어기제라기보다는 추상적인 이야기에 참여하여 함께 토론할 필요가 있다. 이 시기에는 현실세계에 대한 경험이 아직 부족하기 때문에 논리와 사고에만 의존하고 공상과 혼돈과 불안에 빠질 수 있기 때문에 치료사는 청소년이 미래에 대한 결정을 현실적인 토대 위에서 할 수 있도록 도움으로써 불안을 극복하도록 도와야 한다.

발달단계에 따른 불안은 초자아불안, 거세불안, 애정상실 불안, 대상상실 및 분리불안, 피해불안, 붕괴불안 등을 생각해볼 수 있는데 청소년기는 초기 발달에서의 이러한 불안을 재반복하면서 온전히 자기로 발달해가야 하는 과제를 성취해야 하는 시기이다. 형식적 조작사고 발달은 청소년으로 하여금 자기중심의 환상을 사용하여 불안으로부터 벗어나려는 노력을 돕지만 반면에 복합적인 문제를 만들어내기도 한다. 이와 관련하여 치료사는 청소년이 드러낸 이상행동이 어떠한 불안문제와 관련되며 그것은 인지발달의 변화와 어떻게 연결될 수 있는지 그리고 그 요인은 무엇인지에 대해 생각해볼 필요가 있다. 청소년기의 형식적 조작사고와 관련하여 특성적인 현상은 제2장에서 설명되었듯이 자아중심성이라는 자연스러운 발달적 모습이다. 그러나 자아중심성의 현상으로 등장하는 개인적 우화와 상상적 청중이라는 특성이 단순한 발달적 속성만이 아니라 충동적인 위험행위로 빠지게 할 가능성 또한 있다는 점을 치료사는 이해할 필요가 있다. 따라서 청소년의 어떠한 행동을 평가할 때 이러한 인지발달의 관점에서 현상적 이해를 해야 하며 현실검증 능력을 위해 인내하고 도우며 더불어 내적 성숙의 범위 또한 우선적으로 고려해야 할 것이다.

3. 정서발달 측면에서 건강과 성장을 위한 중재 지침

청소년기 발달의 특성은 반복해서 이야기해왔듯이 인지발달과 신체 및 호르몬의 변화를 들 수 있는데 이러한 변화에 의해 상대적으로 보다 예민하고 강하게 경험되는 것은 정서이다. 이것은 청소년기 발달단계에 따라 경험되는 독특성이 청소년 모두가 같을 수는 없으나 보편적으로 발달단계마다 경험하는 생활사건이 다른 발달단계에 비해 독특한 정서로 경험된다는 의미이다. 이러한 정서의 변화는 관심의 방향 전환과 함께 등장하고 우울, 불안, 공포, 외로움, 수치감, 죄책감, 분노 등의 감정을 일으킴으로써 성장에 방해요인으로 작용할 수 있다.

우울은 일반적으로 극단적인 무력감과 슬픔의 상태가 오랜 기간 지속되는 것을 의미하는 반면에, 청소년의 우울정서는 일반적인 발달단계에서와는 다르게 발달적 측면, 환경적 차원, 성인 병리로의 발달이라는 세 차원에서 보아야 한다. 이 시기에 보편적으로 겪는 상황들로서 학습에 대한 부담, 친구관계, 성취에 대한 좌절 등이 인지발달 변화의 특성인 자아중심성에 의한 우울정서와 문제행동으로 확장되는 경우가 흔히 있다. 우울과 자아중심성의 특성과의 관계에서 등장하는 또 다른 인지적 변화는 상상적 청중이며 이 현상에 의해 증대되는 수치심과 죄책감의 정서는 청소년의 개인적 성장과 사회적 발달을 방해한다. 이때 청소년이 친구관계를 통해 자아중심성이 극복되지 못하면 그 결과로 인해 다시 고립감과 위축감 및 외로움을 느끼게 되면서 궁극적으로는 불안과 분노감정을 불러일으키게 된다.

따라서 이러한 청소년을 만나는 치료자는 우선 발달단계에서 있을 수 있는 정서와 인지와의 관계를 이해할 수 있어야 할 것이다. 좋은 치료관계를 유지함으로써 청소년이 자기를 이해하는 사람이 있음을 알게 하여 힘을 실어주고, 삶에서 좌절이나 실패가 없을 수는 없으며 그러한 감정 또한 피할 수 없는 경험들이라는 것을 받아들여 감정과 행동의 분화를 도와야 한다. 부정적인 정서로 힘든 청소년을 만나는 치료자가 가져야 할 우선적인 태도는 청소년이 자신의 정서와 감정을 인식하도록 돕는 것이며, 그럼으로써 감정과 행동의 분화가 가능해야 하며 이를 위해서 치료자에게 필요한 우선조건은 공감과 수용적 자세이다.

간혹 인지나 정서장애로 진단을 받지 않은 경우에도 정서가 불완전하게 분화되어 있는 듯 보이는 경우가 있다. 일상에서 적절하고 잘 적응하고 있는 것처럼 보이지만 구체적인 관계 속에서는 하찮은 일도 지나치게 장황한 설명을 하거나 정확한 순서에 따라 행동하기 때문에 듣는 이로 하여금 지루함을 느끼게 하는 경향을 보이는 경우가 있다. 이러한 특성을 보이는 대부분의 청소년은 대상관계에서의 정서적 경험이 부족했을 수 있으며 이들의 특성은 공감능력과 상상력 또는 융통성이 제한적이고 직관력이 떨어지는 등 창조적인 사고가 부족하다. 이러한 현상은 정신분석학적 맥락에서 보면 부인(denial)과 분열(splitting)이라는 방어와 밀접하게 관련되어 있을 수 있으며, 이러한 경향성은 일차적인 정서적 결함과 관련되어 있을 가능성이 더욱 높다. 그러므로 정서표현이 지나치게 차단된 청소년을 만나는 치료사에게 우선되어야 하는 자세는 무엇보다 공감능력의 발휘이며 무조건적인 수용으로부터 시작하여 청소년을 안아주고 담아낼 수 있는 여유이다.

청소년기 발달단계에서 흔히 사용되는 방어기제는 불안정서와 관련되며 심리 내적으로 또는 외부 환경에서의 스트레스나 감정적 갈등에 대한 자기중재로 사용되며 특징적으로는 반동형성(reaction), 주지화(intellectualization), 금욕주의(asceticism), 전치(displacement), 억압(repression), 분열 등의 방어기제이다(학교미술치료의 실제, 2008, pp. 51~55 참조). 아동기까지는 일상의 선택과 결정의 대부분이 부모의 반응에 따라 움직이고, 인간관계에서의 사랑과 미움의 감정과 사회적 관계와 활동이 부모 중심이었지만, 청소년기에 들어서면서부터는 친구나 이성관계에서의 정서적 교류와 활동이 더욱 중요해진다. 이러한 정서적 변화와 관련하여 청소년을 만나는 치료사가 이성일 경우 일어날 수 있는 전이현상에 대해서도 생각해볼 필요가 있을 것이다.

4. 관계발달 측면에서 건강과 성장을 위한 중재 지침

청소년기 발달의 관계 측면은 부모 자녀관계와 친구관계의 분리와 밀착이라는 맥락에서 다루어질 수 있을 것이며 이것은 앞에서도 계속 이야기되어 온 내용이다. 청소년기 발달단계에서 가장 흔히 등장하는 부모 자녀관계에서의 문제는 애착관계와 관련된 갈등문제이며 이것은 보편적으로 분리되지 못하고 지나치게 밀착된 경우, 지나치게 소원한 관계, 청소년 특성을 이해하지 못하는 부모의 지식문제와 경직된 양육태도 등이다. 이와 관련하여 치료자는 부모 자녀관계 양식에 대해 구체적인 평가를 할 수 있어야 하며 대상과의 애착관계 유형과 특성적 제한성에 치료의 목표를 설정할 수 있어야 할 것이다. 간혹 어떤 치료자는 부모 자녀관계에 접근할 때 청소년의 치료목표가 청소년의 문제행동 감소라고 보고 '청소년의 문제가 변화되면 부모가 변한다'고 말하는 경우도 있지만 그것은 매우 위험한 생각이다.

예를 들면 문제로 노출된 청소년의 행위에서 부모 자녀관계의 미분화가 핵심이라면 당연히 청소년이 개별화하지 못하도록 하는 부모의 요인이 있을 것이므로 치료의 목표는 여기에 초점이 맞춰져야 할 것이다. 특히 부모 자녀관계에서 자녀가 부모화되어 있어서 그 책임성으로 청소년이 갈등하고 있다면, 그래서 분노를 폭발하고 있는 경우라면 가족 내 역할을 탐색하고 평가하여 가족 구성원이 적합한 역할을 할 수 있도록 도와야 한다. 또는 청소년이 부모로부터 분리하여 개별화해가는 것을 두려워하고 있다면 당연히 개인력과 발달적 배경을 구체적으로 평가하여 문제요인을 찾고 그 요인을 변화시키는 것이 치료목표가 되어야 한다. 부모의 직업이나 성격적인 이유가 관계를 소원하게 하거나 그로 인해 청소년의 불안과 분노가 문제로 등장했다면 분노 자체를 감소시키는 것이 치료의 초점이 아니라 분노의 요인인 관계에 초점을 두어야 할 것이다. 관계를 맺을 수 없었던 요인을 찾아 이해하고 관심을 가질 수 있도록 서로에 대한 감정과 정서를 다루어야 할 것이다. 또는 부모의 장애나 중독문제로 인해 가족관계가 어렵고 청소년의 감정적 문제가 행동을 유발하게 했다면 청소년의 개인적 접근 외에 부모가 가진 문제의 심각도를 평가하여 가족교육과 지지적 접근이 우선되어야 할 것이다.

앞에서도 언급했듯이 청소년기의 이러한 부모 자녀관계의 분리과정에 매우 중요한 지지체계이자 발달적인 특성은 친구관계이다. 청소년들이 호소하는 친구관계 문제의 유형은 동성 친구관계, 선후배관계, 이성 친구관계, 또래집단과의 관계, 사회문화적 괴리와 종교적 차이로 인한 갈등 등이다. 동성 친구관계의 구체적인 문제요소는 친구 사이에서 느끼는 질투와 경쟁심, 불신, 열등감, 소외감, 갈등관계의 미해결문제, 하위집단 형성 등이 보편적이다. 선후배관계에서는 선배의 강요를 거절할 수 없어서 오는 문제가 주로 많으며 서로 좋아해서 생기는 독차지하고 싶은 심리와 같은 갈등문제도 있다. 또래집단관계와 관련된 문제는 불건전한 행동에 참여하도록 강요하는 경우, 또래의 가출과 반사회적 행동으로 인한 집단심리의 영향, 경제적 우월감과 열등감에서 유발되는 문제들, 종교가 달라서 오는 갈등이나 종교의 강요, 휴학과 복학으로 인해 나이 차이가 있어서 발생되는 갈등, 또래집단의 부재로 인한 경험의 제한, 따돌림, 지나친 의존과 밀착을 강요해서 발생하는 문제 등을 들 수 있다.

이러한 친구관계의 다양한 특성과 관련하여 치료자가 유념해야 할 내용은 청소년기 발달에서 단짝 친구관계와 또래관계에 대한 의미를 이해하는 것이다. 친구관계가 치료에 주는 함의는 청소년이 단짝 친구를 통해 자기와 유사한 점을 찾고 동일시하며 관계를 통해 자신이 소중한 사람이라는 인식을 갖게 된다는 것이다. 또한 자신의 부모와의 관계에서 경험했던 부적절감을 친구를 통해 수정할 수 있는 기회도 갖게 된다. 따라서 청소년이 치료 상황에 친구를 데려온다면 친구관계를 치료에 활용할 수 있는 방법 또한 생각해볼 필요가 있다. 청소년의 문제가 무엇이든 그 근원이 무엇인지 아는 것은 매우 중요하다. 발달적 특성에 근거하여 문제를 정의하고, 현실에서 기능적으로 도울 수 있는 영역이 어디까지이며, 현재 시점에서 무엇이 우선되어야 하는지, 그 우선의 필요조건을 위해 알아야 하고 접근되어야 하는 범주를 평가하고 설정하는 것은 치료자의 중요한 책임이라는 것을 잊지 않아야 할 것이다.

제 5 장

아동청소년의 발달적 중재방법과 과정

아동청소년치료의 가장 특징적인 요소는 치료 상황에 들어오는 청소년이 본인의 자발적인 욕구보다는 부모나 교사에 의해 의뢰되는 경우가 대부분이어서 치료에 대한 동기도 낮을 수밖에 없다는 것이다. 이때 의뢰 사유에 대해 청소년과 부모가 보는 관점이 다를 수 있지만, 일차적으로는 부모를 통해 청소년의 성장배경과 최근의 변화를 들을 수 있고 첫 면담에 참여한 부모와 청소년을 관찰함으로써 이해와 직접적인 평가가 가능해지기도 한다. 이러한 기초조사로부터 시작하는 평가과정은 유사한 문제를 가진 청소년이라 해도 개인에 따라 다른 기질과 심리사회적 환경과 경험의 차이에 따라 다른 치료목표를 세우게 된다. 이 장에서는 그러한 각기 다른 환경에 있는 청소년의 욕구 수준과 문제를 이해하고 평가하기 위한 기본적인 원리에 대해 살펴볼 것이다.

1. 발달적 배경과 평가

발달적 배경에 대한 평가는 청소년치료를 위한 지름길이라 할 정도로 중요한 과정이다. 그러므로 다음에서는 발달적 배경과 현재의 문제로 인한 기능 수준을 평가하고 탐색하기 위해 필요한 방법에 대한 원리를 구체화할 것이다. 이 책에서 제시한 내용 이외에 평가를 위해 필요한 구체적인 질문과 평가도구에 대해서는 여기에서 다루지 않을 것이므로 청소년 임상 미술치료 방법론(2005)과 미술치료 평가방법의 이론과 실제(2005)를 참조하기 바란다.

일반적인 원리

우선되어야 하는 평가는 청소년의 특성과 문제, 현재 상황과 환경, 발달적 배경 등에 대한 평가이다. 이러한 기초적인 평가는 지금 이 치료환경에서 해결이 가능할지, 다른 기관으로 의뢰해야 할지, 의뢰를 한다면 누구에게 할 수 있을지, 구체적인 검사가 필요할지 등을 결정하게 하고 치료계획을 설정하기 위한 자료가 된다. 그러므로 치료대상인 청소년의 이러한 평가는 의료적 진단이나 심리검사 이상의 의미와 가치를 가진다.

의료적 진단이나 심리검사로 접근된 평가는 청소년이 가지고 온 문제를 객관화하여 치료에 협력하는 전문가 간의 의사소통을 돕고 연구자들의 통계자료를 위한 수집과 연구에 도움이 되는 기술적인 측면이므로, 청소년이 가지고 있는 고통에 공감하고 이해하며 변화를 위한 직접적인 도움을 제공하지는 못한다. 그러나 심리치료에서 평가는 청소년을 돕기 위해 수용하고 공감하며 이해하고, 어떠한 지지체계와 자원을 활용하여 도움을 위한 목표를 향해갈 수 있을지에 대해 생태체계학적 접근을 중심으로 한 역동적인 문제의 개념화를 사용하여 이루어진다. 문제의 개념화란 호소 내용, 발달배경, 가족관계, 치료에 들어오기 이전의 상담이나 치료 경험, 문제와 관련하여 인지적, 정서적, 행동적 측면에 대한 평가를 기초로 하여 전문가로서 이론과 경험을 토대로 문제를 재구성하고 치료목표를 세우는 것을 의미한다. 다음에서는 질문 유형에 대한 예를 들고 있으며 질문의 구체적인 내용과 방법은 청소년 임상 미술치료 방법론 (2005) 제3장의 초기 면담내용과 부록의 초기 면담기록지를 참조하기 바란다.

- 자아기능의 발달과 잠재력을 방해하는 기질적, 유전적, 신체적 장애가 있는가?
- 가장 높은 수준의 기능을 발휘했던 시기는 언제이고, 그 기능은 어느 정도의 수준이었는가?
- 청소년의 대상관계 특성은 무엇이며, 현재 문제와 어떠한 관련성이 있는가?
- 왜 지금 문제가 나타나며, 지금 그 문제의 해결을 위해 치료실을 찾아온 이유는 무엇인가?
- 청소년은 치료에 대해 갈등을 느끼는가?
- 청소년은 자신의 문제를 인식하고 있고, 치료사에게 개방할 의지가 있는가?
- 가족은 청소년의 문제해결을 위해 협조할 의지가 있는가?

발달적 배경

임상 상황에서 가장 먼저 이루어지는 것이 치료대상인 개인의 발달사에 대한 정보라는 것을 대부분의 치료사들은 이미 알고 있을 것이다. 아동청소년치료에서는 부모로부터 자녀의 발달적 배경에 대한 정보를 얻게 되는데 대부분의 치료사들은 부모상담에 대한 두려움 외에도 적절한 시기에 부모면담이 불가능한 기관의 상황에 대해 불편감을 호소하곤 한다. 그럼에도 청소년치료에서 부모상담을 통한 발달사에 대한 평가는 가능한 빠른 시기인 치료계약 직후 첫 면담의 후반부에 다루어져야 한다. 이유는 발달사에 대한 질문이 부모로 하여금 자녀에게 잘못했다는 비난을 받는 것에 대한 불안과 죄책감을 갖게 하므로 첫 면담의 마지막 부분에 다룸으로써 부모의 불안을 덜어줄 수 있기 때문이다. 따라서 치료자는 청소년치료에서 발달사에 대한 질문이 부모불안을 강화시키지 않도록 충분히 지지적인 태도로 설명해야 하는데, 다음의 발달사평가에 대한 치료자의 역할과 부모상담에서 반드시 확인해야 하는 내용은 이에 대한 대안이 될 수 있는 치료사의 자세와 역할이므로 숙지해야 할 지침이다.

발달적 배경평가에서 치료자의 역할

- 청소년이 있는 상황에서, 또는 밖에서 기다리도록 한 상황에서 부모상담을 하지 않는다.
- 자녀의 발달과 성장배경에 대해 2~3회 정도 진행될 것이며 이것은 모든 자녀치료에서 누구에게나 하는 일상적인 과정이라는 것을 설명한다.
- 초기에는 가능한 청소년 자녀의 사실적 정보에 초점을 맞춘다.
- 판단적이거나 진단적인 이야기를 삼가한다.
- 대부분은 어머니가 자녀의 발달적 평가를 위한 면담대상이 되는 경우가 보편적이지만 어느 시기 동안 어머니가 주 양육자가 아니었다면 그 특정 양육자와의 면담이 필요할 수 있다.
- 단순히 질문에 대한 답을 얻는 것이 아니라 이해와 수용이라는 느낌을 가질 수 있도록 자세를 취하면서 발달사를 탐색해야 한다.
- 발달사에 대한 내용에서 벗어난 이야기라 해도 어느 정도 허용할 필요가 있다.
- 발달적 배경평가가 주 목표라 해도 부모의 감정을 무시하지 않고 주의를 기울여야 한다.

부모상담에서 반드시 확인해야 하는 발달적 배경(청소년 임상 미술치료 방법론, 제3장 참조)

- 부모의 자녀 출산준비에 대해 확인한다.
- 내재된 기질적인 특성요소가 있는지 확인한다.
- 영유아기의 초기 애착관계에 대해 탐색한다.
- 아동기부터 청소년기까지의 발달과업에 대한 성취도를 확인한다.
- 발달과정의 특별한 경험과 관련한 충격적인 사건이 있는지 확인한다.

특정 문제에 대한 탐색

인간의 발달에서 단계마다 일어나는 심리 내면의 특징적인 변화나 한 단계에서 다음 단계로 가는 단계 간의 관계는 매우 중요하고 복잡하다. 개인이 세상에 태어나 최초로 무언가를 경험하고 다음 단계로 성장해가기 위해서는 그 과정을 극복할 수 있는 힘이 필요한데, 인간은 삶의 단계마다 그 전 단계에서 충분히 익히고 충족된 후에야 다음 단계로 진입할 수 있는 힘을 갖게 된다. 그 누구든 자신의 삶에서 특정한 사건이나 고통을 만나지 않는 사람은 없으며 누구에게나 고난의 과정은 있기 마련이다. 오히려 그 고난을 통해 새로운 변화를 시도할 수 있게 되고 새로운 미래를 계획할 수 있게 된다. 만약에 어떤 사람이 자신의 삶에서 변화가 일어날 시기에 변화가 일어나지 않았다면, 그는 변화의 기회를 놓친 것이며 남은 삶은 그것이 없는 상태에서 살아가야 하거나 장애를 안고 살아가야 한다. 예를 들면 중간대상이 없이 어린 시절을 살았다면 그 사람은 분리과정의 위안이 없었다고 볼 수 있으며 그래서 불안하거나 공허하고 관계를 맺지 못하는 어려움을 가지고 있을 수 있다.

보편적이고 통과의례적인 어떠한 경험이 삶의 과정에서 상실되었거나 왜곡된 모습으로 변형되었다면 그 변형되고 왜곡된 부분은 분명히 그 사람의 삶에 전체적인 영향을 미치게 된다. 인간의 정신은 늘 자신이 경험한 것의 불균형을 회복하려고 노력하는 특성이 있기 때문에 회복을 위해 과속화되고 과대한 성장으로 가거나 비균형에 의해 장애가 출현하게 되므로, 경험의 상실은 상실의 그 시기뿐 아니라 그 이후의 삶에도 영향을 미치게 되어 다음 단계의 과정을 제대로 갈 수 없게 만든다.

그러므로 청소년 임상에서 개인의 발달사를 탐색하고 그 가운데 개인의 특성적 요소를 살펴보고 이해하는 것은 치료의 첫 관문이다. 청소년의 발달배경을 탐색하고 평가하는 과정에서 특별히 유의해야 하는 요소는 부모의 자녀에 대한 무관심한 양육태도와 학대 징후와 관련된 요소이다. 부모의 자녀학대는 욕설과 무시와 관련한 정서적 학대도 있지만 간접적이고 교묘한 것들도 있다. 청소년기에는 특히 신체적인 학대와 성적인 학대가 있을 수 있으며 이에 대한 중재는 보다 신속하게 발견되고 개입해야 하는 문제이다. 이에 대한 부모의 특성과 징후에 대한 체크리스트가 청소년 임상 미술치료 방법론(2005) 제9장 9절에 제시되어 있으므로 참조하기 바란다.

청소년의 주 호소와 증상의 관계

- 호소하는 내용은 핵심문제와 전혀 무관할 수 있다.
- 호소하는 증상은 주요 체계인 가족이나 교사가 말하는 호소문제와 무관한 것일 수도 있다.
- 의뢰서에 기록된 사유와 실제가 다를 수 있고 증상도 다를 수 있다.

- 임상에서 호소하는 증상들은 개인과 가족 또는 더 넓은 범주의 역사로 들어가는 방편이다.
- 현상적으로 드러났든 아니든 청소년은 자신의 문제를 알고 있을 수 있다.
- 청소년이 기대하는 소망이나 당면한 현실에 대한 공포감 또는 기대하는 욕구의 반영일 수 있다.

드러난 증상과 관련하여 청소년의 질병이 갖는 의미

- 질병은 생활방식과 욕구와 관련된다.
- 증상의 발병 시기는 생활방식의 불균형에서 드러난다.
- 청소년이 나타내는 행동에는 분명한 이유가 있다.
- 질병의 의미는 증상이 시작된 시점과 증상 자체의 본질에서 찾을 수 있다.
- 진정한 자기에 대해 관심을 가지고 참자기를 찾고자 노력할 때 증상이 보인다.
- 질병은 그림자의 형상화이며, 부인하고 억압했던 자기 부분들을 인식하고 본질을 찾고자 하는 노력일 수 있다.
- 증상은 새로운 체계에 대한 요구이자 심신의 균형에 대한 욕구이다.
- 증상은 청소년으로 하여금 보호막과 안식을 제공받게 하는 형태로 나타난다.

증상과 관련하여 치료사가 유의해야 할 내용

- 청소년이 자신의 문제를 채 알기 전에 앞서가지 않는다.
- 다양한 모습으로 치료사를 자기편으로 만들고자 하며 조정하려 할 수 있으므로 치료사 자신의 감정을 잘 관찰함으로써 이해할 수 있다.
- 청소년이 치료를 방해하는 이유에 대해 치료사가 이해하지 못하면 치료는 유지될 수 없다.
- 치료관계에서 치료사는 부모의 역할을 떠맡게 되므로 청소년의 방해요소를 피할 수 없다.

평가의 기본 틀

평가를 위한 기본 틀은 두 가지 맥락에서 살펴볼 수 있다. 하나는 청소년의 기본적인 사항으로서 청소년의 주요 체계와 개인의 인적사항, 의뢰배경과 호소문제, 이전의 상담이나 치료경험, 행동관찰, 미시체계와 중간체계인 가족이나 사회적 관계 등이다. 다른 하나는 의뢰문제와 그 배경에 대한 것으로서 청소년의 주 문제, 문제의 배경과 발전과정, 주요한 발달적 배경을 포함하며, 마지막으로 이 두 내용을 중심으로 청소년이 가지고 온 문제를 개념화하게 된다.

문제의 개념화 부분은 청소년의 기본적인 평가내용을 종합하는 가장 중요한 부분으로서 청소년에 대한 사실적 정보와 가설, 치료사의 경험과 이론적 접근 모두가 통합되는 부분이다.

이때 필요하다면 의학적인 진단을 포함할 수 있으며, 청소년의 강점을 찾아 치료의 자원으로 사용해야 하고, 약점은 직면 시에 고려해야 할 필요가 있으므로 유의해야 한다. 두 가지 기본 틀에 대한 구체적인 내용은 앞에서도 말했듯이 청소년 임상 미술치료 방법론(2005) 제3장과 부록의 초기 면담기록지를 통해 무엇에 초점을 두고 평가해야 하는지 구체적인 내용을 이해할 수 있을 것이므로 여기에서는 제외하기로 한다.

2. 초기 면접과 직접면담

계속 반복했듯이 청소년치료는 자발적인 의뢰가 아니라는 특성을 가지므로 주로 부모나 양육자를 통해 청소년의 정보를 수집하게 되는데, 이것은 청소년이 알지 못하거나 또는 기억할 수 없는 정보를 부모에게서 더욱 객관적으로 수집할 수 있을 뿐 아니라, 청소년이 가지고 온 문제와 관련하여 부모의 양육태도 또한 탐색할 수 있다는 장점을 가진다. 이처럼 청소년치료에서 청소년 본인에게서 찾을 수 있는 정보 이외에 부모를 만나야 하는 이유는, 다른 어떠한 대상에서보다 청소년이 가지고 온 문제는 발달과정에서 어긋나고 상실된 것과 연관되기 때문이다. 또한 청소년의 개인사와 발달사에 대한 정보 수집이 문제를 개념화하는 데 직접적이고 중요한 핵심요소가 되므로 다양한 통로를 사용한 정보 수집은 성인치료에서보다도 더 많이 강조되고 있는 중요한 과정이다. 이러한 정보 수집과 부모면담의 주요 요소 이외에 치료사가 더욱 고려해야 할 부분은 직접적인 청소년과의 대면이므로 이 절에서는 청소년과의 초기 접촉과 과정에서 고려되어야 할 내용에 대해 살펴볼 것이다.

최초 면담에서 필요한 요소

- 너무 크지 않으면서 쾌적한 환경이 필요하다.
- 치료실의 형태는 의자 2개와 작은 책상이 있고, 기본적인 미술재료와 일상에서 흔히 볼 수 있는 주제이면서 너무 많지 않은 장난감이 있으면 적절하다.
- 방 전체 벽이 재료와 장난감으로 둘러싸여 있는 곳은 좋은 환경이라고 볼 수 없다.
- 초기 청소년 또는 장애가 있거나 위축감이 심한 청소년을 만나는 경우에는 놀이적인 매체를 준비한다.
- 놀이적인 매체는 청소년의 발달연령과 특성에 따라 장난감이나 미술재료를 선택할 수 있다.
- 미술매체를 사용하는 경우 기본적인 드로잉 재료, 찰흙, 잡지사진 등이 일반적이다.
- 연필과 종이는 모든 대상에게 필수적인 재료로 준비한다.

최초 면담에서 관찰되어야 할 내용

- 청소년이 알고 있는 의뢰과정과 참여에 대한 반응을 관찰한다.
- 지금에 의뢰된 이유가 발달과정인지 특수한 경험인지 관찰하고 분별할 수 있어야 한다.
- 행동과 태도가 현재 나이와 상황 그리고 문제나 갈등과 관련되어 있는지 탐색한다.
- 부모와 함께 있다면 서로에 대한 태도와 반응이 가족관계와 현재 문제에 어떠한 연관성이 있는지 관찰한다.

최초 면담에서 청소년을 이해하기 위해 가능한 작업과 유의사항

- 청소년의 나이와 특성을 고려하여 선택한다.
- 미술치료에서 놀이적 활동이 기타 언어적 상담과는 다르게 관계 형성이라는 초기 목표 이외에 치료적 의미를 담고 있다는 점을 기억한다.
- 세 가지 소망에 대해 다룸으로써 현재 문제와 욕구를 구체화하는 실마리가 될 수 있다.
- 현재 살고 있는 지구에서와는 다르게 무엇이든지 원하는 것을 할 수 있는 특별한 곳으로 지금 떠날 수 있다면 누구와 함께 가고 싶은지 질문함으로써, 애착대상과 그 대상과의 깊이를 짐작해볼 수 있을 것이다.
- 만약 지금 되고 싶은 무엇이든 될 수 있다면, 무엇이 되고 싶은지 그려보도록 함으로써 변화욕구에 대해 탐색할 수 있는 기회가 된다.

청소년의 직접면담에서 치료사가 가질 수 있는 갈등대처에 대한 지침

- 첫 대면에서 어떻게 언어표현을 사용할지에 대해 기본적인 평소의 태도를 취한다.
- 최초의 면담에서 누구를 먼저 만날지에 대해서는 청소년과 부모와 함께 동시에 만난다.
- 부모나 청소년에 대한 치료사의 역전이는 청소년의 경험을 직접적으로 이해하는 데 활용되어야 한다.
- 청소년이 치료실에 오게 된 이유를 아는지 확인한다.
- 첫 면담에서 비밀보장성의 한계에 대해 반드시 설명한다.

비밀보장성에 대한 기본적인 지침

- 비밀보장의 기초는 치료사로서의 법적인 의무를 포함하여 청소년을 보호하는 것 외에 치료사 자신을 보호할 수 있는 것이 무엇인지 생각해보아야 한다.
- 비밀보장에 대해서는 도덕적 책임은 있으나 법적 제재를 받지 못하는 것이 우리 사회의

제한성이므로, 치료사는 스스로 또는 감독자와의 논의를 통해 기본 지침을 갖는 것이 필요하다.

- 청소년과의 관계뿐 아니라 부모와의 관계에서도 관계 유지를 위해 최대한 비밀은 보장되어야 한다.
- 일차적으로는 치료사가 소속된 기관의 지침을 따르되 특수한 상황이 있을 수 있으므로 감독자의 조언에 따라 숙지하고 임상에 임한다.
- 비밀보장의 제한성과 한계는 치료관계 최초에 전달되어야 한다.
- 비밀보장성의 제한성과 관련하여 부모와 교사면담에서는 청소년의 이야기를 그대로 전달하지 않으면서 중요하고 염려되는 행동이나 감정에 대해 나눌 수 있다는 것을 제안하고, 청소년에게 당면한 직접적인 위험 상황에 대해서는 의논하겠다는 제안을 한다.

청소년치료의 우선목표와 치료사의 역할

- 청소년치료의 궁극적인 목표는 자아정체감을 형성하는 것이다.
- 치료를 부모나 교사의 연속적인 꾸중으로 생각하는 경향성이 있으므로 조심스럽게 접근해야 한다.
- 청소년의 소극적이거나 저항적인 태도에 대해 비판적으로 생각하지 않고 인내하고 기다리는 태도가 필요하다.
- 치료사는 신뢰로운 성인 친구가 될 필요가 있다.
- 청소년이 어떠한 주제에 대해 논쟁을 해오면 함께 논쟁함으로써 형식적 조작사고에 의존하는 청소년기의 특성을 즐기도록 돕는 자세가 필요하다.
- 어느 정도의 침묵은 의미 있는 진행과정일 수 있으므로 그 상황을 벗어나려고 지나치게 노력하지 않는 것이 도움이 될 수 있다.
- 침묵하는 청소년의 경우 특성에 따라 다를 수 있지만 보편적으로는 치료사가 과정을 끌어가야 할 필요가 있다.
- 지나치게 많은 이야기로 초점을 피하려는 경우 직면이 도움될 수 있다.
- 청소년의 치료관계는 지속성이 제한적이며 어느 정도의 기간 동안 만남이 가능한지에 따라 치료사의 대처가 달라진다.
- 청소년의 개인적인 요구나 관심 요청에 대해서는 치료와 관련이 없거나 필요하지 않으면 수용하지 않는다.
- 치료과정에서 요구와 요구를 관철시키기 위한 일탈행동은 내적 공허감과 관련될 수 있으므로 비판하지 않고 인내하며 기다릴 필요가 있다.

3. 치료에서 관계요소와 관련한 치료사의 역할과 자세

청소년이 치료 상황으로 들어오는 대부분의 모든 문제는 기질적인 요소를 제외하고는 발달과정에서 경험하는 관계문제가 핵심적인 주제로 내포되어 있다. 청소년치료의 핵심에 들어가보면 많은 경우가 부모와의 분리문제와 관련되고 그래서 대부분의 많은 치료에서는 청소년기 개별화라는 주제로 정체성 획득이라는 목표가 등장하곤 한다. 그럴 수밖에 없는 것이 자기로 우뚝 서야 하는, 다시 말해서 진정한 자기가 되는 발달적 통과의례로서 정체성 확립이라는 과제는 이 시기의 핵심과제이자 반드시 성취해야 하는 발달상의 목표이기 때문이다.

이와 관련하여 볼 때 치료에 의뢰되는 많은 부분에서 청소년과의 관계 형성은 영속성을 가지기가 쉽지 않은 것을 볼 수 있는데 그것은 청소년이 치료사를 자신과는 다르거나 또는 자신을 비난하거나 관찰하고 분석하는 사람이라고 생각하는 경우가 흔히 있기 때문이다. 치료사는 이에 대한 대안이 있어야 하며 자신이 치료관계를 맺고 있는 청소년과의 과정을 긍정적으로 볼 것인지 아닌지 구분할 수 있어야 한다.

관계 형성이 된 경우의 특성적 태도

- 자신이 한 행동과 정서적 경험에 대해 생각하기 시작한다.
- 치료에 다시는 오지 않겠다고 말하기보다는 그러면 다시는 오고 싶지 않을 거라고 말한다.
- 충동적인 감정에 대해 통제하지 않고 드러낸다.
- 치료 상황에서 드러나는 자기 감정에 대해 인지하고 논의하고자 한다.
- 양가적인 감정을 수용하는 자세를 보인다.

관계 형성이 잘못된 경우의 특성적 태도

- 자신의 경험에 대해 말하지 않는다.
- 자기탐색을 하고자 하는 노력이 보이지 않는다.
- 지각, 불참, 치료사의 말을 가로막고 자기주장만 한다.
- 치료사의 말을 자주 잘못 이해한다.
- 공격행동을 지속적으로 보인다.
- 선물을 가져온다.
- 치료사를 칭찬한다.
- 유혹하는 행위를 한다.
- 이전에 이해되어 사라졌던 행동을 다시 반복한다.

- 치료사를 조정하는 태도가 다시 보인다.

특별한 관심을 요구하는 청소년의 태도에 대해 치료사가 유의해야 할 사항

- 치료사에게 자주 전화하는 것에 대해 그것의 의미를 이해하고 적절한 경계점을 유지하는 것이 필요하다.
- 청소년의 요구가 치료적으로 필요한 요소가 아니라면 요구에 응해서는 안 된다.
- 자신의 요구를 관철시키려는 일탈적인 태도를 보이는 것은 삶에서 중요한 것을 상실한 것이 많은 경우로서 공허감 때문일 수 있다.
- 요구에 대해 치료사는 청소년의 내적인 불완전성에 초점을 두고 기다리면 가라앉게 되므로 인내하고 기다리는 태도가 필요하다.

부모가 자녀양육에 대한 도움을 요청할 때 치료사가 유의해야 할 사항

- 신뢰관계가 우선이다.
- 관계는 절대적으로 단시간에 이루어질 수 없으므로 인내심을 가지고 부모 교육을 안내해야 한다.
- 부모가 자녀를 다루는 양육기술을 구하는 동기가 무엇인지 이해할 필요가 있다.
- 권위적인 태도를 견지하고 부모가 자녀를 지배하기 위해 치료사를 끌어들일 수 있으므로 유의한다.
- 치료사가 조언한 내용을 사용하여 부모 자신이 가지고 있던 무력감과 죄의식을 해소하는 방편으로 삼을 수도 있으므로 단순히 부모에게 조언을 하는 것은 부정적인 결과를 초래할 수 있다.
- 부모의 동기나 조언으로 인해 생길 수 있는 부정적 결과에 대해 적절한 대처를 해야 한다.
- 대부분의 부모는 행동적인 요령만을 적용하는 경우가 많다.
- 치료사의 조언을 지혜롭게 사용하지 못할 수 있다는 것을 이해하고 주의해야 한다.
- 치료를 위한 자녀의 정보는 가능한 빨리 전하는 것이 필요하다.
- 치료를 위해 자녀의 정보를 교류해야 할 때 좋은 소식을 먼저 전한 후 부정적인 소식을 전한다.
- 부모는 치료 중인 자녀에 대해 늘 불안하고 죄책감을 가진다는 것을 기억한다.
- 면담을 끝낼 때에는 반드시 지금까지의 결과를 요약하여 알려주는 것이 필요하다.

청소년이 치료에 친구를 데리고 온 경우에 치료사가 유의해야 할 사항

- 치료 초기에 자신과 친구관계임을 과시하고자 하는 동기일 수 있으므로 인정하고 다른 치료사에게 의뢰함으로써 비밀보장 문제에 대한 확신을 줄 수 있다.
- 친구를 대리자로서 데려와 치료사가 어떻게 하는지 평가하고자 하는 동기가 숨어있을 수 있으므로 친구를 데려온 행위에 대한 해석보다는 자연스럽게 다른 치료사에게 의뢰하는 것이 도움된다.
- 치료에 대한 긍정적 경험을 표현하는 것으로서 친구를 데리고 오는 경우가 있으며 이 경우 새로운 내담자로 받아들이는 것보다는 의뢰의 동기에 대해 탐색하는 것이 필요하며 도움이 필요한 경우 다른 치료사에게 의뢰하는 것이 좋다.
- 종료 시기에 친구를 데리고 왔다면 종결을 위한 준비과정에서 흔히 나타날 수 있는 치료사를 버리는 것에 대한 죄책감과 관련되어 있다.

치료의 종결에서 나타날 수 있는 청소년의 반응에 대해 치료사가 유의해야 할 사항

- 치료에 대한 관심이 감소하는 대신 친구관계에 대한 내용이 확대되는 것은 치료 초기에 나타나는 의존적인 관계를 방어하려는 것과는 다르게 구별된다.
- 종결단계에서 친구문제를 거론하며 염려하는 것은 타인에 대한 관심과 연결된다.
- 친구를 도와줄 수 있느냐고 묻는 것은 치료사를 친구와 함께 나누겠다는 의미이기도 하지만 치료사를 버리는 것에 대한 죄책감과 관련되어 있다.
- 부모에 대한 객관적인 태도는 인간으로서의 자원과 약점을 모두 볼 수 있게 되었다는 것을 의미하며 부모의 강점을 동일시 대상으로 받아들이는 동시에 약점은 받아들이지 않을 수 있는 능력을 의미한다.
- 행동화가 감소한다는 것은 현실에 적응하고 돌아갈 수 있는 준비가 되었다는 것을 의미한다.
- 종결의 가능성을 편안하게 언급한다는 것은 마무리 시기가 다가왔다는 것을 예고하는 것이다.
- 현실을 수용하는 태도가 나타나는 것은 종결이 가까워졌다는 신호일 수 있다.
- 치료사는 청소년의 변화를 통해 종결을 고려하게 되지만, 필요할 때에는 언제라도 계속될 수 있다는 가능성을 보여주어야 하며 종료 후 사후관리의 가능성을 열어두어야 한다.

제 6 장

아동청소년기 발달에서 흔히
나타날 수 있는 부적응문제와 중재

아 동청소년기의 발달적 문제는 심리적인 문제를 분류하는 것으로부터 DSM-IV의 진단분류를 사용하여 발달과정에서 나타나는 문제를 지적장애와 발달장애, 주의집중장애, 섭식장애, 틱장애, 배설장애, 기타 장애 등의 다양한 장애요소로 분류하고 있고 그 각각의 장애를 다시 하위요소로 분류하여 다양한 영역으로 진단한다.

청소년 임상 미술치료 방법론(2005, 2007)에서는 아동청소년기 발달문제와 관련하여 청소년 초기 발달의 임상적 문제와 청소년 중·후기의 임상적 문제에 대한 정의, 원인, 임상증상, 진단, 치료, 임상미술치료를 위한 제안, 표현 이미지의 특성 등을 다루고 있다. 그러므로 이 장에서는 그러한 전반적인 기초 내용을 제외하고 우선 치료에 비협조적인 청소년기 특성과 발달적 특성인 스트레스와 불안과 관련하여 흔히 나타날 수 있는 과도기적 스트레스, 정체성 문제와 관련된 자존감과 성정체감, 수줍음 및 흡연 그리고 학업실패, 훔치기, 가출 등의 문제들을 살펴볼 것이다. 그리고 발달단계에서의 부적응과 구체적인 병리와 관련하여 틱과 섭식문제, 우울문제, 반사회적 행동문제, 가족문제 등의 정신건강 문제에 초점을 두고 치료사가 이해해야 할 개념과 특성, 가족관계 유형, 가능한 개입방법 등을 사례 중심으로 제시할 것이다. 이 외의 문제들에 대해서는 기타 문헌들을 참조하기 바라며 이 책 이후에 출간될 KSATI 학교미술치료 지침서 제5편에서는 위기중재와 관련하여 청소년기에 나타날 수 있는 발달적 특성과 관련되어 진단할 수 있는 다양한 정신병리에 대한 개입방법을 구체화할 것이다.

1. 상담을 거부하는 아동청소년의 이해와 접근

아동청소년 임상현장에서 치료사들은 흔히 상담을 거부하는 아동청소년을 만나보았을 것이다. 특히 학교현장에서는 더욱 빈번하게 비협조적인 학생들을 만날 기회가 많으며 어린 학생들이 상담을 거부할 때 치료사는 당황하거나 무력감을 느끼게 된다. 이는 대부분의 많은 아이들이 자신이 왜 상담이나 치료가 필요한지조차 알지 못한 상태에서 불려가거나 또는 치료적 중재를 벌칙으로 생각하거나 존중받지 못하고 선택의 여지없이 치료에 참여해야 하기 때문일수 있다. 자주 경험하게 되는 이러한 대상과 상황에 대해서 우리는 치료사로서 무엇을 할 수 있으며 무엇을 유의해야 할지 생각해볼 필요가 있다.

아동청소년의 비협조적인 태도에 대한 치료사의 이해와 대처

- 청소년이 가지고 있는 문제와 개인적 특성에 따라 다를 수 있지만 치료실에 오는 청소년의 80% 이상이 비협조적인 자세로 시작하며, 자신의 문제 인식에 대한 심각성이 약할수록 부정적인 반응을 보인다는 것을 이해하고 감정을 공감해야 한다.
- 아동청소년은 성인의 지시나 조언에 부정적이므로 언어적인 규칙을 약속하는 것보다는 서면으로 약속하는 것이 더욱 효과적이다.
- 청소년의 협조를 구하기 위해서는 청소년기 특성인 사고와 인식의 변화와 발달적 양상에 대한 지식을 가지고 있어야 한다.
- 개인의 욕구를 존중하고 비밀보장에 유의한다.
- 만성적으로 힘들었던 청소년은 그 고통과 관련된 변화나 생활방식의 변화를 수용하지 못한다는 것을 이해한다.
- 치료비의 외부 지원은 직접 가족이 부담하는 것보다 치료에 장애물이 될 수 있다.
- 치료과정에서 청소년과 부모 사이에 치료사를 두고 경쟁이 있을 수 있으며 그러한 현상은 치료사가 부모로 투사된 결과일 수 있다.
- 청소년 존중에 초점을 둔 심리적 · 물리적 치료환경은 치료효과에 직접적인 영향을 미친다.
- 교육적인 조언이나 반복적인 수단을 피한다.
- 교육적 접근이 필요한 요소에 대해서는 영상이나 컴퓨터와 같은 시각적이고 쉬운 방법을 사용한다.
- 주관적인 시각의 논쟁보다는 객관적이고 논리적인 자료 사용이 도움이 될 수 있다.
- 삼차원적인 매체나 어른스러운 재료가 자존감을 높여준다.

- 치료와 관련된 약속이나 계획은 청소년이 직접 정하도록 한다.
- 필요할 때에는 언제라도 치료사의 도움이 가능하다는 것을 주지시킨다.
- 치료약속과 계획은 항상 문서화한다.
- 자기관찰을 위한 방법을 구체적으로 기록하도록 안내한다.
- 의사표현의 방법을 구체적으로 알려줄 필요가 있다.
- 치료를 위한 집단 구성은 유사한 고충을 가진 청소년끼리 구성하는 것이 효과적이다.

청소년의 비협조적인 태도에 대한 유의사항

- 비협조적인 태도는 의도성보다는 치료관계의 불충분함 때문일 수 있다.
- 애매한 비유보다는 명확한 질문을 한다.
- 자신의 문제해결을 위해 부모와 교사 또는 주변인이 도울 수 있는 방법이 있는지 질문한다.
- 과거에 사용했던 문제해결의 방법이 무엇이었는지 재확인한다.
- 문제해결의 결정적인 열쇠는 본인이라는 것에 대해 설명한다.

상담을 거부하는 고등학교 2학년 남학생의 사례

이 학생은 등교거부, 대인관계 문제, 심각한 폭력성 등의 문제로 어머니에 의해 의뢰되었다. 첫 면담이 있기 2주 전 사전에 어머니와의 전화통화가 있었는데, 전화의 주된 내용은 상담을 거부하는데 억지로 데려갈 수도 없고 어떻게 해야 하느냐는 것이었다. 일차적으로는 청소년의 동의가 필요하다는 안내를 했고 구체적인 내용은 어머니가 방문하여 나누도록 권유했지만 3~4차례의 전화만 할 뿐 방문을 하지 않았다. 결국에는 어머니와의 직접만남을 갖지 못한 채 청소년이 동의를 했으니 방문을 하겠다는 마지막 전화약속을 하였는데 결국은 약속된 시간에 오지 않았다. 약속된 시간이 3시간쯤 지났을까, 아무런 연락도 없이 갑자기 들이닥친 어머니와 학생을 맞이해야 했는데 어머니는 안절부절 어찌할 바 몰라 하면서 긴장되고 불안한 태도가 역력하게 드러난 상태로 앉지도 못하고 있었다. 청소년은 이미 한바탕 싸움이라도 하고 온 듯 상기된 표정으로 화를 내면서 누구에게 하는지 불분명한 욕을 하면서 자리에 앉았고 치료사와는 시선도 맞추지 않고 앉은 자세의 방향마저 나를 거부하듯 점점 몸을 틀어 피하고 있었다.

전혀 말하지도 움직이지도 않고 짜증만 부리고 있었기 때문에 매우 난감했지만 그러한 청소년에게 나는 방문해줘서 고맙다는 이야기와 함께 나를 소개하고 이곳이 어떤 곳인지 설명하며 청소년이 지금 무엇 때문에 화가 났는지 알 수는 없지만 지금 감정을 느끼는 그대로 전하고 있었다. 1시간쯤 지났을까, 전혀 듣지 않는 것 같았지만 청소년의 화와 욕은 어느새 멈추었고 몸의 방향은 점점 나를 향하고 있다는 느낌을 가질 즈음 갑자기 퍼붓듯 질문을 하기 시작했고, 어느새 그 청소년과 나는 서로가 동의한 주제로 논의를 하고 있었다. 청소년의 질문에 최대한 솔직하게 나의 생각을 전달했으며 상담은 본인이 동의하지 않으면 하지 않을 것이므로 생각해 보고 정말 상담이 의미 있겠다는 생각이 들면 직접 전화하라고 권했다. 설명과 질문과 논의가 시작되고 2시간 이상이 지난 후에야 청소년은 안정적인 정서를 회복하는 것 같았고 시간이 지나면서는 눈물을 보이기도 하고 웃기도 하는 모습을 보였다. 상담을 할 것인지에 대해서는 지금 당장 답하지 않아도 된다는 나의 이야기에 고맙다는 인사말까지 하는 예의를 지키면서 상담을 생각해보겠다며 자리에서 일어섰다.

청소년과 어머니가 치료실을 떠나고 20분쯤 후에 곧바로 어머니로부터 전화가 왔는데 청소년이 이제야 진짜 의사 선생님을 만난 것 같다며 좋아했고 당장 내일부터라도 상담을 시작하겠다고 했다며 감사함을 전했다. 청소년은 내가 권했듯이 약속을 지키기 위해 직접 약속전화를 해왔고 다음 날부터 상담은 시작되었다.

청소년이 화가 났던 이유

어머니와 청소년은 나와 약속한 시간에 맞추어 오다가 차창 밖에 보이는 정신전문병원을 보자 갑자기 병원이 상담소보다는 나을 것 같다는 충동적인 생각이 들어 나에게 향하던 방향을 병원으로 향하게 되었다. 어머니는 청소년과 합의 없이 병원진료를 받게 했고 1시간 정도 의사와 면담을 하고 나온 청소년이 갑자기 분노를 터트리며 화를 내는데 무서워서 그대로 집으로 갈 수가 없어 다시 나를 찾게 되었다고 한다.

청소년이 화를 낸 가장 큰 이유는 의사의 이야기가 어머니가 늘 하는 이야기와 똑같은 이야기이고 자신의 감정은 전혀 이해되지 못하고 무시되는데 지긋지긋한 잔소리를 왜 또 들어야 하느냐는 것이었으며, 더 화가 나는 것은 모든 문제의 근원이 자기라고 확인시키는 것에 1시간이 걸렸다는 것이고, 그러한 곳에 자신을 데리고 간 어머니에게 화가 나 견딜 수 없었다는 것이다. 그러한 상황에서 의사는 "너 때문에 어머니가 얼마나 힘들겠느냐. 네가 이해해야 한다."라며 어머니의 입장에서만 설명하고 확인시키면서 집단치료에 참여하라는 권유를 받았다고 한다. 병원에서 치료실로 오는 과정도 청소년의 동의를 구하지 않고 병원으로 갔을 뿐 아니라 백화점에 들렀다 집에 가자 하기에 그런 줄 알았는데 또 다시 갑자기 화장실이 급하니 들렀다 가자고 속여 지금 이곳에 자신이 와있으니 화가 나지 않겠느냐는 것이다.

청소년이 상담에 동의하게 된 결정적인 이유

정신과 상담 이외에도 과거에 세 번의 상담경험이 있었는데 1~2회기를 넘지 못하고 중단되었고 이번에도 1개월 이상을 거부하다가 오게 되었는데, 어머니의 입장에서만 자신을 설득하는 의사의 태도 때문에 무척 화가 났고 지금까지 모든 상담에서 거의 비슷한 상황을 경험했다고 한다. 그러나 나와의 상담에서는 이상하게 자신의 문제에 대해서는 전혀 언급하지 않고 지금 자신의 이 상황에 대한 불편감에 대해서만 이야기하니 위로받는 느낌이 들었다고 한다. 자신이 예측했던 모습과는 전혀 다르게 감정과 현재 상황에 대해서만 언급하고 이해해주는 것 같고 질문에도 진지하게 답해주고 이야기가 통하는 것 같고 이전의 상담자와는 다른 느낌이 들어 호감을 갖게 되었으며 자신도 모르는 사이에 나의 이야기에 빠져들었다고 한다.

상담에 동의하게 한 결정적인 요인으로서 치료자가 선택한 첫 면담의 초점

- 부모의 거짓말과 의사의 태도에 대한 청소년의 분노감정에 대해 탐색하고 다루었다.
- 있는 그대로의 현재 상태를 수용하고 공감적 태도가 우선되었다.
- 치료자가 삼각관계를 만들지 않았고 이자관계로서 오로지 청소년의 입장에 있었다.
- 청소년의 질문에 솔직하게 대처했고 논의에 참여했다.
- 교육적인 설명이나 설득하기 위해 조언하지 않았다.
- 불편함을 해결하기 위한 결정적인 열쇠는 본인에게 있다는 것을 알렸다.
- 청소년 본인의 의사결정을 존중하였다.
- 청소년기의 특성인 지식화의 방어를 사용하였다.

2. 아동청소년기 발달의 과도기적 스트레스 문제

아동청소년기의 스트레스는 이 책 제1부의 전반적인 내용에서 다루었듯이 생물학적인 변화와 심리적인 변화뿐 아니라 사회적 기대에 부응해야 하는 과도기적인 새로운 경험에 노출되어 도전을 받고 그로 인해 성장을 촉진할 수 있는 기회가 되기도 하지만 발달기적 질병을 유발할 수 있다. 그러므로 아동청소년을 만나는 치료사는 이 시기가 아동청소년뿐 아니라 주요 체계들에게도 이해하기 어렵고 힘든 시기라는 점을 이해하고 그 어려움이 전환점이 될 수 있도록 도와야 한다. 이와 관련한 아동청소년기 스트레스 요인과 스트레스 평가척도에 대한 내용은 KSATI 학교미술치료 지침서 제3편(2013)에서 이미 소개하고 있다. 따라서 이 절에서는 발달적 문제와 관련하여 일차적으로는 과도기에 겪는 스트레스 유형과 대처에 대해 살펴볼 것이다. 구체적으로는 스트레스에 대한 반응과 적응문제인 급성 스트레스 반응과 외상 후 스트레스장애, 적응장애, 심한 스트레스에 대한 기타 반응, 불특정의 심한 스트레스에 대한 반응 및 관련 정신신체적인 문제에 대해 살펴볼 것이다. 스트레스와 관련하여 여기에서 다루게 되는 발달적 문제와 관련되는 장애의 중재방안에 대해서는 KSATI 학교미술치료 지침서 제5편에서 더욱 구체적인 내용이 다루어질 것이다.

청소년기의 발달적 스트레스 문제

이 시기는 발달적으로 부모와의 관계, 형제자매와의 관계, 또래와의 관계, 진학과 관련한 적응, 부모의 이혼이나 갈등문제, 조부모의 죽음 등의 사건과 관련하여 다양한 특성적인 유형의 스트레스를 경험하게 된다. 여기에서 아동청소년을 만나는 치료사는 발달적으로 정상적인 과정으로서 보편적이고 흔히 있을 수 있는 스트레스와 병리적인 경우를 구별할 수 있어야 하며 생물학적인 문제와 심리적인 문제를 구분하여 특성적 요인에 따라 대안을 찾고 중재해야 할 것이다.

발달상의 정상적인 과도기적 스트레스

정상적인 과도기적 스트레스는 대부분의 아동청소년기 아이들이 경험하는 것으로 이사, 진학, 부모의 실직으로 인한 필요의 불만족 상황들과 같은 환경의 변화로 유발될 수 있는 심리적인 요소와 관련이 된다. 비정상적인 과도기적 문제란 일반적이지 않은 특수 상황과 관련이 되는 죽음과 이혼 및 재혼 그리고 예측하지 못했던 사건 등의 발생으로 인한 스트레스이다. 또는 청소년이 경험하고 있는 스트레스가 사회적 기준에서 볼 때 발달적으로 적합한 것인지 아닌지에 따라 달라질 수 있다. 예를 들면 결혼한 여성이 임신을 한 경우는 축하받을 일이지만 학생인 10대의 청소년이 임신을 했다면 본인뿐 아니라 주변인들이 매우 당황스러워하고 염려할 일이 된다. 발달상의 보편적이고 과도기적인 스트레스란 이렇듯 그 발달시기에 적합하고 문화적으로도 사회적으로도 생태학적으로도 적합하다고 인정되는 기준이다.

발달상의 생물학적 · 심리적 스트레스

제2장 "아동청소년기의 발달적 특성"에서 설명되었듯이 아동청소년기의 특성은 생물학적인 변화로부터 두드러지게 나타나지만 동시에 심리사회적 변화와 깊은 관련이 있다. 또래와의 신체변화에 대한 비교와 생리적인 변화와 관심이 신체 이미지에 대한 혼란과 성적 성숙에 충격을 주게 되며 자아감과 사회적 관계와 역할균형과 관련하여 스트레스를 유발시킨다. 반면에 제2의 탄생이라는 청소년기의 자발적이고 독립적인 자기감을 성취하고자 하는 심리의 변화는 아동기를 벗어나 성인기로 향하는 심리적 경계로 받아들여지면서 이 시기만의 특성적인 통과의례로서 발달적 스트레스로 이어진다.

청소년기의 생물학적 변화로서 본능적 충동과 관련한 감정들은 대인관계와 사회적 관계를 통해 여러 모습과 관련된 심리적 감정반응을 만들어낸다. 여기에는 또래와 성인과의 사이에서 일어나는 사랑과 미움에 대한 갈등, 성취해야 할 과제와 관련하여 대면하게 되는 불안과 우울, 기쁨과 슬픔, 고립, 시기와 질투, 수치감과 죄책감 등으로 심리적 문제와 정신적 장애를 유발할 수 있다. 이 시기에 가장 중요한 관계요소는 부모 자녀관계이며 이 관계의 상실이 스트레스의 취약성을 가중시킨다. 다시 말해서 스트레스 요인에 노출되는 것이 취약할 경우 부적응적인 심리적 · 정신적 문제가 더 많이 유발되며 취약성의 요인은 초기의 관계경험, 신체적 장애, 유전적 요인과 관련한 스트레스 상황들에 반복적으로 노출되는 것과 관련된다.

청소년이 경험하는 발달적 스트레스의 대응 양상들

발달상에서 등장하는 과도기적 스트레스는 위에서도 말했듯이 새로운 상황이나 환경의 변화와 관계로부터 오는 일상의 도전을 수반하는 사건들이다. 청소년이 일상생활에서 경험하는 이러한 스트레스들은 발달적 특성과 맞물리면서 재경험과 적응을 위한 기회가 되는 반면에 일탈적인 행동문제로 발전될 수도 있다. 또한 이러한 청소년기 발달적 특성이 정체감 형성과 직접적인 연관성을 가지고 자기감 발달에 위협적인 경험으로 다가올 수 있으며, 특히 이 시기의 가족관계는 더욱 강력한 지지체계가 되지만 또한 혼란을 초래하는 방해요소가 되기도 한다. 그러므로 청소년기 발달적 스트레스와 관련하여 발생할 수 있는 부적응적 문제에 대해 치료사는 전문적인 조언과 가족체계에 중재대안을 제시할 수 있어야 한다. 청소년기 발달적 스트레스를 중재하기 위한 가족의 개입은 아동청소년치료에서 매우 중요하며 치료의 통과의례적인 과정이다.

스트레스 증상의 발생과정

스트레스는 경험의 한 부분이 과부화된 현상으로 심하면 정신 내적으로나 외부 현실에서 적응행동에 위협이 되는 결과를 가져오게 되며, 스트레스를 받는 모든 사람들은 개인에 따라 다른 방식으로 정신적, 감정적, 신체적 반응을 나타내게 되고 그 반응에 대한 대처로 방어기제를 동원하여 보호하거나 배출하게 된다.

스트레스에 적응하기 위한 반응

이 세상의 모든 생명체는 적응을 위해 다양한 방법을 발전시켜 왔다. 인간은 물론이고 동물과 식물과 생명체를 가진 모든 것들은 생명을 유지하기 위해 적응해가듯 진화와 해부학적 적응뿐 아니라 정서적 욕구나 스트레스를 처리하기 위한 심리적 적응 또한 발전되면서 무의식적인 과정을 통해 심리적 안정을 유지하려는 경향이 있다. 인간의 문제해결과 관련된 행동과 사고능력은 과거의 경험을 기록하고 기억해내어 의문을 제기하고 조합해낸 적응의 결과이다.

청소년이 어린 시절에 경험했던 부모환경에 대한 기록과 기억이 어떠했느냐에 따라 해결과 정에 등장하는 적응적 태도가 다르다. 어린 시절의 주된 인간관계를 차지하고 있는 어머니와의 접촉이 어떠했느냐에 따라 그때에 일어난 지각들이 성장 후의 감정과 연결되어 생리학적인 반응을 나타내게 한다. 청소년기의 발달적 특성이 갑자기 등장한 어떠한 스트레스를 만나게 되면 적응기능의 일부로서 자극장벽의 기능이 작용하여 스트레스를 감당하게 되는데, 이때 만약 자극장벽의 기능으로 인해 차단되고 적응하지 못하면 스트레스에 압도되어 무력감과 공황상태에 빠지거나 잘못된 적응으로 중독문제나 인격장애를 일으킬 수 있다.

스트레스에 대한 의식적인 대처반응

- 어떤 상황에 대해 의도적으로 생각을 피하거나 깊이 생각한다.
- 상상을 통해 의식적 · 언어적인 생각을 바꾼다.
- 일상적인 역할과 활동을 중단하게 된다.
- 스트레스와 관련된 정보를 알아보고자 한다.
- 의미 있다고 생각하는 일을 선택한다.
- 도움 되는 사람들과 관계를 가진다.
- 자기통제 기술을 갖는다.
- 창조적인 작업을 한다.
- 직면하기, 거리 두기, 받아들이기, 회피 등의 전략을 사용한다.

스트레스에 대한 무의식적인 대처반응

스트레스로부터 자신을 보호하고 긴장을 완화하기 위해 무의식에서 선택하고 자동적으로 작동되는 정신기제가 있는데 이것을 방어기제라고 한다. 방어기제에 대한 구체적인 내용은 **표현예술치료로 만나는 정신건강 이야기(2009)** 제11장을 참조하기 바란다. 스트레스와 관련하여 청소년기의 부적응적 문제는 결국 병적인 방어기제 때문이다. 소아와 정신병적 상태에 있는 사람은 주로 자기중심적이고 자기애적인 방어를 사용할 것이며, 미숙한 방어는 청소년들이 흔히 사용하고, 신경증적인 방어는 스트레스 상황에 있는 성인들이 흔히 사용하며, 성숙한 방어는 주로 건강한 성인들이 사용한다. 치료는 병적인 방어기제를 인식하여 증상을 해소하고 성숙한 방어기제로 바꾸어 비적응적 태도에서 벗어나도록 하는 것이라고 볼 수 있다.

스트레스로 인한 적응문제의 중재 지침

부적응으로 인한 적응장애는 어떠한 정신적 스트레스를 받은 지 3개월 이내에 일어나며 6개월 이상 지속되지는 않는다. 급성 사건에 의한 스트레스는 장애의 발병이 수일 내에 일어나며 장애기간도 비교적 수개월 이상을 넘지는 않고 학교 및 사회적 관계에서 비적응적 반응을 나타낸다. 스트레스와 관련된 적응문제는 하나 또는 여러 가지 정신적 스트레스에 의해 발병할 수 있으며, 청소년기에 가장 흔한 스트레스 요인은 학업과 부모와의 관계, 부모 불화, 친구관계, 물질남용 등이며 성인의 경우는 결혼문제, 이혼과 재혼, 경제적 문제, 새로운 곳으로의 이주, 사회적·종교적 박해와 직장 은퇴 등이다. 적응장애는 스트레스 요인의 정도에 따라 심각한 기능장애를 나타낼 수 있지만 원인적 사건이 사라지면 정신적인 스트레스가 지속되고 있더라도 새로운 차원의 적응이 가능하거나 장애가 없어질 수 있다. 그러나 만약에 만성 신체질환이나 장기간 정신적 충격이나 스트레스 환경이 지속된다면 적응기까지는 오랜 시간이 걸릴 수 있다.

DSM-IV에서는 적응장애를 불안을 동반한 적응장애, 우울기분을 동반한 적응장애, 품행장애를 동반하는 적응장애, 감정과 품행의 혼합장애를 동반한 적응장애, 불안과 우울기분을 동반한 적응장애, 특별히 분류할 수 없는 적응장애로 분류하고 있다. 주로 여성에게 흔하며 청소년기에 가장 많이 나타날 수 있다. 청소년은 특히 학업에 장애가 나타나는 경우가 가장 흔한 문제이며 시험불안과 성적이 저하되고 공부에 집중할 수 없거나 공부나 발표를 회피하는 행동으로 나타날 수 있다. 학습을 회피하는 경우 본인 스스로는 고통을 경험하지 않을 수 있으며 지적 능력이나 학습기능은 문제가 안 되고 본인도 노력은 하나 결과적으로는 우울과 불안을 수반하며 수면문제나 강박적인 행동이 동반된다. 경우에 따라서는 규칙적인 생활이 깨지고 섭식장애와 약물남용 및 고립문제가 나타날 수도 있다.

치료적 접근과 유의사항

- 정신심리치료가 우선 필요하다.
- 적응장애의 특성을 보이는 유사한 청소년들로 구성된 집단치료가 도움이 된다.
- 스트레스 사건을 스스로 탐색하고, 해결하도록 돕는다.
- 스트레스 사건이 자신에게 어떠한 의미인지 어린 시절 외상경험과의 상관관계를 이해시킨다.
- 과거에 시도했던 방식과 현재의 증상이 어떠한 연관성을 갖는지에 초점을 둔다.
- 품행장애와 관련한 적응장애일 경우 행동의 결과에 대한 책임감을 인지하는 것이 필요하며 정서적 성숙을 지지해야 한다.

- 심각도에 따라 단기 중재로서 위기 개입과 단기간 입원이 필요할 수 있다.
- 불안과 우울감이 있는 경우 정도에 따라 약물이 필요할 수 있다.

적응장애로 발전된 여고생의 스트레스 문제에 접근한 사례

이 학생은 타인 의식에 대한 지나친 불편감과 자기비하로 심각한 스트레스를 호소하면서 자퇴를 요구하고 등교를 거부하여 어머니에 의해 의뢰되었으며 치료에 대한 어머니의 요구는 자퇴 생각을 중단하고 학교를 지속하는 것이다.

의뢰 당시의 심리적 상태와 특성

학생은 상담을 거부하지 않았고 자신의 감정과 상황을 치료자에게 이해시키기 위해 진지하게 설명하였다. 자퇴를 하고자 하는 가장 핵심적인 이유는 학교생활을 지속할 수 없을 정도로 악화된 교내의 소문 때문인데, 이 때문에 심각한 스트레스를 받고 있고 최근에는 불안감 때문에 공부도 집중할 수 없을 뿐 아니라 신체증상(땀, 두통, 수면장애)까지 동반되어 견디기 힘들다는 것이다. 최근에 자신의 불안심리를 친구에게 호소한 적이 있는데 친구가 그 이야기를 한 선생님께 전하게 되었고, 학생의 이야기를 들은 선생님이 사회공포증이라는 이름을 붙여 교내에 소문이 퍼지게 되었다. 친구를 통해서 선생님이 붙인 진단이 자신에게 되돌아오면서 충격을 받게 되었고 타인의 시선을 의식하게 되면서 자신이 환자 취급을 받는 것에 심각한 스트레스를 받고 있었다. 중학교 때 학급 내에서 따돌림을 받은 경험이 있는데 또 다시 왕따가 될까봐 두려워 과장되게 활발한 모습으로 위장하고 있는 자신이 한심하고 수치스럽다. 발표 상황에서 나타나는 불안감이 견딜 수 없을 정도로 수치감을 갖게 한다며 하루빨리 이러한 상황들에서 벗어나고 싶고 친구들이 좋은 모습으로 자신을 기억할 수 있도록 상황을 되돌려놓고 학교를 떠나고 싶다.

일차적인 중재의 초점

- 불안과 관련된 문제요소의 탐색과 불안 수준을 평가하는 것이 우선되었다.
- 학교를 그만두어야 한다고 생각하는 스트레스 사건과 불안 및 과거의 외상경험과의 상관관계를 탐색하고 인식하여 필요한 도움체계에 연결하고, 자퇴에 대해 다시 생각해보도록 돕고자 했다.
- 교사와 친구와 부모를 지지함으로써 청소년의 지지체계를 강화하고자 하였다.

급성 스트레스 반응 및 외상으로 인한 문제의 중재 지침

급성스트레스장애(acute stress disorder)는 불안장애에 속하면서 해리장애와 외상 후 스트레스장애(Post-Traumatic Stress Disorder, PTSD)의 요소를 지닌 새로운 진단범주이다. DSM-IV에 따르면 외상을 경험한 후 4주 이내에 증상이 나타나고 그 증상이 최소 2~4주간 지속될 때 진단 내릴 수 있으며, 외상 후 스트레스장애보다는 일찍 나타나서 일시적으로 지속되고 이후 전형적인 외상 후 스트레스장애로 진행되는 전조증상이 된다. 급성스트레스장애로 진단 내릴 수 있는 스트레스에 대한 기준은 외상 후 스트레스장애와 동일하며 그 외에 외상의 중요한 부분에 대한 기억상실, 이인증, 비현실증, 감정반응의 저하, 주변에 대한 인식 저하 등의 해리증상 중 최소 3개 이상의 증상을 필요로 한다. 급성스트레스장애의 치료방법은 해리장애와 유사하다.

외상 후 스트레스장애는 대부분의 모든 사람에게 외상으로 경험될 수 있는 강도의 심각한 정서적 스트레스를 경험했을 때 나타나는 장애로서 지진과 화산폭발 및 홍수 등의 자연재해, 폭력, 강간, 교통사고, 화재, 전쟁 등에서 생명을 위협받는 충격을 포함한다. 주된 증상은 사고 시의 외상에 대한 반복적인 회상이나, 악몽에 시달리는 등 외상에 대한 재경험을 하거나, 그러한 외상의 잔재를 기억하는 것을 지속적이고 영구히 회피하려 하거나, 그러한 반응을 마비시키려 한다. 이러한 지속적인 과민상태에서 우울, 불안, 대인관계에 대한 무관심, 일상생활에서 집중이 어려운 인지기능 문제와 수면장애를 보인다.

청소년기에 있을 수 있는 급성 스트레스 반응과 외상 후 스트레스장애는 학대를 포함한 가정문제 및 가정폭력과 학교폭력 또는 성폭력과 관련한 심각한 스트레스 및 충격과 관련될 수 있다. 증상의 기간은 1주에서 30년까지 될 수 있으며 개인에 따라 다르게 증상이 나타날 수 있으나 스트레스가 있을 때에는 더욱 악화되는 것이 일반적이다. 30% 정도는 회복이 가능하나 10%는 악화되거나 호전되지 않을 수 있으며, 사회적 지지체계가 있고 발병 이전의 기능이 좋으며 내과적으로나 정신과적 장애가 없다면 예후가 좋을 수 있지만 정신과적 문제가 있다면 회복이 어려울 수도 있다.

치료적 접근과 유의사항

- 약물치료가 도움이 될 수 있다.
- 단기간의 위기개입 기법이 사용된다.
- 정신심리치료는 개인의 필요에 따라 달라진다.
- 집단치료와 가족치료가 도움이 될 수 있다.
- 치료 초기에 자아능력을 평가해야 한다.

- 외상경험의 재구성은 개인의 수용능력에 따라 조절되어야 한다.
- 증상의 치유나 완전한 제거는 치료사의 과욕이다.
- 우선 중요한 것은 악화되는 것을 막고 적절한 기능을 할 수 있도록 지지하는 것이다.
- 자살사고와 자살시도가 있을 수 있으므로 유의하여 필요시에는 입원을 시켜야 한다.
- 기타 치료로는 인지행동치료와 최면이 사용될 수 있다.

스트레스로 인한 정신신체 문제의 치료적 중재 지침

정신신체 문제의 핵심개념에 함축된 의미는 정신과 신체는 분리되지 않고 서로 상관관계가 있으며, 단순히 심리적인 요인으로서 스트레스 자체라기보다는 정서적 갈등, 스트레스에 대한 반응, 신체기관의 취약성, 기질적 증상 등 여러 변수들이 복잡하게 얽혀 일어나는 질병과 증후들로 통용되고 있다. DSM-IV에서는 정신신체장애를 정신과적 장애라기보다는 임상적 주의의 초점이 될 수 있는 기타 상태의 범위로 분류하고 진단기준에서도 의학적 상태에 영향을 주는 심리적 요인들로 제시하고 있다. 장애로 나타나는 임상적 양상은 소화기계 장애, 호흡기계 장애, 심혈관계 장애, 내분비계 장애, 피부계 장애, 골근계 장애, 신경계 장애, 면역계 장애, 암, 비뇨기계 장애 등이 있다. 여기에서는 아동청소년에게 흔히 나타날 수 있는 문제에 초점을 두고 살펴볼 것이다.

소화기계 장애로 나타나는 문제들

정신신체장애의 여러 증상 가운데에서는 소화기계 장애가 가장 많으며 소화성 궤양(peptic ulcer)과 궤양성 장염(ulcerative colitis), 신경성 식욕부진증(anorexia nervosa), 비만증(obesity) 등을 들 수 있다.

소화성 궤양의 요인과 중재

소화성 궤양의 가장 흔한 증상은 위궤양과 십이지장궤양이며 이것은 남자에게 더 많이 나타나고, 도시환경에서 생활하는 경영인과 고소득자에게 많다. 유전적 소인으로는 혈중이 높고 가족 중에 알코올문제와 우울증이 있는 가족 내에서 더 많이 발병할 수 있으며 자극이 심한 환경에서 악화될 수 있다. 아동청소년기 소화성 궤양의 정신역동적 요인은 구강기적 의존욕구와 관련하여 좌절에 의한 무의식적인 허기와 분노로 표현되는 결과일 수 있으며, 무의식적인 욕구의 보상으로 성장 후 독립적이고 활동적인 성격을 형성할 수 있고, 야심적인 욕구를 가진 성격의 소유자에게서 흔히 발병할 수 있다. 치료를 위해서는 징후의 특성에 따라 내과적 치료나 외과치료가 우선되어야 할 경우가 있으며, 심리치료에서는 소화기 장애를 일으킨 심리적 갈등을 이해하고 수치감을 느끼지 않으면서 해소될 수 있도록 돕는 것이 우선이며 부모의 심리적 갈등이 해소되고 안정적인 돌봄이 제공될 수 있다면 더욱 효과적인 극복이 가능할 것이다.

궤양성 장염의 요인과 중재

만성적인 경과를 가진 대장의 점막조직 궤양으로서 유전적 요인을 무시할 수 없으며 정서적 요인이 증상을 악화시킬 수 있다. 궤양성 장염을 앓는 사람들의 많은 경우가 지적이나 감정반응에 미숙하고 양가적인 대인관계를 가지면서 억압된 적대감정이 있는 경우가 흔히 있다. 이러한 특성적 문제의 요인은 대상관계 상실에 의한 좌절감과 관련하며 구강기적 또는 항문기적 갈등을 가지고 있고 강박적인 성향이 지배적일 수 있으며, 대인관계에서는 중요한 사람과의 관계에서 좌절을 경험할 때 공격충동 대신에 설사와 같은 신체증상으로 대체하여 나타내는 것이 일반적이다. 청소년기의 다양한 스트레스들은 궤양성 장염의 주요 요인이 되고 있어서 학업과 학교적응에 장애요인이 되고 있다. 특히 청소년기 전반에 걸쳐 여아에게 흔히 있을 수 있으며 아동기 사회적응의 과도기 발달에서 신체화 증상의 한 형태로 흔히 관련되기도 한다. 치료는 신체적인 문제와 관련하여 내과적 치료가 우선이며 심리치료로서는 역동적 배경하에 강한 의존관계로 연결되는 대상관계 치료접근과 비직면적인 지지적 접근이 필요하며 특히 부모의 양육태도와 심리교육이 도움이 될 것이다.

신경성 식욕부진증과 비만증의 요인과 중재

신경성 식욕부진증은 10대 후반의 청소년기 여아들에게 많고 30대 이후에는 발병이 드물며 대개는 내향적이고 자기중심적인 완벽주의 성향의 독신 여성에게 많으며, 치료는 입원과 체중 증가가 우선이다. 비만증은 신체가 필요로 하는 것보다 더 많은 양의 영양을 섭취한 결과 체중이 증가한 상태를 말한다. 아동청소년의 비만과 식욕부진은 정신역동적 맥락에서 이해할 필요가 있으며 기본적으로는 구강기 고착과 퇴행문제로 보고 대부분의 경우는 부모의 과보호와 또는 거절에 대한 독립성과 자존감의 결여로 볼 수 있다. 과식은 증오의 상징적인 표현으로서 사랑과 안전과 쾌감에 대한 욕구로 대치되며, 비만은 강하고 싶은 욕구와 동일시된 성과 책임성과 성숙으로부터 도피하는 수단일 수 있으며 치료는 식이요법과 정신심리치료 및 약물 등이 사용될 수 있다. 신경성 식욕부진증과 비만증에 대한 구체적인 내용은 이 장의 후반부에서 구체적인 이론과 사례를 소개하고 있다.

스트레스로 인한 호흡기 장애와 관련된 문제들

스트레스성 호흡기 관련 장애는 과호흡증(hyperventilation)과 기관지천식(bronchial asthma)이 있다.

과호흡증의 요인과 중재

갑작스러운 불안이나 대인관계 갈등 등의 정서변화에 따라 호흡이 빨라지고 가빠지면서 경련이 일어나기도 하며, 동시에 사지의 감각이상과 손발이 꼬이는 증상이 나타나기도 한다. 진단을 위해 의도적으로 심호흡을 많이 시켜 유사한 증상이 나타나는지 확인할 수 있으며, 치료를 위해 과호흡을 재현시켜 의식적으로 증상의 유발을 억제시키는 방법을 교육하고 발작 시에 종이봉투를 사용하여 숨을 들이쉬고 내쉬는 방법을 통해 완화시킬 수 있으며, 지지적 심리치료를 통해 격려할 필요가 있다.

아동청소년들은 외부 대상에 대한 인정과 관심의 초점이 되고 싶은 욕구에 비해 자신에 대해 부정적인 인식을 하고 있는 경우 대인관계에서 심리적 불편감을 가질 수 있다. 심한 경우에는 친구와의 대화에서도 호흡곤란과 피부 변화 등의 신체증상을 나타내면서 그러한 자신에게 수치감을 느끼고 좌절하기도 하여 결과적으로 다양한 부적응문제를 나타낼 수 있다. 내재되어 있는 핵심 역동은 대상상실과 좌절의 반복경험과 관련한 자존감 문제이므로 정서적 지원이 중요하며 일차적으로는 내과적 질환의 유무를 살피는 것이 기본적인 과정일 것이다.

기관지천식의 요인과 중재

유전적인 요소와 알레르기 및 급성 또는 만성 스트레스 등의 복합적인 요인으로 발생될 수 있으나, 아동청소년의 역동적 맥락에서는 대상관계 상실에 대한 두려움과 보호욕구에 대한 강력한 소망이 천식을 발생시킬 수 있다. 그러므로 천식 발작은 어머니를 향한 울음으로 대치된 상징적인 표현이라고 볼 수 있으며 천식에 수반되는 두려움의 요인은 이차적인 결과일 뿐 발작 전에 갖게 된 성적 유혹과 경쟁 및 적개심의 충동과 같은 경험이 선행된다고 본다.

치료의 우선은 내과적인 치료이며 최면을 사용하기도 한다. 스트레스가 심각한 경우 정신과에서는 항불안제를 병행하며 의존성이 심각한 경우 과보호로부터 분리시키는 방법을 사용하기도 한다. 아동청소년의 천식에 대해서는 일차적으로 만성적인 기관지질환이 있는지 우선 평가해야 하며 필요하다면 내과 처방과 동시에 청소년의 스트레스 요소에 접근한 지지적 심리치료가 우선되어야 하며 부모불안에 대처하는 부모교육 및 부모의 치료를 병행할 필요가 있다.

스트레스로 인한 피부질환과 관련된 문제들

피부에는 수많은 감각기관이 분포되어 있어서 감정 상태를 그대로 비춰주는 거울역할을 하므로 피부의 변화를 통해 개인의 심리적·정서적 문제의 중요한 표현들을 감지할 수 있으며 따라서 피부질환은 스트레스의 반응과 직접적인 상호관계가 깊다고 볼 수 있다. 스트레스와 관련된 피부증상은 소양증(pruritus), 다한증(heavy sweat, hyperhidrosis), 적면증(rosacea), 두드러기(urticaria), 지루성 피부염 또는 신경성 피부염(atopic dermatitis, neurodermatitis) 등을 들 수 있다.

소양증의 요인과 중재

소양증의 주된 증상은 가려움이며, 아동청소년기 발달에 있는 아이들에게 흔히 있는 소양증은 본질적인 피부과 질환으로 인한 것이 아니라면 대부분의 가려움은 불안한 상황에서 증가하고 불안감이 완화되면 증상이 완화되는 것을 볼 수 있다. 역동적 맥락에서 소양증의 요인은 억압된 분노와 불안 및 좌절감에 대한 공격성으로 대체된 결과로 보며 사랑받고자 하는 욕구가 강한 사람에게서 더욱 흔히 나타날 수 있다는 것이 특징이다. 예를 들면 항문의 소양증은 성격장애 및 정서장애와 관련이 있을 수 있으며, 성기 또는 성기 부근의 소양증은 무의식적인 성적 갈등과 연관될 수 있고, 피부의 소양증은 피부를 긁고 비비면서 불안과 초조감에 대한 대리만족을 하고자 하는 심리적 욕구와 관련될 수 있다. 피부를 긁음으로써 억압된 분노를 해소하려는 행동으로 나타나는 것인데 이러한 행동들은 대개 이차적인 피부질환을 초래하게 된다. 그러므로 치료에서는 피부질환 치료를 위해 피부과 진료와 함께 내재된 불안과 갈등해결을 위한 정신심리치료가 필수적이다.

다한증의 요인과 중재

다한증은 대개 흥분, 공포, 긴장감 등과 관련된 불안한 현상과 관련되며 자율신경계를 통해 주로 손바닥, 발바닥, 겨드랑이에 땀의 분비를 증가시키는데, 지속적인 다한증은 피부발진과 소포진 또는 감염과 같은 이차적인 피부변화를 초래한다. 청소년기 발달과정에 있는 아이들은 자존감과 적응문제와 관련하여 외부 자극의 반응으로 불안정서가 나타나고 그로 인한 결과가 다한증으로 나타나며 다시 그 징후가 스트레스로 작용하므로 적응과 성장에 부정적인 영향을 미칠 수 있다. 그러므로 심리정서적 맥락에서 중재가 필요하며 정도에 따라 소양증과 유사하게 피부과 진료가 필요할 수 있다.

이 외의 스트레스성 피부질환의 요인과 중재

청소년기 발달과정에서 나타날 수 있는 스트레스로 인한 피부질환은 위에서 제시한 것 외에도 다양한 형태의 피부증상을 나타낸다. 그중 신체의 상부, 특히 얼굴이 붉어지는 현상으로 나타나는 적면증은 대부분 정서적으로 불안정하고 열등감과 죄책감 또는 수치감 등의 감정과 관련되며 주변에서 흔히 볼 수 있는 증상이다. 스트레스로 인해 두드러기가 발생할 수도 있는데 이것 역시 정서적 스트레스와 특히 억압된 분노와 연관된 흥분과 과도한 순응적 관계에서 나타날 수 있다. 지루성 피부염은 부모에 대한 과도한 의존과 애착대상의 부적절감과 거절 및 상실과 관련하여 불만족한 정서가 요인이 되며, 이에 대한 치료 역시 위에서 설명된 소양증과 다한 증과 같은 맥락에서 피부과 치료와 동시에 심리적 갈등에 대한 심리치료가 필요하다.

스트레스로 인한 신경계 장애와 관련된 문제들

주로 통증과 관련하며 환상에 의한 신체상장애(body image disorder), 편두통(migraine)과 긴장성 두통(tension headache) 및 만성 두통(chronic pain)을 호소하는 동통이 주된 증상이다.

신체상장애의 요인과 중재

인간은 누구나 자신이 속한 중요한 환경체계 안에서 상처를 입기도 하고 상처를 보호하기 위해 위장된 모습을 보이기도 한다. 특히 초기의 성장환경에서 양육자와 중요한 대상이 자신을 어떻게 평가하느냐에 따라서 자신의 신체상을 긍정적으로 지각하기도 하고 부정적으로 지각하기도 하며 지각된 평가에 정서와 감정요소가 첨가되어 신체상이 내재화된다. 만약 청소년이 적절하고 긍정적인 평가가 없는 환경에서 성장했다면 필시 그는 보편적인 사고를 할 수 없거나 누구든지 다 하는 일상적인 일도 스스로 할 수 없는 사람이 될 것이다.

> 한 청소년이 자기 이마의 주름을 보라면서 자기가 노인이 되어버리지 않았냐며 호소하기 시작하였는데, 시간이 지나면서 얼굴 전체로 확장되어 변해버린 자신의 모습을 사람들에게 보일 수 없어서 아무 것도 할 수가 없다고 괴로워하다가 급기야 자신의 몸이 이상하다며 신체의 부분들에 문제를 들추어내며 외출을 하지 못하게 되었다. 또 다른 청소년은 자신의 입술이 검게 변해버렸다며 온갖 연고를 입술에 바르며 입술 때문에 사람들이 자신을 이상하게 보며 관심을 받지 못한다고 호소하곤 했다.

이마의 주름으로부터 부정적 신체상을 호소한 청소년의 심리적 핵심에는 불안한 부모환경과 특히 무력한 아버지의 역할에 대한 불만족감과 청소년기가 되면서 모델이 되어주지 못한 부모상이 자기와 겹쳐지면서 오는 미래에 대한 불안이 심각했다. 그리고 입술피부로 갈등한 청소년의 경우에는 어린 시절부터 부모와 주변인들로부터 못난이란 소리를 듣고 자랐으며 늘 자신은 왜 이렇게 못생겼느냐는 말을 자주해왔는데, 청소년 후기가 되면서 이성 친구를 만나게 되었고 그 여성으로부터 입술이 참 예쁘다는 소리를 들은 이후부터는 자신에게도 좋은 곳이 있다는 자신감을 갖게 되었고, 이후 몇 년간 사귀던 여성과 헤어지게 되면서 입술피부가 이상해지기 시작했다고 호소했다. 이 두 청소년에게서 우리가 알 수 있는 것은 중요한 대상으로부터의 거절과 그에 대한 불만족감과 슬픔이라고 볼 수 있다. 치료가 구체화되면서 내가 이해하게 된 것은 단순하게만 볼 수 없는 초기 유아기적 갈등이었으나 이 부분에 대한 구체적인 소개는 다음 기회로 미루고자 한다. 다만 이 사례에서 생각해야 할 부분은 인간에게 초기 환경과 중요한 대상으로부터 받는 평가와 역할모델의 상실이 긍정적인 자기상과 신체상의 내면화에 직접적인 영향을 미친다는 것이다. 특히 청소년기는 그러한 상실과 장애를 극복할 수 있는 기회이기도 하며 장애가 구체화될 수 있는 시기이기도 하다. 이 사례는 신체상에 대한 부정적 경험은 외부의 평가와 관련되고 평가에 대한 정서와 심리적 반응이 핵심이라는 것을 알려주는 사례이다.

특수한 다른 예로 내가 만났던 한 청소년의 사례를 살펴보자. 이 청소년은 사고로 손가락을 절단한 적이 있었는데 이미 오래전이라 상처 부위는 완전히 치유되었지만 계속 통증을 호소하여 정신과 치료가 필요하다는 의사의 진단을 받고 나와의 만남이 이루어졌다. 이러한 현상은 어떠한 이유에서든 신체를 절단할 수밖에 없었던 환자의 90% 이상에서 어느 정도의 기간 동안 나타날 수 있는 현상이다. 그러나 영아기인 생애 초기에 절단을 했거나 선천적인 경우에는 신체상의 장애가 나타나지 않는다는 것이 연구결과들에서 나타나는 흥미로운 사실이며, 따라서 이 장애가 심리적인 스트레스로 인한 통증이라는 것을 입증하는 것 같다.

일차적인 치료는 신체적인 다른 문제가 있는지 확인해야 할 것이며 다른 문제가 없다면 대부분은 정신적인 심리문제라고 볼 수 있으므로 정서적·감정적 요소에 초점을 둔 지지적 접근의 정신심리치료를 해야 한다. 모든 질병에는 심리적인 요소가 배제될 수 없으며 그 감정으로 인해 신체증상이 강화되거나 약화될 수 있고 예후에도 영향을 미친다. 신체문제와 관련하여 등장하는 정서적인 요소는 질병에 대한 공포, 우울, 부정과 같은 방어기제와 관심욕구를 위한 증상의 악화이다. 따라서 치료가 잘 안 되는 이유에는 관심을 받고자 하는 욕구와 자기학대적인 죄책감과 자기파괴적 태도 그리고 자기에게 중요한 사람에 대한 분노감이 내재해있어서 비협조적이 되는 경우가 흔히 있으며 여기에는 지나치게 수술과 치료를 요구하는 경우도 포함된다. 특히 신체상의 장애와 기타 통증과 관련한 아동청소년의 호소는 대부분이 이러한 신체상의 부정적 평가와 강한 관심욕구 그리고 주요 체계에 대한 공격과 자기징벌적인 이슈를 담고 있으므로 이를 고려하여 청소년 개인뿐 아니라 부모교육과 가족치료 및 가족 상호 간의 협조가 매우 중요하다.

두통의 요인과 중재

두통은 의료 전반에서 연령과 무관하게 가장 흔히 호소되는 증상 중 하나로서 대부분은 기질적인 요인 없이 CT 촬영이나 각종 검사에서도 이상이 발견되지 않는 것이 특징이다. 특히 청소년기의 다양한 특성적 변화와 사회적 요구 등의 심리적 스트레스가 두통을 악화시키는 것을 흔히 볼 수 있다. 청소년들이 겪는 두통의 많은 경우가 심인성 두통으로 불안과 우울 그리고 청소년기의 특성인 자기중심성의 환상적 요소에 의한 두통이며 갈등에 의한 무의식적 전환증상으로 나타난다.

긴장성 두통이나 혈관계 두통은 무의식적인 심리적 갈등과는 무관할 수 있으며, 혈관성 두통인 편두통은 뇌혈관 수축에 의해 발생하며 가족력이 있을 수 있고 성격이 강박적이고 완벽주의적인 성향과도 관련되며, 역동적인 요인으로는 억압적인 부모환경과 관련하여 억압된 분노와 성적 욕구, 불안, 분노, 우울 등이 있고 과로와 피곤감과 불편감 등 정서적 스트레스에 의해 간혹 발작을 유발하거나 악화될 수 있다.

긴장성 두통은 머리와 목에 있는 근육들이 장기간 수축되어 혈관압박이 와서 생기는 것으로 흔히 머리와 목이 뻣뻣하고 아픈 것이 특징이다. 학습에 스트레스를 받는 청소년들이 흔히 호소하는 증상으로서 우울, 불안, 긴장, 경쟁 등의 상황에 있을 때 통증을 일으키며 가족문제가 있을 경우 더욱 심하고 소심하거나 세밀한 성격에 더 많을 수 있으며 하루의 마지막에 두통이 흔히 시작되기도 한다.

치료는 약물치료와 불안과 우울의 원인적 치료로서 정신심리치료가 필요하며 긴장 완화와 스트레스 해소를 위한 명상과 이완요법도 도움이 된다. 아동청소년의 경우에는 긴장과 갈등을 일으키는 학업과 성장욕구와 주요 체계와의 관계에 대한 구체적인 요인평가와 그에 적합한 중재가 필요하다.

만성 동통의 요인과 중재

가장 흔한 증상이며 원인도 다양하고 주관적이어서 핵심원인을 찾기가 쉽지 않다. DSM-IV에서는 30세 이전에 나타나는 두통은 신체형 장애의 하나인 통증장애로 분류하고 심리적 요인으로 인한 단일한 통증이라면 전환장애로 진단한다. 만성 통증은 스트레스에 대한 방어현상으로 나타날 수 있으며 특히 아동청소년의 발달과정에서 있을 수 있는 심리적 갈등과 불편감에 대한 방어와 이차적인 이득과 관련된 경우가 흔히 있다.

치료에서 주의해야 할 것은 통증의 주 호소요인이 심리적인 문제라 할지라도 일차적으로는 통증을 인정하고 지지적인 자세를 취하며 통증이 계속되고 있어도 치료는 계속되고 있다는 것을 이해시켜야 한다. 통증이 만성적이라도 양성일 때에는 반드시 정신심리치료가 필요하며 동시에 적절한 항정신약물이 도움이 될 수 있다. 아동청소년의 만성 통증은 심리적 갈등과 이차적인 욕구에 대한 평가와 그에 필요한 주요 체계의 도움이 필요하며 개인치료 외에 가족교육과 가족치료가 필요하고 학교체계에 대한 중재 또한 중요하다.

이 외에 스트레스로 인한 정신신체장애 문제들

스트레스로 인한 신체장애는 위에서 제시한 문제들 외에도 동통장애의 류머티즘성 관절염, 내분비계의 갑상선기능항진과 기능저하증, 당뇨병, 췌장암, 여성 내분비장애인 월경 전 불쾌기분장애, 폐경기 곤란, 기타 면역장애와 암 등을 들 수 있다. 류머티즘성 관절염은 40% 이상이 정서장애와 관련이 있으며 자기학대적이고 억압적인 희생적이고 완벽주의적 성격에 많다는 보고가 있으며, 그러한 특성은 류머티즘성 관절염에서뿐 아니라 다른 질병의 만성화에도 영향을 미친다. 치료는 우울과 불안을 평가하여 적절한 항우울제를 복용함으로써 우울과 동통에도 도움을 줄 수 있으며 더불어 지속적인 지지치료가 필요하다. 면역장애는 스트레스에 직접적인 영향을 주는 성격특성과 생활사건과 관련되며 긍정적인 마음상태가 중요하다. 암 또한 항암치료 외에 정신심리치료가 통증을 완화하며 암의 진행에 영향을 미친다는 사실이 많이 보고되고 있다. 당뇨병 역시 식이조절이 중요한 만큼 당뇨를 악화시키는 과식과 과음현상은 청소년기에 흔히 볼 수 있는 현상으로 수동의존적인 구강기적 성격과 관련된다는 맥락에서 내과적 치료 외에 지지적인 정신심리치료가 필수적이다. 갑상선기능저하와 기능항진 역시 갑상선이 항진되면서 불안과 초조감 및 수면장애 증상을 보이고 무력감과 변비, 탈모, 체중증가 등 정신기능이 약해지면서 피해사고와 불안을 동반하므로 호르몬제와 항정신약물 이외에 지지적인 정신심리치료를 병행해야 한다. 이 외에도 불안장애와 강박장애, 해리장애, 신체형 장애 등이 스트레스와 관련되나 이에 대한 설명은 다음으로 미루기로 한다.

전반적인 신경증적 장애와 정신신체장애는 심리적 스트레스와 무의식의 갈등과 분리하여 생각할 수 없을 만큼 심리적인 요인과 상관관계를 가지며 질병으로 인한 심리적 스트레스가 병을 더욱 악화시키므로 의료적인 처치 이외에 주변의 지지와 정신심리치료가 필수적이다. 그러한 맥락에서 아동청소년이 드러내는 다양한 정신신체 증상에 대해 현상적인 증상의 요인이 무엇인지 우선 탐색되어야 하며 증상의 요인에 접근한 중재와 치료접근에 대해서 생각해보아야 할 것이다.

스트레스 관리와 극복방법

스트레스 관리에 대한 방법은 무수히 많으며 현대사회에 사는 사람들의 적응을 위해 특히 아동청소년 임상 분야에서 중요한 관심사가 되고 있어서 아동청소년의 정신건강을 다루는 치료사와 학교미술치료사에게 더욱 중요한 관심 영역이다. 아동청소년기 스트레스와 관련하여 극복방법에 대해서는 KSATI 학교미술치료지침서 제3편(2013)에서 스트레스 대처를 위한 마음가짐과 상황별 대처방법에 대해 소개하고 있으므로 참조하기 바라며 여기에서는 별도로 다루지 않고 넘어가기로 한다.

3. 아동청소년기의 정체성 문제

아동청소년기는 이미 알고 있듯이 이차성징과 사춘기 변화가 나타나는 것을 계기로 소아에서 성인으로 발달해가는 중간단계이다. 이 시기는 신체적, 심리적, 정서적인 변화가 급격하게 변하는 시기로서 균형감 있는 정신적 성장과 발달을 통해 성숙한 인격으로서의 정체성을 확립하는 중요한 시기이다. 대체로 청소년 중·후기에 그리고 가족관계에서의 독립과 가치관 형성기에 흔히 나타날 수 있다.

발달적 과제로서 청소년기 정체성

Erikson에 의하면 정체성은 자신의 자기됨과 독특함에 대한 자각적인 의식, 생의 지속성에 대한 무의식의 욕구, 사회 환경의 다양한 영향에 도전하고 극복할 수 있는 자신감과 책임감 등의 복합적인 개념으로서 인격의 핵심이 된다. 즉, 정체성은 고정된 개념이 아니라 일생 동안 반복해서 변화하는 자기반성의 과정이므로 청소년기의 발달과정에서 정체성의 문제(identity problem)는 청소년의 미래 목표와 친구관계 양상 그리고 성적·도덕적 가치관과 집단동일시와 관련하여 비교적 일관적이고 스스로에게 용납되는 자신에 대한 느낌을 통합적으로 경험하지 못하게 한다. DSM-IV에서는 정체성의 문제를 정신과적 질환으로 보지는 않으며 다만 기분장애와 분열증 또는 경계선인격장애에서 간혹 나타난다고 보는데, 이와 관련하여 치료사들은 정체성 문제로 인해 등장하는 다양한 부적응적 문제를 호소하는 청소년을 흔히 만나게 된다. 현대사회의 청소년들은 정신 내적인 그리고 사회적으로 유예기간이라고 불리는 발달적 특권을 적절하게 이용하지 못하거나 극복하지 못하여 퇴행적인 행동문제와 위기 상황에 빠지는 경우가 흔히 있다.

이러한 정체성 문제의 요인은 사회의 복잡한 현상들 때문이라고도 보지만 가장 중요한 핵심은 정서적 환경의 부재와 연관되는 것 같다. 부모의 갈등으로 인한 별거와 이혼 및 재혼에 의한 불안정한 가정환경에서부터 사회 환경의 다양한 요소들이 원인일 것이다. 정체성 문제로 인한 특성적인 증상은 우울, 불안, 퇴행행동, 학교와 사회활동에 부적응, 수면문제, 섭식문제 등에서 변화가 나타나고 결국은 자기감에 문제가 생겨 자기의문을 가지게 되면서 부등교문제와 함께 고립되며 현실 왜곡과 내적 공허감에 빠지게 된다. 대부분의 청소년기 문제는 정체성과 관련이 되나 이 장에서는 자존감과 성정체감에 초점을 두고 기타 발달적 문제에 대해서는 각 장별로 나눠 살펴볼 것이다.

낮은 자존감 문제의 중재 지침

청소년기가 시작되면서 대부분의 청소년은 자신의 신체와 지적 능력 그리고 사회적 기술에 대해 또래와 자신을 비교하고 중요한 주변체계와 비교하면서 자신에 대한 평가를 하기 시작한다. 그러므로 지나치게 자기를 의식하면서 실수를 통해 서서히 자기를 지각하고 비교대상과의 간격을 좁혀가며 청소년 후기에 들어서면서부터는 자신을 수용하고 인정함으로써 통합적인 자기인식이 가능해지고 이상적인 자기를 위한 목표를 설정하고 그 목표를 향해 나아갈 수 있게 된다. 이 과정을 통해 청소년은 자신의 내적 갈등과 불안으로부터 벗어날 수 있게 될 뿐만 아니라 어떠한 상황에서도 자신을 수용할 수 있는 능력이 생기며 타인과의 관계를 발전시킬 수 있게 되며 그 결과 자기수용과 자기존중감으로 이어지게 된다.

자존감 향상에 영향을 미치는 중요한 요소들

- 원만한 초기 성격발달의 형성과정이 있다.
- 안정된 가정환경과 정서 상태에 있다.
- 어머니와 유연성 있고 만족할만한 친밀관계를 맺고 있다.
- 아버지와 친밀관계와 보상적 관계를 맺고 있다.
- 의미 있는 타인과의 지지적 상호작용이 있다.
- 맏이나 외동아는 더 높은 자존감을 갖는 경향성이 있다.
- 신체적 자기수용이 높을수록 자존감도 높다.
- 일상의 스트레스가 적고 스트레스 상황에도 적응적 자세로 대처한다.
- 부모의 사회경제적 지위가 높고 안정적이다.

평가를 위해 치료사가 확인해야 할 내용

심리적 특성

- 매사에 자신감이 없고 무기력하다.
- 무가치감에 대한 보상으로 자기를 드러내려고 노력한다.
- 거절을 못하고 거절을 감당하는 능력도 제한적이어서 표현은 못하나 내적으로는 분노한다.
- 누군가가 자신의 마음을 알아차릴까 봐 늘 불안하다.
- 타인의 인정과 평가에 민감하고 위축감에 자기비하감에 빠진다.
- 자신의 문제를 느낄수록 불안 수준은 높아진다.
- 대인관계 또는 사회적 상황을 어색해한다.
- 낮은 자존감은 섭식장애와 밀접한 상관관계가 있다.
- 자신의 낮은 자존감을 인식하지 못하거나 드러내지 않는다.

행동적 특성

- 타인의 눈치를 살핀다.
- 자신의 감정과는 무관하게 쾌활한 모습과 행동을 보인다.

- 학습에서는 소극적이나 운동 영역에서는 활동적이다.
- 자기주장이 어렵다.
- 자신의 즐거움이나 긍정적인 경험을 부정하는 태도를 보인다.
- 자신의 어려움을 악화시키는 행동을 모방하거나 자기패배적인 행동을 한다.
- 광대처럼 다른 사람을 웃기는 행동을 하여 자기보호를 한다.
- 지나치게 수줍음을 타고 자기표현이 어렵다.

대인관계 능력과 적응 수준
- 타인을 거부하고 흔히 거부당한다.
- 다른 사람이 자신을 좋아하지 않을 것에 대해 두려워한다.
- 친구관계를 맺는 능력이 결여되어 있으며, 또래집단의 거절을 두려워한다.
- 집단 내에서 눈에 잘 띄지 않으며, 집단활동에도 잘 참여하지 못한다.
- 외로움을 타고 고립되어 있다.
- 지나치게 칭찬받기를 기대하지만, 칭찬을 받아들일 능력이 없다.
- 대인관계 상황에서 눈을 맞추지 못하고, 사회적 상황에서 늘 긴장한다.
- 자기보다 더 나이 어린 사람과 관계 맺는 것을 편안해하는 경향이 있다.
- 의사소통이 유연하지 못하다.
- 타인에 맞추려 노력하고 자기주장이 부족하다.

학교생활 적응과 진로에 대한 기대
- 자존감이 높을수록 학업성취도가 높다.
- 자신의 성취 수준을 스스로 제한한다.
- 미래의 목표를 스스로 결정하지 못하고, 타인에게 의존한다.
- 진로에 대해 목표가 광범하고 자주 변한다.
- 타인이 자신을 지배하는 상황이나 역할을 거부한다.
- 리더역할을 피한다.
- 부적절한 자아에 대한 과잉보상으로 일탈행동을 선택한다.

개입을 위한 치료사의 자세와 접근
- 일차적으로는 스스로 할 수 있도록 격려한다.
- 실패를 하더라도 위로와 지지적인 자세가 필요하다.
- 스스로 자기 소유에 대한 감각을 발달시킨다.

- 가장 좋아하는 일이 무엇인지 알게 하고, 할 수 있도록 돕는 것으로부터 시작할 수 있다.
- 책임을 맡을 기회를 제공하여 스스로의 능력을 인식하도록 돕는다.
- 자기보다 어리거나 약한 사람을 돕는 일을 통해 자신의 역할에 의미를 찾도록 돕는다.
- 스스로 선택하고 결정할 수 있도록 지지한다.
- 작은 것이라도 칭찬받을 수 있는 일을 찾아 스스로 특별함을 느끼도록 유도한다.
- 자신의 행동에 대해 현실 가능성과 명확한 규칙 그리고 합리적인 결정에 대한 기준을 세우고, 스스로 자기평가를 할 수 있도록 안내하되, 수용적인 자세로 대한다.
- 자신이 한 행동에 대해 스스로 할 수 있는 만큼의 책임을 부담하게 한다.
- 실수를 효과적으로 다룰 수 있는 방법을 학습하도록 돕는다.

자존감 향상을 위한 장기목표

- 낮은 자존감을 형성하게 된 원인적 문제를 극복한다.
- 자존감을 회복하고 유지 및 증진시킨다.
- 책임감과 독립적인 의사결정을 한다.
- 일관되고 긍정적인 자아상을 확립한다.
- 실패와 위험을 감수할 수 있는 능력을 갖는다.
- 사회적 상호작용과 자기확신을 갖는다.
- 사회적 기술이 증가한다.

성정체감 문제의 중재 지침

청소년기에 어떤 아이들은 자신이 다른 성을 가졌다면 지금보다 더 나을 수 있었을까 하는 질문을 스스로에게 하기도 하며, 다른 성으로 바뀌기를 바라는 아이들의 다른 성에 대한 관심은 일반적이고 정상적인 발달 수준에서도 나타날 수 있지만, 이러한 관심은 대부분 심리적으로 혼란스러울 때 주로 일어나는 것 같다. 성정체성에 대한 혼란은 일반적으로 2세경의 유아에게서 흔히 나타날 수 있는 발달적 특성일 수도 있다. 그러나 성장과정에서 지속적으로 자신의 성이 바뀌기를 원한다면 심리적인 혼란과 정서적으로 어려움이 있다는 신호일 수 있으며 성정체감장애가 있을 수 있으므로 관찰이 필요하다. 성정체감장애는 드문 장애이며 여아보다 남아에게서 더 흔하고 2~4세경 사이에 시작되며 성교차행동이 최소한 2년 이상 지속되고 그 시기가 사춘기 이후일 때 장애 진단을 내린다.

성정체감 문제에 영향을 미치는 중요한 요소들

- 어린 시절 부모와의 부정적인 관계가 중요한 요인일 수 있다.
- 애정이 없는 분열된 가족 분위기에서 성장할 경우 성교차행동이 나타날 수 있다.
- 지속적인 가족 스트레스 상황에서 성정체감 문제가 일어날 수 있다.
- 유전성은 밝혀진 바 없으나 기질적인 영향이 있을 수 있다.
- 부모의 억압적인 훈육 속에서 성장할 경우 더 흔히 나타날 수 있다.
- 부모의 심각한 질병이 주는 스트레스가 영향을 미칠 수 있다.
- 성적 학대경험이 있었을 때에도 성정체감장애가 일어날 수 있다.
- 성장과정 중 오이디푸스콤플렉스가 주가 되는 남근기 상태에 고착된 현상과 관련한다.
- 합병증으로 동성애 또는 성전환증으로 발전할 수도 있다.
- 성정체성의 형성은 분리개별화 과정의 일부를 이루며, 대상 항상성과 함께 공고해진다.
- 성정체성의 전조는 신체 자아, 신체 이미지, 나 아닌 것에 대한 감각을 포함한다.
- 성정체성은 여성 또는 남성이 자기표상으로 확장되고 정교화되면서 통합과정을 따라 발달한다.

평가를 위해 치료사가 확인해야 할 내용

심리적 특성

- 공격성, 불안, 우울감을 수반할 수 있다.
- 자신의 성에 대해 혐오감이 있다.
- 자신의 성 구조에 대해 부정적 감정을 표현한다.
- 남아의 경우 아버지의 냉담과 정서적 학대와 관련되어 있을 수 있으며 아버지와 갈등관계에 있을 경향성이 높다.
- 여아의 경우 어머니를 무시하는 경향이 있는 반면에 아버지와의 관계에서는 이상화하거나 두려워하여 긴장되어 있을 수 있다.

행동적 특성

- 반대 성에서의 전형적인 놀이에 참여하기를 선호한다.
- 가상놀이에서 반대 성의 역할을 선호한다.
- 반대 성의 옷 입기를 좋아한다.
- 반대의 성이 되고 싶다고 말하거나 반대의 성처럼 느껴진다고 한다.

남아에게서 성정체감이 의심되는 행동적 특성

- 여자 옷 입기를 좋아한다.
- 거세 소망을 이야기하고 자신의 성기를 수치스러워한다.
- 소변을 볼 때 앉아서 보거나 성기를 감춘다.
- 흔한 경우는 아니지만 성기에 손상을 가하기도 한다.
- 놀이에서 여성의 역할을 선호한다.

여아에게서 성정체감이 의심되는 행동적 특성

- 여자 옷 입는 것을 곤혹스러워하는 반면에 남자 옷 입기를 좋아한다.
- 자신의 성기가 아직 드러나지 않았지만 계속 자랄 거라고 믿고 행동한다.
- 가슴이 성장하는 것을 창피하게 생각한다.
- 월경은 인정하지 않고 생리적인 변화가 아닌 병으로 왜곡시키기도 한다.
- 남아들이 선호하는 과격한 행동을 선호한다.
- 남아들과 어울리기를 좋아하고 남자 영웅이나 주인공을 자신과 동일시한다.

성정체감이 의심되는 남아의 위험요인

- 다양한 측면에서 지나치게 민감하다.
- 지나치게 소극적이고 겁이 많다.
- 성발달이 이루어지는 2~3세 사이에 심각하고 지속적인 가족 스트레스가 있었다.
- 부모의 양육과정이 성교차행동을 강화하는 경향성이 있다.
- 아버지가 어머니와 아들에게 냉담한 관계가 지속적이다.
- 아버지가 정서적 학대 또는 여과 없이 감정을 표출하는 경향이 생활 속에서 반복된다.
- 자신의 성에 대해 불편감을 호소한다.

성정체감이 의심되는 여아의 위험요인

- 어머니와의 관계가 바람직하지 못하다.
- 폭력적인 아버지 환경에 노출되어 있다.
- 부모의 양육과정이 성교차행동을 강화하는 경향성이 있다.
- 동성 또래와의 적응장애가 나타나고 우울감정 및 자살시도를 동반한다.
- 자신의 성에 대한 불편감을 호소하고 반대 성에 대한 공상에 빠진다.

성정체성 문제를 평가하기 위한 행동관찰

- 일차적으로는 기질적인 측면을 고려하여 감별 진단해야 한다.
- 성에 대한 인지적인 이해와 발달에 문제가 있는지 평가한다.
- 여아가 과격한 놀이를 즐기지만 특별한 상황에서 여아다운 모습을 거부하지 않는다면 성정체감 문제가 아니므로 유의한다.
- 남아가 여아의 옷을 좋아하지만 정체성과 행동에 남아다운 모습을 가진다면 역시 성정체성 문제가 아니다.
- 여아도 종종 높은 에너지 수준을 가진 경우 과격한 놀이를 선호하므로 진단에 유의한다.
- 남아가 부끄러움을 잘 타고 수동적이지만 정체성과 행동에 문제가 없다면 성정체성 문제라고 진단 내릴 수 없다.

개입을 위한 치료사의 자세와 접근

- 최적의 치료시기는 2~4세 사이이다.
- 성교차행동이 단순한 발달상의 일시적인 행동인지 병리적인 위험인지 평가할 필요가 있다.
- 성학대 또는 성정체성 혼란을 강화하는 부모의 미묘한 메시지가 있는지 확인한다.
- 부모의 협조가 절대적이므로 부모중재에 대해 유의해야 한다.
- 같은 성의 부모와의 관계를 평가하고 관계 회복을 돕는다.
- 일차적인 치료목표는 자존감을 높이고 사회적 기술을 발달시키는 것이다.
- 부모와의 애착관계에 문제가 있는지 확인하고 구체적인 개입이 필요하다.
- 치료적 도움이 무시되면 따돌림 문제와 부적응문제로 이어질 수 있으므로 적절한 도움을 제공해야 한다.
- 성정체성에 대한 왜곡된 인지를 확인하고 원인적 탐색에 근거한 치료계획을 세운다.

성정체감 문제에 잠재되어 있는 자존감 회복을 위한 장기목표

- 자신의 성 구조를 인정하고 역할 혼돈을 극복한다.
- 성정체성과 관련된 혼돈과 행동증상이 소거된다.
- 신체상에 대한 보편성을 인정한다.
- 같은 성의 또래와 우정관계를 지속하게 된다.

4. 아동청소년기의 수줍음 문제

부끄러움 또는 *수줍음*은 사회적인 관계나 낯선 사람과 낯선 상황에서 지나치게 긴장하고 어색해하는 성향을 말한다. 수줍음을 타는 아동청소년들은 집단 내에서 드러나지 않아서 주변인들은 문제를 느끼지 않을 수 있지만 정작 본인은 수치감과 관련하여 고통을 느끼므로 그로 인해 파생되는 문제들이 발생할 수 있다. 수줍음 때문에 자기표현이 어렵고 다른 사람이 자신을 어떻게 볼지 눈치를 살피게 되며 긍정적인 피드백을 받지 못하게 되므로 집단에 섞일 수 없는 것에 대한 두려움과 불안을 동반하게 된다. 이러한 불안은 점차 *부끄러움*을 느끼게 하는 상황을 피하게 하므로 결국은 적응문제가 드러나게 된다. 반복적인 적응의 악순환을 겪게 되면서 결과적으로는 자존감이 낮아지고, 자존감을 극복하기 위해 개인에 따라서는 나름대로의 가시적인 행동을 하기도 한다. 그러나 의도적인 행동에 스스로 지치고 포기하게 되면 적극적인 적응문제를 일으키게 될 수도 있어서 지나친 수줍음 문제는 청소년기 정신건강에서 무시되어서는 안 되는 중요한 요소이다.

이러한 수줍음 문제는 아동기에 보편적인 현상이나 대체로 청소년기 초기 발달에서 가장 많이 나타나며 청소년기 후기까지 지속되거나 성인이 되어도 극복하지 못하는 경우도 있는데 그러한 경우 적응장애와 같은 문제로 확대될 수 있다.

수줍음 문제가 있던 초등학교 4학년 여학생이 성인기까지의 과정에서 필요에 의해 도움을 제공받은 사례를 통해 수줍음의 근원에 대해 생각해보자.

이 아이는 이전에는 주변인들로부터 소극적이고 조용한 아이로 인식되던 아이였는데 갑자기 4학년이 되면서 두드러진 수줍음으로 인해 적응에 어려움이 나타나기 시작하였다. 발달을 방해한 기질적 요소와 잠재된 병리요소와 관련한 환경의 제한적인 요소가 있는지 탐색하는 가운데 유아 초기에 어머니의 우울증 치료경험이 몇 년간 있었으며 아이와의 접촉경험이 기억나지 않을 정도로 친밀감이 제한적이고 방임적 태도와 비양육적 환경 속에 있었음이 확인되었다. 유아 후기와 아동 초기에 들어서면서 낯가림이 너무 심하여 유치원에 적응하지 못하고 어머니를 떠나지 않으려는 행동들 때문에 부모의 꾸중이 잦았으며 초등학교 입학 초기에도 아침마다 학교에 혼자 가지 않겠다고 우는 아이를 어머니는 억지로 쫓으며 화를 내고 아이는 도망 다니며 울면서 서로의 신경전이 심했던 것으로 보고되었다.

치료에 의뢰된 4학년 시기는 형식적 조작사고가 등장하고 자기 존재에 대한 질문과 과대한 자기를 실험함으로써 발견하지 못했던 자기의 가능성과 그 가능성의 실패를 현실에 적응하는 능력으로 확장할 수 있는 시기이다. 그러므로 그에 대한 지지와 현실감각을 활성화하도록 도울 수 있는 좋은 기회였지만 그 단계에서 부모의 치료에 대한 비협조로 적절한 도움이 이어지지 못했고 중학생이 되면서 다시 나에게 찾아온 아이였다. 이미 그때는 소극적인 적응을 넘어서 자기부정과 학교부적응의 문제로 심각하게 확대되어 있는 상황이었고, 성인이 되어서도 스트레스에 약하고 극복에 어려움이 나타나고 있어 필요에 의한 만남을 부정기적으로 연결하고 있다.

이 사례와 관련하여 나는 수줍음 문제의 근원에 대해서 생각해볼 필요가 있다고 본다. 수줍음은 Mahler가 말하는 분리개별화 단계에서 등장하는 낯선 이에 대한 불안과 관련하여 생각해볼 수 있으며, 아동기에 어느 정도의 수줍음은 정상적인 발달과정의 현상이라고 볼 수 있다. 그러나 이 청소년의 수줍음 증상은 자기비하적인 편견과 고통스러운 자아의식이 인격 형성에 중요한 영향을 미친 경우라고 볼 수 있으며, 초기 발달의 수줍음이 성인기까지 지속되고 적절한 도움체계가 어긋나면서 수줍음의 변화욕구를 채워주지 못한 경우이다. 이 청소년은 문제가 축적되고 심해지게 되면서 나름대로의 자기 극복과 적응을 위해 선택한 방법이 자신을 과장되게 드러내는 것이었는데 결과적으로는 학교부적응이라는 행동으로 어려움을 겪게 되었다. 수줍음의 요인은 여러 관점에서 시작 요인을 찾을 수 있으며 방치되는 경우 사회적 관계에 심각한 장애를 초래할 수 있다. 또한 경우에 따라서는 정신과적 병리와 관련될 수 있으므로 청소년을 만나는 치료사는 유의하여 관찰하고 그로 인한 어려움의 수준을 평가하여 적절한 안내를 할 수 있어야 한다. 다만 이 사례에서는 초기 경험의 상호관계가 유지되지 못하고 적절한 경험과 순서에 의한 분리문제가 수줍음의 현상으로 나타났으며 부적응문제를 가져왔다는 의미에서 제시한 것이다. 구체적인 내용에 대해서는 다음에서 다시 살펴보기로 하자.

수줍음에 영향을 미치는 중요한 요소들

- 지나치게 과보호적인 가정환경에 있다.
- 부모의 성향이 두렵고 죄책감이 많을 수 있다.
- 비난적이고 부적절한 부모환경에서 독립심을 키우지 못한 경우일 수 있다.
- 지속적인 부정적 반응을 경험한 경우로 자기확신이 없을 수 있다.
- 일관성 없는 부모환경일 수 있다.
- 상과 벌에 대해 위협적인 부모환경에서 자기 의견을 말할 수 없으므로 방어적이 될 수밖에 없다.

평가를 위해 치료사가 확인해야 할 내용

심리적 특성

- 대부분의 사회적 상황에서 소심하며 고립된다.

- 사회적 행동에서 자신의 미숙함을 강하게 느낀다.
- 자신을 무가치한 사람이라고 스스로를 비난한다.
- 거절당할 것이라는 두려움 때문에 자기 감정을 말할 수 없다.
- 사회적 관계의 전반적인 상황에서 불안을 느낀다.
- 스트레스 대처에 약하고 초조하다.
- 일어나는 일들에 대해 부정적인 결과가 먼저 떠오른다.

행동적 특성

- 대표적인 행동특성으로는 어른들에게 의존적인 경향성이 있다.
- 대인관계에서 눈맞춤을 피하고 위축된다.
- 혼자 하는 행동을 즐긴다.
- 집단활동을 피한다.
- 주변인의 놀림에 유머로 대처하지 못하고 자기비하에 빠진다.
- 심한 경우 심박동수가 증가하고, 땀을 흘리고, 입이 마르며, 근육의 경직과 떨림 등의 생리적 현상이 따른다.
- 친구가 없거나 매우 제한적인 관계 패턴을 가진다.
- 상대방의 거절에 지나치게 민감한 반응을 나타낸다.
- 자신에 대한 타인의 관심을 지나치게 확인하려는 행동을 한다.

부모면담에서 확인해야 하는 질문

- 새로운 상황에서 늘 수줍어하거나 피하는지 확인한다.
- 수줍음 때문에 친구관계가 어려운 경험이 있는지, 그것이 어느 정도인지 확인한다.
- 수줍음으로 인해 학교활동이나 기타 참여활동에 영향을 받을 거라고 생각하는지 확인한다.
- 대담성이 부족한 것 같아서 실망감을 느끼는지 확인한다.
- 자녀의 수줍음으로 인해 당혹스러움을 느낄 때가 있는지 확인한다.

개입을 위한 치료사의 자세와 접근

- 일차적으로는 수줍음의 병리와 발달적 보편성을 구분해야 한다.
- 수줍음의 문제는 성격유형과는 다를 수 있다는 것을 이해한다.
- 혼자 하는 행동을 즐기지만 사회적 상황에서도 불안하지 않다면 문제가 아니다.

- 학교 및 사회적 활동에 참여하도록 허용적이고 지지적인 태도를 취한다.
- 긍정적인 사회적 경험을 안내한다.
- 부모가 자녀의 수줍음 때문에 사회적 활동을 하지 못할 거라고 생각한다면 심한 불안이 있거나 공포증 또는 자폐성을 예측해볼 수 있으므로 발달적 환경을 탐색할 필요가 있다.
- 부모가 자녀의 내향적인 성향 때문에 당혹스러워하고 실망한다면 장기간의 적응문제가 있을 수 있으므로 부모의 양육태도와 발달사를 확인해볼 필요가 있다.
- 부모중재를 통해 개방적이고 일관된 의사소통을 도와야 한다.
- 부모, 교사, 치료관계에서 지나치게 의존적인 행동에 대해서는 제한을 설정할 필요가 있다.
- 과보호적인 부모환경에 대해서는 부모의 불안과 의존욕구를 평가하고 불안을 강화하는 문제가 있는지 평가하며 필요한 교육과 중재를 제공한다.

수줍음 극복을 위한 장기목표

- 대부분의 상황에서 일어나는 수줍음 증상을 제거한다.
- 새로운 환경에서 자발적인 접촉이 가능해진다.
- 지속적인 대인관계를 유지한다.
- 불안이나 과도한 위축감 없이 일관적인 사회적 상호작용을 할 수 있게 된다.
- 수줍음에 영향을 미치는 갈등요인을 해결한다.
- 자존감이 향상되고 안정감을 갖는다.

5. 아동청소년기의 흡연문제

담배는 청소년들 사이에서 광범하게 사용되고 있는 물질 중의 하나로 청소년들의 50% 이상이 12세 이전에 담배를 피워본 경험이 있다는 보고가 있다. 대부분의 청소년들은 흡연이 건강에 얼마나 위험한 것인지 알면서도 담배를 피우는데 그러한 청소년들의 초기 흡연 이유는 많은 경우가 자존감과 관련되는 것을 볼 수 있다. 또래로부터 소외되지 않기 위해서 충족욕구에 대한 보상도구로 사용되기도 하며 반항과 자율성의 표현으로 흡연을 시작하거나 스트레스 해소를 위해서 사용하는 경우도 흔히 있다.

청소년의 흡연은 점차 연소화되고 있고 어린 여학생에게까지 확산되어 있어서 최근에는 학생 흡연이 학교의 중요한 생활지도 과제가 되고 있다. 최근에는 흡연 의존을 하나의 정신과적 문제로 생각하려는 추세가 있으며 건강에 매우 해롭다는 것을 알면서도 통제하지 못하는 것은 병적인 의존성과 관계가 깊다는 것을 증명하는 것이기도 하다. 이러한 맥락에서 청소년의 학교적응과 관련하여 치료사들은 흡연경험이 있는 학생들을 자주 접하게 될 것이며 흡연 학생들의 대부분이 단순한 성인의 모방이라고만 볼 수 없는 중요하고 깊은 문제들이 내재되어 있다는 것을 치료사는 발견했을 것이며 또한 그러한 잠재문제가 우리 치료사들의 관심사일 것이다. 이에 여기에서는 청소년들의 흡연 경로와 배경을 살펴보기 위해 초등학교 4학년 초에 흡연을 시작한 청소년의 사례를 제시한다.

> 지금은 성인이 되었을 이 아이의 최초 흡연은 친구들에게서 인정받고자 하는 욕구로부터 시작된 것으로 기억한다. 순종적인 어머니와 침착하고 조용하지만 자존감이 낮은 아버지의 경직된 훈육 가운데 성장한 이 아이는 초등학교 3학년 시기에 학급에서 집단 따돌림을 경험한 적이 있으며, 우울감과 위축감으로 한동안 적응문제가 있었으나 4학년이 되면서 나름대로의 극복을 위해 선택한 방법이 가장 힘 있는 친구와 싸워 이기는 것이라고 생각하여 죽을힘을 다해 그 친구와 싸워 이겼다. 친구와의 싸움에서 이긴 이후에 돌아온 결과는 기대했던 것처럼 친구들의 관심이었으므로 이 아이가 삶의 방법으로 확인하고 선택하게 된 것은 다른 사람을 제압할 수 있는 강한 힘이었다. 담배 역시 힘의 배경이 될 거라고 생각하였고 친구들을 유혹하고 함께 담배를 피우다 보니 습관성이 되어버려 성인이 된 지금도 담배를 중단하고자 노력하지만 스트레스가 있거나 불안할 때에는 다시 담배에 의존하게 된다고 하소연했다. 이 청소년에게 살아남기 위한 가장 최선의 선택은 힘이었으며 그 아이의 상황에서 할 수 있는 최선의 적응방식이었다는 것을 나는 이해하였고 죽을힘을 다해 가장 힘센 그 친구를 쓰러뜨려야 했던 그 아이의 마음을 생각하면 지금도 아프게만 느껴진다.

다음에서 이러한 청소년의 흡연문제를 다룸에 있어 치료사가 무엇에 초점을 둔 도움역할을 고려해야 할지에 대해 살펴보자.

청소년기 흡연의 통계적 결과

- 일단 시작하게 되면 계속 담배를 피우게 되는 경우가 85% 이상이다.
- 여자보다 남자 청소년의 빈도가 더 높다.
- 대개는 가족력이 있다.
- 많은 경우 안 피우는 사람에 비해 학력이 낮거나, 충동적인 경향성이 있다.
- 불안전한 가족환경에서 더 흔하다.
- 정신과적 질병이 있는 사람의 50% 이상이 흡연을 하고, 정신분열 환자의 90% 이상이 흡연을 한다는 보고가 있다.

흡연문제에 영향을 미치는 중요한 요소들

- 초기에는 호기심과 모방행동으로 시작하는 경우가 흔히 있다.
- 또래로부터 인정받고자 하는 노력과 관련된다.
- 또래집단의 압력 때문이다.
- 성인과 유사하게 긴장감 완화욕구와 관련된다.
- 사회적 지위가 낮은 부모환경에 있는 경우 사회적 지위욕구로 시작한다.
- 불안정한 가정환경과 관련이 있을 수 있다.
- 불만족과 상황의 회피와 유아기 양육의 구강기적 회복욕구의 시도와 관련된다고 본다.
- 스트레스 대처에 약하고 긴장되어 있다.
- 대부분의 사회적 상황에서 소심하며 고립된다.
- 자기존중감이 낮다.
- 사회적 관계에서 우울 및 불안감이 높다.
- 거절에 대한 두려움과 또래집단에 대한 강한 소속욕구와 관련된다.
- 자신에 대한 타인의 관심을 지나치게 확인하려는 불안심리가 있다.

흡연이 청소년에게 미치는 영향

- 자극적인 니코틴의 영향이 청소년기 특성인 자기중심성 문제를 강화시킨다.
- 모방욕구를 강화하고 현실도피로서 중독적 의존성을 부추긴다.
- 반사회적 경향성 문제와 관련될 수 있다.
- 주의집중, 감각장애, 다양한 신체증상 등 질병을 초래할 수 있다.

개입을 위한 치료사의 자세와 접근

- 일차적으로는 흡연에 의존하지 않고 자존감을 성취할 수 있는 예방이 우선이다.
- 가장 중요한 것은 흡연에 감추어져 있는 정서적 요인을 탐색하고 극복하도록 돕는 것이다.
- 혐오요법과 집단치료가 흡연 중단에 도움이 된다.
- 금연교육에 의한 어느 정도의 불안은 흡연 방지에 도움이 될 수 있으나, 자신을 위협하는 성인에 대한 저항을 불러일으킬 수 있어서 오히려 가르침을 거절하게 만들 수 있다.
- 흡연문제의 영향에 대해 실제보다 과장된 표현을 자제하고, 모든 사실적인 정보에 솔직해야 한다.
- 부적절성에 대한 비난보다는 스스로의 행동에 적절한 통제력을 지니도록 자기 자신에 대한 신념과 성취감에 호소해야 한다.

- 흡연의 위험한 결과에 대한 정보는 행동 자체를 변화시키지는 않지만, 태도변화에 영향을 미치므로 솔직하게 문제의 사실을 말해줘야 한다.
- 흡연 관련 프로그램은 일시적이 아니라 반복적이고 지속적으로 제공해야 한다.

흡연문제에 잠재된 자존감 회복을 위한 장기목표

- 역동적 관점에서 정서심리적 이슈를 탐색한다.
- 흡연으로 감추고자 했던 내면의 문제가 회복된다.
- 내면의 문제와 관련되어 있는 사회적, 정서적, 자존감 간의 균형을 이룬다.
- 흡연행위의 의존성을 없앤다.
- 불안 수준이 현저하게 감소된다.
- 주요 체계와의 잠재적 문제가 해결되고 현실적이고 효과적인 부모환경으로 대체된다.

6. 아동청소년기의 학업실패 문제

적응적인 학업을 위해서는 안정적인 정서와 학업수행을 가능하게 하는 적절한 지능과 학습능력 및 집중력이 만족되어야 한다. 이러한 기본적인 학습수행 조건 이외에도 명확히 설명되지 않는 문제들이 있어서 다양한 전문 영역의 과제로서 관심사가 되고 있다. 따라서 아동청소년 임상에서는 특히 일반적인 가정의 아이들의 학업실패로 인해 파생되는 다양한 문제들에 대해 여러 관점에서 이해가 필요하다.

청소년기 발달적 과제로서 학업문제의 중재 지침

학령기에 있는 아이들에 대한 부모와 사회의 우선적인 기대는 학업문제인 것 같다. 경쟁이라도 하듯 학원과 가정교사에 의존하면서 학교의 정규교육은 보완적인 교육이 되어버린 듯한 사회구조의 변화 속에서 사는 아이들에 대해 우리는 생각해보아야 할 것이 많을 것 같다. 성장기에 있는 아동청소년의 결과는 단편적인 학업성적으로만 평가할 수 없음에도 현실적으로 우선조건이 되어버린 사회 환경 속에서 자신에게 무엇이 필요한지뿐만 아니라 자신의 감정조차 깨닫지 못하고 문제를 일으키는 아이들에 대해 치료사는 어떻게 이해를 해야 할지, 무엇을 도울 수 있을지에 대해 생각해보아야 할 것이다.

학업문제에 영향을 미치는 중요한 요소들

- 학습장애나 지적장애를 포함한 정신장애 문제가 있을 수 있다.

- 정신장애가 없고 지능에 문제가 없음에도 학업성적이 나쁜 아이들이 있다.
- 이러한 아이들이 가지고 있는 대부분의 문제는 가정과 부모로부터 보편적이라고 볼 수 없는 분리문제와 관련이 있다.
- 낯설고 새로운 환경에 노출되었을 때 나타날 수 있다.
- 어른들의 과부화된 기대에 대한 압박감과 관련이 있을 수 있다.
- 억압적 분위기와 미래에 대한 불안과 관련이 있을 수 있다.
- 심한 경쟁문제와 관련이 있을 수 있다.
- 특히 성취에 대한 극심한 불안이 성공적인 학업을 기피하고자 하는 무의식적인 성공에 대한 공포가 주된 요인일 수 있다.

평가를 위해 치료사가 확인해야 할 내용

- 아이들이 학업에 집중할 수 없는 이유는 단편적인 것이 아니므로 다양한 관점에서 평가해야 할 것이다.
- 감각기관의 손상 수준과 질병 상태를 확인하는 등 학업을 어렵게 만드는 다른 요인이 있는지 구체화하여 평가할 필요가 있다.
- 지능과 학업수행 결과의 차이를 확인한다.
- 정신과적 장애가 있는지 확인한다.
- 학업성취를 어렵게 만드는 사회적 또는 정서적 요인이 있는지 탐색하고 평가한다.
- 학습장애, 지적장애, 정서장애 등의 상호 관련성을 조사한다.
- 자존감 수준을 평가한다.
- 부정적인 자아감과 정서문제가 있는지 확인한다.
- 만성적인 질병이 있는지 확인한다.
- 교사나 부모의 잘못된 비현실적인 기대가 있는지 평가한다.
- 기질적으로 불안정하거나 이해력이 부족한지 평가한다.
- 가족관계 문제 또는 부모의 정신적 질병, 만성 질병, 죽음 등의 사건이 있는지 확인한다.
- 학교의 교육환경에 문제가 있는지 확인한다.
- 가정환경의 부적절성과 안정감 수준을 확인한다.

학업문제를 평가하기 위한 행동특성

- 학업과 과제 양에 충분한 시간이 주어졌음에도 그 시간 내에 끝내지 못하는 일이 반복된다.

- 주의력결핍 과잉행동 특성이 관찰된다.
- 행동장애의 중요한 단서가 관찰된다.
- 낮은 자존감과 관련된 모습이 두드러진다.
- 지각 또는 결석이 빈번하다.
- 읽기, 쓰기, 숫자, 기본적인 산술문제 등에서 이해문제가 보인다.
- 안절부절못하는 불안행동을 보인다.

개입을 위한 치료사의 자세와 접근

- 일차적으로는 자기비하 및 자책감과 불안감을 감소시키는 데 기본적인 목표를 둔다.
- 우울감이 있다면 그 수준을 평가하여 적절한 대안을 제시하고 안내해야 한다.
- 잠재적 정신장애가 있는지 평가하고 구체적인 도움을 안내한다.
- 자존감 수준을 확인하고 원인적 접근을 한다.
- 학업실패의 문제가 학습장애나 경계선적인 지적장애로 예측된다면 의학적, 신경생리학적, 심리학적인 상호 관련성을 평가하고 필요한 서비스를 받을 수 있도록 안내해야 한다.
- 문제를 지적하기보다는 강점을 활용하고 강화한다.
- 흔히 부딪히는 학습곤란과 실패에 대한 예방적 접근을 한다.
- 학습의 태도변화를 위해 강화물을 사용할 수 있다.
- 주의력 문제로 학업이 어려운 경우라면 자기지시 기법이 도움이 될 수 있다.

학업문제의 장기목표

- 학업실패를 가져온 잠재적 스트레스 문제에 대처할 수 있게 된다.
- 불안 수준이 현저하게 감소된다.
- 규칙적이고 일관된 원칙과 상황에서 학습을 끝낸다.
- 학업, 사회적, 정서적, 자존감 간의 균형을 이룬다.
- 학업에서 지속적인 흥미와 동기 및 주도성이 나타난다.
- 학업에 대해 부모는 현실적인 기대와 효과적인 양육태도로 대처한다.
- 가정의 정서적 방해요소가 제거되고 가족 내 갈등요인이 해결된다.

1등주의가 학업실패와 정체감 혼돈과 정신분열로 이어진 사례

다음 사례의 청소년은 S 지역 전체 1등의 성적으로 중학교에 입학하고 고등학교도 전교 1등의 위치를 유지하면서 진학한 수재였다. 이 아이가 나와 만나게 된 배경은 자해로 인한 외과수술

후 정신과 진료를 받게 되면서였는데, 기말시험 전날 새벽에 가출한 후 강한 어떠한 힘이 자신을 조정하고 사람들의 비난소리가 들려서 견딜 수 없을 정도로 두렵고 우울과 무력감에 빠져 있는 상태에서 의뢰되었다. 이 사례를 통해 학업실패가 단순한 문제가 아닌 가정환경과 스트레스가 주는 요인과 청소년기 발달적 특성이 맞물린 문제로서 생태체계학적 맥락에서 이해할 필요가 있다는 것에 초점을 맞추고자 한다. 이 사례를 이해하기 위해서는 학업문제의 진행과정을 이해할 필요가 있을 것이다.

> 이 청소년은 영재 특수반에서 모든 선생님들과 부모의 관심을 받으며 고등학교에 진학하였지만 기대와는 다르게 성적이 점점 떨어지기 시작하다가 2학기가 되면서 일반학급으로 밀려나게 되었다. 2학년이 되면서는 전교 1등의 위치에서 학급의 최하위 수준을 넘나드는 성적을 보였으므로 어머니의 비난은 더욱 거세지기 시작하였다. 이후 친구들이 자기를 비웃는다는 환청이 들리기 시작하면서 대인관계를 차단하고 성격이 난폭해졌으며 충동적인 분노를 나타내면서 교실 유리창을 파괴하고 매사에 부정적인 사고를 보이기 시작했다. 2학년 말경에는 밤에 잠을 자다가 갑자기 잠옷차림으로 가출을 하는 소동이 나 형에 의해 집으로 돌아올 수 있었고, 시험 전날에 부엌칼로 자해하여 외과병원에서 수술을 받았으며 이후 점점 분열 징후가 심하게 나타나면서 학교를 중단할 수밖에 없게 되었다. 어린 시절의 개인력을 좀 더 살펴보면 유아기에는 낯가림이 심했고 전반적인 발달은 빨랐으며 아동기에는 활발한 성격이라는 부모의 표현과는 다르게 생활기록부에는 산만하고 경쟁의식이 지나치며 불안이 심하다는 교사의 기록이 있었다. 최고의 대학교에 진학한 형과 늘 비교당하며 시험에서 한 문제라도 틀리면 어머니로부터 심한 꾸중과 매를 맞아야 했으므로 시험에 대한 불안이 크다.

이 사례의 청소년이 보인 분열증의 요인은 단순히 말할 수 없는 가족력과 개인의 기질적 요소를 배제하지 않아야 한다. 다만 여기에서는 청소년기 발달에서 통과의례의 중요한 하나가 학업과 관련된 과제라는 사실에 초점을 두고 환경이 미치는 영향과 체계 간의 역동을 다루려고 한다. 아마도 이 청소년의 딜레마는 공부가 탈출구였으나 결국은 공부에 의해 어려움을 나타낸 것이라고 볼 수 있다. 이 청소년에게 가장 친숙한 것은 공부였기 때문에 공부에 희망을 걸었을 것이며 그 결과를 성숙시켜 승화시켜 가야 하는데, 그 과정에서 부딪치는 스트레스를 극복하지 못한 약함이 있다. 공부를 잘해서 어머니로부터 인정받고자 노력했지만 성적이 저하되면서 오는 어머니의 거절에 두려움을 느끼고 점점 혼란을 가져온 결과로 이해할 수 있다. 어린 시절부터 충분한 정서적 돌봄이 제한적이었을 법한, 분노를 거르지 않고 표현하는 성격을 가진 어머니 밑에서 잘하면 인정받고 기대에 어긋나면 거절된다는 것을 반복 경험하였다. 그러한 환경에서 성장한 청소년은 어머니로부터 받아들여질 수 있는 '공부'라는 방어기제를 사용해 과장된 자기상을 갖고자 했으며 안간힘을 다해 형과의 경쟁에서 어머니를 향한 자신의 자리를 잃지 않으려고 노력해왔다. 그러나 그것이 실패하자 버림받게 될 것이라는 두려움이 강화되고 자기애적 손상을 입게 되었으며 거절의 공포를 피하고자 사람들과의 관계를 피하고 고립되어 지내려는 모습에서 청소년의 주된 문제를 확인할 수 있을 것이다.

역동을 이해하기 위해 어머니와 가족의 특성을 좀 더 이해할 필요가 있을 것 같다. 아버지는 3남매 중 맏이이며 기독교인이고, 차분하고 내향적이며 고집스럽고 아내와 지배적이고 강한 부모에게 의존적인 경향이 있다. 어머니는 5남매 중 맏딸로 태어나 부모의 애정을 받고 성장했다고는 하나 부모의 거절적인 성향과 동생들에 대한 책임 또한 있어서 힘들었던 기억을 반복적으로 말하고 있었다. 성격은 외향적이며 대범하고 무서울 정도로 날카롭고 강한 성향을 가지고 있으며 모든 일을 종교에 의존하였다. 부부관계는 매우 부정적이라고 표현한 반면에 서로에게 매사에 역할을 요구하고 의존하고 있었으며, 고부갈등이 심하고 부부갈등을 자극하는 시어머니에게 분노하고 남편에게 화를 풀기도 하지만 의존하기도 조정하기도 한다. 자녀에게 엄격하고 매사에 지시적이며 부정적이고 잔소리가 심하며 늘 비교대상을 찾아 비난적인 메시지로 소통하는 경향이 있다. 형은 조용하고 말이 없으나 어머니의 성격과 유사하게 비난적이고 부정적이다.

긍정적인 감정표현이 부족하고 충동적이며 거절적인 어머니와 정서적 관계가 제한적인 원가족환경에서 성장했으므로 8남매 중 맏이로서 해야 할 역할에서 비롯된 억제된 화와 어려움이 있었으리라 예측된다. Adler의 성격발달이론을 적용해보면 어머니는 성취 지향적이며 자기주장이 뚜렷하고 동생들을 돌보아야 하는 역할이 주어지면서 더욱 책임감이 강하고 통제력이 강한 성격으로 성장할 수밖에 없었을 것이라는 예측이 가능하다. 그러한 환경에서 성장한 어머니가 결혼을 하여 양육자로서 일을 처리해가는 데 비해 내적으로는 자존감이 낮으며 큰딸로서 어머니의 애정 또한 받았다고는 하나 그 애정의 경험이 진정한 자기욕구와 부조화된 경우라면 의존성의 경향도 예측해볼 수 있다. 항상 남보다 앞서야 만족하고 완벽하지 못하면 아예 포기하는 극단적인 성격을 가지고 있어서 전체가 아니면 모두 부정해버리는 유형이 청소년의 어머니와 연관성이 있다.

그러한 어머니에게는 자신과 유사하고 주장적이며 급하고 지배적이면서 의존적인 시어머니와의 관계가 쉽지만은 않았을 것이다. 시어머니와의 관계에서 생기는 자신의 분노를 억압한 채 적절히 해결하지 못하여 생긴 무력감과 그로 인한 의욕상실을 겪게 되고, 결국은 해결되지 않은 화를 남편과 자녀에게 투사하여 해결하려 했을 것이며, 동시에 자녀의 성공을 통해 만족감 없는 삶의 욕구를 채우려 했을 것이다. 걸러지지 않은 어머니의 부정적 방어기제는 비일관되게 두 아들을 저울질함으로써 욕구를 충족하고, 청소년은 그러한 어머니에게 거절당하지 않기 위해 공부라는 도구를 사용해 형과의 경쟁에서 자신의 자리를 잃어버리지 않으려고 노력했으리라 본다. 어머니가 원하는 만큼 능력 있는 자신이 되었을 때만이 거절당하지 않을 것이라는 것을 반복적으로 의식해왔기 때문에 그러한 불안정한 마음이 어머니와의 적절한 공감반응으로 이어졌으리라고는 기대할 수 없으며, 더불어 정체감 형성 또한 어려웠을 것이라고 본다. 오로지 최고의 대학에 진학하여 어머니의 애정을 받는 형을 이겨야 했고 안간힘을 다하여 1등의 자리를 차지했지만 주변의 기대를 충족시키고 더욱 훌륭한 모습이 되어야 한다는 부담감에 긴장감을 떨쳐버릴 수 없었을 것이다. 그러므로 친구를 만들 수 있는 정서적 관계를 가질 수 있는 여유 또한 없었으며 친구들과 교사 또한 1등이라는 순위를 유지해야 한다고 강조하는 부모와 동일시되어 부추기면서 점점 이들과의 관계도 더 멀어져가게 되었을 것이다. 청소년은 정서적으로 위안을 받을 곳이 없었으며 오직 학교성적으로만 가치판단을 하는 어머니에게서 자신의 자리를 잃지 않으려는 부담에서 벗어나지 못하고 있었으며, 결국은 좋은 성적으로 유지해왔던 자신의 가면을 잃게 되면서 자기애적 좌절을 경험하게 되었으리라고 본다. 따라서 자기가치감을 잃어버리게 되었고 그러므로 거절당하여 혼자 남는 것에 대한 두려움을 해결하지 못한 채 환청을 통해 자해함으로써 해결할 수밖에 없었던 것 같다.

7. 아동청소년기의 훔치기 문제

청소년기에 나타나는 훔치기 문제는 단일한 문제행동이라기보다는 일차적으로는 발달적 통과의례로서의 행위와 관련될 수 있으며 복합적으로 가지고 있는 또 다른 문제행동과 관련될 수 있다. 따라서 훔치는 행위가 함축하고 있는 개인의 심리적, 물리적, 생리학적 요인을 구별하고 그에 적절한 도움을 제공할 수 있어야 한다.

DSM-IV에서는 훔치는 행동을 품행장애 진단기준의 일부로 포함하거나 병적 도벽으로 진단한다. 병적 도벽이란 어떠한 개인적인 필요에 의한 것이 아니라 물건을 훔치고 싶은 충동을 반복적으로 억제하지 못하는 경우로서 훔치고 싶은 물건이 목적이 아니라 훔치기 행동 자체가 목적인 충동장애의 일종이다. 훔치고 싶다는 충동이 일어나면 불안해지기 시작하고 훔치기 행위가 끝난 후에야 긴장감이 해소되는 병리적인 증상이며 주로 여성에게 더 흔하다는 보고가 있다. 여기에서 말하는 청소년들의 훔치기는 5% 정도만이 병적 도벽에 해당되고 대부분의 훔치는 행위는 습관화된 버릇이나 남의 눈을 피해서 하는 나쁜 행동 중에 남의 것을 가지는 것을 의미한다. 따라서 여기에서는 훔치기의 특성적 유형과 개념적 이해 및 요인과 진단 그리고 중재 지침 등에 대해 살펴볼 것이다.

훔치기 문제에 영향을 미치는 요소들

역동적 맥락에서 본 훔치기 문제의 요인

- 무의식적으로 잠재해있는 죄책감과 관련되며, 처벌받고 싶은 욕구 때문일 수 있다.
- 어머니의 사랑을 찾고자 하는 모아관계 회복욕구의 표현일 수 있다.
- 중요한 대상상실에 대한 보복감정과 관련될 수 있다.
- 무언가 받고 싶은 욕구에 대한 부인방어와 관련될 수 있다.
- 무의식의 분노대상에 대한 보복행위와 관련될 수 있다.
- 성적 흥분과 관련하며 또는 성적 만족의 대치현상일 수 있다.
- 무시되거나 받지 못한 애착상실 경험과 관련될 수 있다.
- 사랑받고 싶은 대상의 보상심리와 관련될 수 있다.
- 중요한 대상과의 상실감으로 인한 스트레스와 관련될 수 있다.

품행장애 맥락에서 본 훔치기 문제의 요인

- 부모환경의 부절절감과 관련하며 제한적인 애정관계, 부모갈등, 알코올 또는 약물의존, 아동학대 등과 관련될 수 있다.
- 심리적으로는 역할모델인 대상경험의 잦은 변화와 제한성으로 자아상 형성에 문제가 있을 수 있다.
- 학대경험이 있을 수 있다.
- 부모의 낮은 사회경제적 지위와 관련이 있을 수 있다.
- 아동기에 시작된 경우 치료를 받으면 비교적 예후가 좋으며 반드시 성인기로 진행되는 것은 아니다.

평가를 위해 치료사가 확인해야 할 내용

- 대상관계의 역동을 탐색한다.
- 부모가 정신병력이 있는지 확인한다.
- 아버지를 지나치게 싫어하는지 확인한다.
- 부모와의 애착 수준과 분리 수준을 평가한다.
- 우울, 불안, 섭식장애 등의 정서적 수준과 장애가 있는지 평가한다.
- 권위자와의 관계를 평가한다.
- 특히 어머니의 신경증적인 성향과 정서적 장애가 있는지 확인한다.

개입을 위한 치료사의 자세와 접근

물건이 필요해서 훔친 경우의 개입 지침

- 훔치기 행동 자체에 대한 개입에서 가장 우선은 훔치기 행동을 명명하고 규정하는 것이다.
- 훔치기 행동을 일단 명명하면 대가가 적용되어야 한다.
- 지나친 의심을 배제하고 수치감을 유발시켜서도 안 된다.
- 훔치기 행동이 반복되면 그 행동과 관련하여 이차적인 문제행동이 연결될 수 있으므로 유의한다.
- 훔칠 수 있는 환경을 제거해야 한다.
- 훔치기 행동은 소유물의 많고 적음과는 무관할 수 있음을 이해한다.

죄의식 없이 습관적으로 훔치는 경우의 개입 지침

- 훔치기에 감추어진 의미가 있는지 또는 그것이 무엇인지 평가한다.
- 정신과적 장애가 없는지 확인하고 필요한 경우 전문기관에 의뢰한다.
- 초기 경험의 안정적인 애착관계 수준에 따라 치료계획을 세운다.
- 상실되고 결핍된 발달단계를 회복하는 경험적 치료접근이 필요하다.
- 내적 불안이나 갈등에 접근한 심리치료가 필요하다.
- 가족관계에서 불안정한 정서환경이 확인되었다면 반드시 가족중재가 필수적이다.
- 이차적인 문제가 없는지 확인하고 필요에 따라 치료계획을 구체화한다.

훔치기 문제를 극복하기 위한 장기목표

- 정서적 안정을 회복한다.
- 가족관계가 회복된다.
- 훔치기 문제를 중단한다.
- 이차적인 문제가 제거된다.
- 자존감이 회복된다.

8. 아동청소년기의 가출문제

가출은 부모나 양육자 또는 보호자의 허락 없이 24시간 이상 집 밖에서 지내는 것을 말하며 청소년기 가출의 대부분은 부적절한 가족관계와 갈등관계가 핵심요인이라는 연구결과들이 많이 있다. 자유가 통제되고 개별화 과정을 억압하는 보호환경에 있는 청소년들은 실제로 가출을 한 경험이 없다 하더라도 많은 경우에서 한 번쯤은 가출을 생각해본 경험들이 있을 정도로 독립적인 자기확립을 기대한다. 그러나 가출을 독립적인 자기를 위해 선택하는 경로로 생각하는 아이들의 대부분은 불행하다고 느끼는 상황에 있다는 것을 우리 치료사들은 짐작하고 있다.

불행감이 가출의 요인이라고 이해했던 초등학교 1학년 여아의 가출을 중재했던 기억이 있다. 5세경부터 이미 가출경험이 있었으며 가출 상황에서 배가 고프면 길거리에 엎드려 구걸을 하거나 훔쳐서 배고픔을 채우며 길거리를 배회하는 아이였다. 어머니와 단둘이 생활하면서 간혹 아버지라고 부르는 남성이 다녀가는데 아이는 그 남성을 혐오하고 있었고, 어머니는 밤에 일을 하러 나가고 낮에는 잠만 자는 사람으로 기억하고 있었다. 집에 있는 것이 너무 싫고 무서워서 배가 고파도 밖에 있는 것이 행복하다고 말하는 아이였다.

그 아이를 만나면서 제공했던 나의 접근은 아이의 개별 치료였지만 어느 기간 동안 아이와 어머니 각자가 개별 치료를 하는 것으로 시작하였다. 우선 어머니와 아이 각자가 이해받고 현재 문제가 어떠한 욕구를 반영하고 있는지 이해하고 그 욕구를 토대로 서로의 감정을 이해하고 합의점을 찾아가는 것이 필요하다고 보았기 때문이다. 치료의 핵심은 어머니가 아이의 감정과 욕구를 바르게 이해하고 어머니로서 역할을 찾는 것이며 그로 인해 긍정적 관계가 회복되는 것이었다. 치료의 과정은 주 2회 3개월 정도의 기간 동안 아이와 어머니의 개별 접근이 있었고 그 기간 동안에 함께 만날 수 있는 준비를 하여 이후에 모아치료가 이루어졌으며 다시 아이의 개인치료로 전환함과 동시에 어머니의 간헐적인 심리교육이 진행되었다. 가출행동은 모아치료가 끝날 즈음에 중단되었지만 가출행동에 잠재되어 있는 다양한 문제가 있었으므로 그에 대한 구체적인 접근에 초점을 두고 치료는 계속되었다.

적극적인 청소년기의 가출문제 또한 이 아이의 사례와 크게 다르지 않은 문제들을 안고 있는 것을 볼 수 있다. 청소년기의 문제행동 자체는 칭찬할 수 있는 행위는 아니지만 최소한 자기의 욕구를 드러내고 도움을 요청하는 메시지가 함축되어 있다는 것은 분명하다. 가출은 그러한 욕구가 수용되지 않는 환경을 찾아가는 청소년들의 신호라는 것을 우리는 많은 사례들을 통해 이해하고 있을 것이다.

이 아이의 사례에서 그리고 많은 가출 청소년들의 사례에서 느낄 수 있듯이 가출문제는 단순히 독립을 위한 과정이 아니라 그 내면 깊은 곳에 잠재되어 있는 불행과 관련한 다양한 이유들이 있으며 치료에서는 그 불행감이라는 요소의 본질과 이차적인 문제를 배제하지 않고 이해하는 맥락에서 도움체계가 연결되어야 한다. 정서적으로 또는 병리적인 정신문제의 진행으로 오는 현상인지 평가되어야 하며 환경적인 상실과 부재문제는 없는지 다양한 시각으로 심리적·물리적 환경과 발달적 특성을 고려할 필요가 있다. 여기에서는 가출로 인한 다양한 문제의 가능성에 대해 치료사가 무엇을 해야 할지 생각해보자.

가출행동에 영향을 미치는 요소들

- 정서적 · 정신과적 병리문제가 가출과 관련될 수 있다.
- 학업 및 사회적 관계의 스트레스 문제가 가출의 결과를 가져다줄 수 있다.
- 부모로부터의 거절과 소외 및 애착관계가 결핍될 경우와 관련된다.
- 강한 자아의식과 충동성 또는 빈약한 문제해결 능력과 관련될 수 있다.
- 학교생활 부적응과 실패가 가출에 기여할 수 있다.
- 중요한 사람의 거절에 대한 도피행위와 관련될 수 있다.
- 아동학대 및 가정폭력이 직접적인 요인일 수 있다.

평가를 위해 치료사가 확인해야 할 내용

- 스트레스 등 가출의 전조문제가 있었는지 평가한다.
- 가정폭력 및 아동학대 문제가 있는지 확인한다.
- 근친강간 문제가 있는지 확인한다.
- 지능 수준 및 정신병리가 있는지 확인할 필요가 있다.
- 약물남용, 자살사고, 우울증 등의 다른 문제가 있는지 확인한다.
- 만성적인 질병이 있는지 확인한다.
- 가출이 이차적인 습득을 위한 방편으로 사용되는지 평가한다.
- 가족갈등 및 가족환경의 부적절성과 안정성의 수준을 확인한다.
- 누적된 심각한 부모관계의 갈등을 탐색하고 불안, 분노감정, 우울감정 등의 수준을 평가한다.
- 교우 또는 교사와의 관계에서 어려움이 있는지 평가한다.
- 학습, 정서문제 등의 관련성을 조사한다.

심리적 위험요인

- 불안과 관련하여 도피심리가 있다.
- 낮은 자아개념을 가지고 있다.
- 대인관계가 방어적이고 자기확신이 없다.
- 쾌락욕구가 있다.
- 공격성 또는 파괴욕구 및 보복욕구와 관련될 수 있다.
- 독립욕구일 수 있다.
- 부모나 교사를 조종하기 위한 심리와 관련할 수 있다.

- 정신적으로 혼란 상태이다.
- 일상의 스트레스에 약하다.

가족환경의 위험요인

- 불행감을 느끼게 하는 가족환경이 핵심요인일 수 있다.
- 자유가 없고 처벌적인 경직된 가족 분위기이다.
- 적절한 분리와 개별성이 존중되지 못하고 개별화가 허용되지 않는다.
- 방임된 양육환경을 포함하여 부모의 성적, 신체적, 정서적 가족학대가 있다.
- 형제자녀 간의 갈등이 심화되어 있다.
- 이성 친구 또는 동성 친구문제로 부모와 자주 다툼이 있다.

학교환경의 위험요인

- 학습능력에서 자신감 상실이 가출의 요인이 된다.
- 학교의 다양한 압력과 실패감이 가출을 도모하게 한다.
- 입시 위주의 교육환경이 가출에 영향을 미친다.
- 빈약한 친구관계 문제가 집을 떠나게 한다.
- 학교폭력과 따돌림이 가출의 요인이 된다.
- 가출 후의 학교부적응이 가출의 악순환을 초래한다.

가출의 결과가 주는 문제

- 학교 중퇴와 부적응문제의 악순환을 초래할 수 있다.
- 문란한 성관계 및 감염의 위험률이 높다.
- 매춘 또는 10대 임신문제와 연루될 수 있다.
- 불법적인 약물 및 탈선행위에 가담할 확률이 높다.

개입을 위한 치료사의 자세와 접근

- 일차적으로는 예방적 프로그램을 개발하고 지원체계를 연결하는 노력이 필요하다.
- 가출을 부추기는 요인평가가 우선적이다.
- 가출을 부추기는 청소년의 다양한 욕구에 근거한 복합적인 문제에 접근할 수 있어야 한다.
- 가출은 단순한 도움의 메시지가 아니라 모험 추구의 욕구에 의한 것인지, 안정감과 애착 관계를 찾아 헤매는 심리적 동기에 의한 것인지 선택된 가출 유형과 동기에 대한 이해가

필요하다.

가출문제에 잠재된 다양한 문제를 극복하기 위한 장기목표

- 가출의 결과로 노출된 문제에서 벗어나고 가출을 중단한다.
- 가족교육과 치료적 중재를 통해 복합적인 문제를 해결한다.
- 합리적인 사고와 자기인식이 가능해진다.
- 긍정적인 자아개념을 회복한다.
- 지속적인 학교적응을 위해 도움체계를 연결한다.
- 성학대 및 학대문제에 대한 법적 대안과 주거문제와 관련하여 전문기관의 도움을 받는다.

9. 아동청소년기의 틱 문제

틱은 아동기에 주로 시작되는 운동질환으로서 다양한 근육운동 문제와 음성의 경련이 주된 특징으로 나타난다. 특히 새로운 환경에 접하거나 집단에 참여했을 때 긴장감으로 인해 개인에 따라서는 눈, 입, 머리, 목, 어깨, 손 등의 전체적인 신체에서 반복행동과 경련 또는 소리 등의 다양한 모습으로 눈에 띄는 행동이 나타난다. 그로 인해 주변인들로부터 거부감을 갖게 하여 지적을 받고 소외되는 경우도 있어서 관계문제가 악화되기도 할 뿐 아니라 학교와 사회적응에 부정적인 영향을 미치게 된다. 여기에서는 이러한 틱의 유형별 특성을 살펴보고 장애요인과 특성에 따른 아동청소년치료사가 할 수 있는 중재방법에 대해 생각해보자.

아동청소년기 발달에서 틱이 갖는 의미

틱증상이 발달에 미치는 영향

틱은 갑자기 빠르고 반복적인 또는 리듬을 갖지 않은 상동행동과 근육의 움직임 또는 소리를 내는 것으로 정의할 수 있다. 특히 청소년기에 나타나는 틱은 긴장과 불안 및 스트레스로 인해 흔히 나타날 수 있으며 틱의 주된 증상인 얼굴 및 신체의 각 부위별 반복행동과 경련, 소리 내기 등의 증상들 때문에 부모나 교사 그리고 또래로부터 지적을 받거나 꾸중을 듣게 되는 결과를 초래하게 된다. 그로 인해 이들과의 관계문제가 등장하고 적응문제가 발생하게 되므로 청소년기의 틱은 유전적인 요인 이외에 심리적인 문제가 상당 부분을 차지하고 있을 수 있는 가능성을 배제하지 않아야 하며, 외부의 시선이나 발달적으로 성취해야 할 과제와 관련하여 심한 스트레스를 받거나 불안으로 인해 틱을 더욱 악화시킬 수 있다는 맥락에서 치료사의 전체적인 측면에서의 관심이 요구된다.

틱의 유형별 특성

틱은 대부분 근육 틱과 음성 틱으로 대별될 수 있으며 이것은 각각 단순형과 복합형으로 세분화된다. ICD-10에서는 틱장애를 일과성 틱장애, 만성운동성 또는 음성 틱장애, 음성 및 다발운동성 혼합틱장애라고 하는 뚜렛증후군, 기타 틱장애, 특정 불능으로 분류하고 있다. DSM-IV에서도 유사하게 뚜렛장애, 만성운동 또는 음성 틱장애, 일과성 틱장애 및 기타 틱장애로 분류하고 있다.

단순 근육 틱의 특성

- 눈을 깜박거리는 행동을 한다.
- 눈알을 굴리거나 움직이는 행동을 한다.
- 얼굴을 찡그린다.
- 입을 뾰족하게 내민다.
- 머리를 흔들거나 빠르게 돌리는 행동을 한다.
- 어깨를 들썩거린다.

복합 근육 틱의 특성

- 자신을 치는 행위를 한다.
- 갑자기 뛰어오르는 행동을 한다.
- 무의미하게 물건을 만지작거리는 행동을 한다.
- 손의 냄새를 맡는다.
- 다른 사람을 만지는 행동을 한다.
- 물건을 던지는 행동을 한다.
- 반향행동을 한다.
- 외설적인 행동을 한다.

단순 음성 틱의 특성

- 가래를 뱉는 소리를 낸다.
- 쿵쿵거리는 소리를 낸다.
- 침을 뱉는 것 같은 소리를 낸다.
- 기침하는 소리를 낸다.
- 쉬 소리를 자주한다.
- 빠는 듯한 소리를 낸다.

복합 음성 틱의 특성

- 사회적인 상황과 무관한 단어나 구, 절, 문장을 사용한다.
- '옳아, 다시 말해, 그만해, 입 닥쳐' 등으로 표현된다.
- 반향어나 외설증으로도 표현된다.

틱증상이 함축하고 있는 공통적 특성

- 불수의적인 행위나 소리를 낸다.
- 시간에 따라 하루에 표현되는 강도변화의 차이가 심하다.
- 개인의 노력에 따라 일시적인 증상 억제는 가능하다.
- 스트레스 상황에서 증상은 더욱 악화된다.
- 수면 중이거나 한 가지 일에 집중할 때에는 감소한다.
- 틱이 나타나는 신체 위치나 소리는 변화될 수 있다.

흔히 틱을 동반할 수 있는 아동청소년의 특성적 경우

- 과잉행동을 가진 경우
- 주의력결핍이 있는 경우
- 충동적인 행동이 있는 경우
- 불안정한 감정 상황에 있을 경우
- 불안감이 있을 경우
- 우울 상태인 경우
- 강박장애가 있는 경우

평가를 위해 치료사가 확인해야 할 내용

- 틱의 최초 시작과 과정에 대해 확인한다.
- 틱의 증상이 어떻게 진행되었는지에 대한 경로와 특성을 확인한다.
- 학교에서나 기타 환경에서 사람들이 자신의 경련과 소리에 대해 지적한 적이 있었는지 확인함으로써 통제능력과 인식 수준을 평가한다.
- 틱 때문에 가장 힘든 점이 무엇인지 확인한다.
- 틱 증상을 스스로 통제하려고 노력한 적이 있는지 확인한다.
- 가족 중에 틱 증상을 보이는 누군가가 있는지 확인한다.
- 자주 물건을 확인하거나 방 안의 물건을 재배치하고 또는 청결에 대해 지나치게 신경을

쓰는지 등의 불안과 강박적 성향이 있는지 평가한다.

틱 문제를 평가하기 위한 행동관찰

- 틱 자체만의 평가방법은 없다.
- 다른 장애와 관련된 행동관찰 등을 통해 평가할 수 있다.
- 치료사는 임상 상황에서의 활동이나 언어의 기술능력, 사고과정, 감정, 집중력, 근육운동, 음성 틱 등을 확인할 필요가 있다.
- 행동관찰을 위해서는 비디오 촬영도 도움이 된다.

개입을 위한 치료사의 자세와 접근

- 일차적인 치료목표는 틱장애로 인한 사회적 고립을 방지하는 것이다.
- 또래관계가 원만하게 유지되고 학교생활에 잘 적응할 수 있도록 돕는다.
- 적응과 관련하여 가족교육을 통한 가족관계 강화가 필요할 수 있다.
- 부모와 교사에게 틱에 대한 기초적인 이해를 제공하여 강압적인 체벌이나 비난을 배제하고 틱의 진행과정을 확인하는 데 협조하도록 안내해야 한다.
- 교실에서 교사의 지지적 역할은 매우 중요하므로 교사의 틱에 대한 이해를 적극적으로 돕는다.
- 초기에는 가족이나 교사가 틱 증상에 관심을 두지 않도록 안내한다.
- 우울과 불안 등의 정서적인 측면을 위해 지지적이며 수용적인 태도로 대해야 한다.
- 심리적인 요소가 핵심이 되는 치료와 이완훈련, 자기관찰, 인지행동, 강화기법 등을 적용한 치료를 해야 할 대상을 구별하여 치료방법을 선택한다.

뚜렛증후군의 중재 지침

뚜렛증후군(Tourette's syndrome)은 학교생활과 사회적 관계에서 심한 정신적 고통과 중요한 기능 손상을 야기하므로 아동청소년기 발달에 직접적인 부적응문제를 초래하게 된다. DSM-IV에 따르면 다발성의 운동 틱과 한 가지 또는 그 이상의 음성 틱이 장애의 경과 중 일부 기간 동안 나타나지만 두 가지 틱이 반드시 동시에 나타날 필요는 없다. 틱 증상은 1년 이상의 기간 동안 거의 매일 또는 간헐적으로 하루에 몇 차례씩 일어나고 이 기간 동안 틱이 없는 기간이 3개월 이상 지속되지는 않는다. 진단이 내려지기 위해서는 이러한 틱 증상으로 인해 학교생활이나 사회적으로나 중요한 기능적인 측면에서 심각한 고통이나 장애가 있어야 하며 약물이나 내과적 질환에 의한 것이 아니어야 하고, 발병연령은 18세 이전이어야 한다. 인구 1,000명당

약 4~5명의 유병률을 보이며, 만 7세 전후에 흔히 발생하고 학생인 아동청소년의 경우 일시적인 틱을 보이는 비율은 5~15% 정도이다. 특히 5% 정도에서 학기 초에 일시적으로 틱이 나타날 수 있으며 음성 틱이 발생하는 시작 연령은 평균 11세 전후이고 여아에 비해 남아가 3배 정도 더 흔히 발생한다.

뚜렛증후군에 영향을 미치는 요소들

뚜렛증후군과 관련된 장애의 가족적 취약성은 성염색체의 우성방식으로 전달되는 것으로 보고된 바 있으며, 가족력에 대한 연구에서는 뚜렛증후군뿐 아니라 만성 틱장애의 유병률도 높아 이 두 질환이 모두 유전적인 연관성이 높은 것으로 알려져 있다. 아동청소년은 이 장애를 발달시키는 유전적이거나 체질적인 기초를 부모로부터 받았다고 볼 수 있지만 유전적인 취약성을 물려받은 모든 대상이 틱 증상을 보이는 것은 아니다.

가족력과 관련한 요인

- 주의력결핍 과잉행동장애(ADHD)와 관련성이 높다.
- 뚜렛장애를 가진 사람의 50% 정도가 ADHD가 있어서 유전적 취약성의 근거가 된다.
- 강박장애와 관련성이 높아 약 40% 정도에서 나타나며 가족력에서 뚜렛장애, 만성음성 틱장애, 강박장애가 발생할 위험성이 높다.

임신과 출산과정에서의 신경학적 요인

- 임신 또는 분만 전후에 합병증이 높았다는 보고가 있다.
- 감염으로 인한 면역계통에 이상이 생겨 틱장애와 강박장애가 생길 수 있다.

뇌구조와 신경심리 및 생화학적 요인

- 전두엽과 기저핵에 병변이 있는 것으로 보고되고 있다.
- 중추신경계의 신경전달물질 중 도파민 길항제인 할로페리돌, 피모짓, 플루페나진이 틱 증상을 억제시키고 각성제는 교감신경을 흥분시켜 틱 증상을 악화시킨다는 연구결과들은 뚜렛장애가 도파민의 과잉활성과 관련된다는 증거가 된다.
- 여아보다 남아가 더 많은 영향을 받는다.
- 틱 질환이 남성호르몬과 관련이 있다는 연구결과들이 있다.

심리적 요인

- 아동청소년기의 일시적인 틱은 주변인들의 관심과 환경요인에 의해 강화되거나 특정 상황들과 관련하여 유발될 수 있으며 스트레스에 민감하다.

- 강압적으로 행위를 중단하게 하면 불안감으로 인해 오히려 악화될 수 있다.
- 심리적 환경에 의해 악화되고 강화되면 우울감과 성격문제까지 동반하는 결과로 발전하게 된다.

개입을 위한 치료사의 자세와 접근

- 다양한 맥락에서 증상을 이해하고 요인적 접근을 할 수 있어야 할 것이다.
- 정서적인 요인에 의한 것을 제외하고 기본적으로 약물치료가 도움이 되므로 병행하도록 안내하며, 증상이 경한 경우에는 약물을 사용하지 않는다.
- 이차적인 문제에 대해서는 정신심리치료와 가족치료를 받도록 지지한다.
- 개인에 따라서는 행동수정치료가 도움이 될 수 있으므로 경우에 따라 적용할 수 있다.
- 치료를 받지 않을 경우 만성적으로 평생 동안 나타날 수 있으므로 지지함으로써 치료가 유지되도록 돕는다.
- 호전되었다가도 다시 악화되는 것을 반복할 수 있으므로 유의한다.
- 장애가 치료되지 않고 장기화되면 학교부적응과 대인관계에 문제가 생기고 우울장애와 정서장애, 드물게는 자살문제가 나타나기도 하므로 유의한다.

만성운동 또는 음성 틱장애의 중재 지침

이 장애는 틱장애의 일반적인 기준을 만족시키면서 틱 증상이 1년 이상 지속이 되는데, 운동 틱이나 음성 틱 중 어느 한 가지만 나타나는 경우이다. 발병연령은 18세 이전이어야 하며 뚜렛증후군의 진단기준을 만족시키는 경우에는 이 진단을 내려서는 안 된다. 발병시기는 초기 소아기 때 잘 나타나며 일생 동안 지속될 수도 있다. 틱의 양상은 눈을 깜박거리는 것으로부터 시작하여 안면근육을 씰룩거리거나 머리, 어깨, 팔, 다리를 들썩거리거나 쿵쿵거리고 이상한 소리를 지르는 음성 틱을 보이기도 한다. 만성음성 틱은 만성운동 틱보다 드물고 소리가 격렬하지 않아서 사람들의 눈에 쉽게 띄지 않는 것이 특성이다. 유병률은 뚜렛증후군의 100~1,000배에 이르며 학령기 아동청소년은 1~2%의 유병률을 보이며 여아에 비해 남아가 흔히 발병하나 비율은 확인된 바 없다.

만성운동 또는 음성 틱장애에 영향을 미치는 요소들

- 유전적인 요인이 강하다.
- 쌍둥이 연구에서는 뚜렛장애와 같이 일란성쌍둥이에서 일치율이 높다.
- 뚜렛장애, 만성운동 또는 음성 틱장애는 같은 가족 내에서 흔히 발생한다.

- 가족력 연구에서 보고된 것에 따르면 뚜렛증후군과 함께 나타나는 가족이 많다.
- 유전적 요인이 강하고 뚜렛증후군의 원인과 동일하며, 뚜렛증후군 유전인자의 경한 표현이라고 볼 수 있다.
- 6~8세경에 발병한 경우에는 예후가 좋으며 대개 4~6년간 지속되다가 청소년 초기에 중단되고 틱이 얼굴에 국한되는 경우에는 더욱 예후가 좋다.

개입을 위한 치료사의 자세와 접근

- 청소년기 특성적 과제와 관련하여 심리정서적 변화의 관련성을 평가하고 치료에 적용한다.
- 틱의 심각도와 빈도수에 따라 치료를 계획한다.
- 틱으로 인한 불안과 우울장애가 올 수 있으므로 정신심리치료가 필요하다.
- 개인의 심각도와 요인에 따라 가족치료나 행동치료를 선택할 수 있다.
- 약물치료는 효과적이나 부작용에 유의해야 하며 항불안제는 별 효과가 없으므로 약물에 대한 반응을 관찰하고 안내한다.

일과성 틱장애의 중재 지침

일과성 틱장애(transient tic disorder)는 단일의 또는 다양한 운동 틱이나 음성 틱이 하루에 여러 번 거의 매일같이 최소 4주일 이상 1년 이내로 지속해서 나타난다. 초기에 나타나는 가장 흔한 증상은 눈을 깜박거리거나 얼굴근육이 움직이는 틱이다. 얼굴에서 시작하여 목, 상지, 하지로 틱이 이동하며 대체로 1년 이내에 증상이 없어지나 스트레스가 있을 때 재발하기도 한다. 드물게는 만성운동 또는 음성 틱장애나 뚜렛장애로 이행하기도 하고, 발생시기는 대체로 7세이며 대부분 10세 이전에 나타난다. 일시적으로 오는 틱과 같은 유사한 버릇은 소아기에 흔히 볼 수 있으며, 초등학생의 5~24% 정도가 틱의 과거력이 있다는 보고가 있고 일과성 틱장애에 대한 유병률은 보고된 바가 없다.

일과성 틱장애에 영향을 미치는 요소들

- 기질적인 요인과 심인성 요인이 복합적으로 온다고 본다.
- 기질적인 틱은 뚜렛장애로 이행되고 가족력이 있다.
- 심리적인 경우는 환경에 따라 자연 소거가 되는 경향이 있다.
- 스트레스나 불안은 틱 증상을 악화시킬 수 있다.

개입을 위한 치료사의 자세와 접근

심각한 경우가 아니면 약물치료를 하지 않으며 틱 증상에 예민하게 반응하지 않도록 가족에게 교육적·지지적 치료를 적용한다. 초기에는 틱 증상에 무관심한 것이 좋으며 틱이 심해져서 본인에게 지장을 주거나 정서장애가 생기면 정신과적 검사와 신경과적 검사를 한 후 결과에 따라 치료를 선택하는 것이 적절하다. 대부분 1년 이내에 증상이 소거되거나 영원히 증상이 사라지나 일부에서는 스트레스 상황에서 반복되기도 하며 재발하기도 한다. 극소수는 만성 운동 또는 음성 틱장애나 뚜렛장애로 이행되기도 하며, 틱이 완전히 소거될 것인지 진행될지 또는 만성화될지에 대해서는 초기에 짐작할 수 없다.

10세 초기 청소년기 여아의 일과성 틱장애 사례

초등학교 3학년인 이 여아는 어머니의 보고에 의하면 발달적 과정에서 특별한 어려움이 없었다고 하나 초등학교에 진학하면서 거짓말을 하기 시작하였고, 1학년 말경에는 가정교사로부터 처음으로 반복적인 눈 깜박임과 알고 있는 것에 대해서도 반복적으로 확인하고 질문하는 행동이 두드러지게 드러나고 얼굴을 이상하게 찡그리는 모습이 예사롭지 않다는 이야기를 들었으나 장난으로 생각하여 심각성 없이 받아들였다.

　2학년 초에 학교 담임교사와의 면담에서 가정교사로부터 들었던 이야기를 다시 듣게 되었고 정신과 진료를 권유받았지만, 정신과에 대한 거부감 때문에 집 근처의 상담소에서 놀이치료를 시작했으나 별 도움이 되지 못한다고 생각되어 치료를 중단하고 결국은 다시 정신과 진료를 받게 되었다. 일과성 틱이라는 진단을 받게 되었지만 병원에서는 약물 처방 이외에 별다른 제안을 하지 않았고 곧 좋아질 수 있을 거라는 이야기를 들었기 때문에 대수롭지 않게 생각했다. 어머니는 가정에서 틱 증상이 나타날 때마다 체벌을 사용하여 통제하면 될 거라고 생각했으며 틱 증상을 나타내게 한 요인이나 틱 자체로 인해 진행될 수 있는 기타 문제들에 대해서는 생각하지 못했다. 3학년 초에 담임교사로부터 더욱 구체적인 문제행동에 대해서 듣게 되었는데, 눈을 수시로 깜박이고 안면근육을 이상하게 움직이거나 입을 삐죽거리고 때로는 어깨와 손놀림까지 보이는 이상행동의 심각성과 부적응적 문제에 대해 전달받고 상담을 권유받으면서 학교미술치료사에게 의뢰되었다.

첫 만남에서 청소년이 보인 행동특성과 어머니 면담에서 확인된 내용

첫인상은 나이에 비해 왜소하고 매우 긴장된 모습이었으며 두 손을 앞으로 모은 채 계속 비비면서 시선을 피하고 있었다. 1시간 동안의 면담에서 수차례 어깨 들썩거림과 눈 깜박임이 있었고 치료자가 묻는 말에도 몇 차례 입을 오물거리고서야 간신히 짧게 대답을 하곤 하여 한마

디 듣기가 매우 힘들다고 느껴질 정도였다. 도화지와 크레파스를 제공하고 무엇이든 그려보도록 했는데 그 역시 느리고 무엇을 그려야 할지 모르는 듯 불안감이 노출되었으나 시간이 지나면서 속도가 빨라지고 더불어 상동행동도 감소하는 것이 눈에 띄었다.

이 청소년은 첫째로 태어났고 유치원에 다니는 네 살 터울의 남동생이 1명 있으며 자연분만을 했고 3.5kg으로 건강하게 태어났다. 어머니에 의하면 임신 중에 고부 간의 갈등이 있었고 결혼생활에 대해서도 희망이 없다는 좌절과 임신에 대한 부담과 불안으로 갈등하고 있었다. 또한 임신 중임에도 화가 나면 아무것도 먹지 않는 등 태아에 대해 무책임하고 출산 후에도 산후 우울증에 시달렸으며 출산을 앞두고 수차례 이혼을 생각하기도 했다. 아이의 임신과 출산에 대해 행복한 마음을 갖지 못했고 오히려 아이가 원망스럽기도 했던 적이 있어서 현재 아이의 문제를 확인하게 되면서 심한 죄책감을 느끼고 있었다.

영아기 동안에는 부모의 갈등으로 아이가 돌봄을 받지 못했고 3~4세까지는 낯가림이 심하고 너무 많이 울어서 내과와 상담소를 찾은 적도 있지만 4세 이후부터는 낯가림도 없어지고 건강하게 성장했다. 유치원을 3년간 다녔고 유치원 시기까지 10여 차례 양육자가 바뀌었으며 초등학교 1학년 초에 어머니의 지갑에서 돈을 훔쳐 학원 친구들에게 나눠주는 행동으로 심하게 매를 맞은 적이 있었다. 성적은 중상위권에 속하지만 틱과 관련한 여러 증상들이 나타나면서 학교성적이 부진해지고 친구관계에서도 어려움이 나타나면서 점점 위축감과 학교 거부 등 부적응문제가 드러나고 있었다.

아버지가 가장 힘들어하는 것은 대인관계이며 직업상 어쩔 수 없이 사람을 만난다고 할 정도로 인간관계에 어려움을 느끼고 있고 참는 데까지 참다가 폭발하는 성격이다. 어떠한 일을 시작하면 집착하고 깊이 빠져드나 외부의 모든 일을 신뢰하지 못하기 때문에 일에서도 신뢰감을 가지기까지는 많은 시간이 걸리며 쉽게 사람을 믿지 못한다. 어린 시절을 회상해보면 애정이 전혀 없었던 것 같았다고 하며 가정 내에서 한 번도 하고 싶은 것에 대해 주장해본 적이 없었다. 결혼에 대해서는 원하는 결혼이 아니라 삶에 지친 자기를 구원해줄 수 있는 유일한 탈출구로 선택했는데, 아내의 자기중심적이고 타협하지 못하는 성격에 지치고 힘들다고 느끼고 있었다. 아내의 첫 임신 때 가족의 분위기와 경제적 문제로 임신이 시기적으로 적절하지 못한 거 같다는 심리적인 부담을 이야기하자 그날 즉시 병원에 가서 수술을 하고 온 아내가 무서워졌고 더욱 불신감이 심화되었다. 아이에 대한 아내의 차가운 시선을 느끼면서 아이가 안쓰럽고 아버지 자신도 어린 시절에 불안하면 발뒤꿈치를 뜨고 눈을 깜박이는 증상이 있어서 부모로부터 자주 꾸중 들었던 기억이 있었다.

어머니는 매사에 누군가와 타협하지 않고 혼자 결정하는 성격이다. 겉으로는 밝아 보이나 내면은 어둡고 매사에 타인을 의식하여 행동하고 극단적인 성향이며 자신에 대해 이중적이라고 표현한다. 성장과정은 막내로서 가족의 애정을 받고 원만한 환경에서 자랐고 결혼에 대한 환상이 있었는데 시댁의 대가족 환경에 적응이 어려웠고 시어머니와 너무 성격이 다르다. 결혼생활에 대한 절망감이 커서 임신 자체가 불안했고 낙태수술을 생각했으나 시기적으로 수술할 수 없는 상태라 어쩔 수 없이 출산을 하게 되었다. 출산 후에는 오히려 아이가 곁에 있는 것이 위안이 되었으나 그러한 감정도 잠시일 뿐 남편과 갈등이 있게 되면 자기도 모르게 아이를 학대하여 남편에 대한 분노를 대신하곤 했던 것 같다. 동생은 누나를 싫어하며 어머니의 편애를 받고 있어서 누나의 질투대상이 되고 있다.

청소년이 보인 틱 증상의 특성과 상태

- 눈을 깜박거린다.
- 입을 삐죽거린다.
- 코를 실룩거린다.
- 안면근육을 이상하게 실룩거린다.
- 어깨를 들썩인다.
- 손톱을 문지른다.
- 말하기 전에 한동안 웅얼거리다가 겨우 말한다.

최근의 기타 문제행동

- 강박적으로 반복 확인한다.
- 스스로 행동하지 못하고 자주 물어본다.
- 상대방의 질문에 바로 답하지 못한다.
- 시험 전날에는 매우 불안한 태도를 보인다.
- 시험 직전에 손을 자주 씻고 화장실을 드나든다.
- 학교 등교 시 긴장하고 안절부절한 태도를 보인다.
- 학습에 집중하지 못한다.
- 친구관계가 어렵다.

중재를 위해 사용한 자원과 지침

심리평가와 관찰평가 및 자원평가를 사용하여 문제를 분류하고 최대한 강점 중심의 접근에 초점을 두고 단기간 할 수 있는 치료목표와 장기목표를 설정하였다.

치료사가 사용한 일차적인 중재의 초점

- 일차적으로는 치료적 관계 형성에 초점을 두면서 강점과 약점 및 문제목록을 분류하였다.
- 불안감정을 표현하고 감정에 숨겨진 자신의 행동특성을 탐색하고 인식하도록 지지하였다.
- 단기접근으로 관계와 학교적응을 위한 필요성을 고려하여 합의하고 필요에 따라 인지 행동적 접근을 병행하고자 했다.
- 지금 가능하고 필요한 욕구에 치료의 초점을 두고자 했다.
- 담당의사와의 협조체계를 연결하고 약물치료의 필요성을 확인하고 안내하고자 하였다.
- 가정에서의 양육태도 개선을 위해 부모교육 또는 집단에 참여하도록 지지하였다.
- 결핍된 자원과 심리사회적 문제를 평가하고 가능자원을 활용할 수 있도록 안내하고 지지하고자 하였다.

10. 아동청소년기의 섭식문제

섭식문제는 청소년기의 발달적 특성과 관련하여 성인으로 향하는 신체변화와 함께 등장할 수 있으며 특히 현대사회에서 보고되는 전자매체들에 의해 보여지는 외모가 최고인 양 관심이 유도되고 주입되면서 우리 사회의 문제로 등장하였다. 이러한 문제는 청소년기 발달단계에서 핵심과제인 진정한 자기로서의 정체성 확립과 맞물리는 정신적 부조화와 관련된다. 그러한 맥락에서 여기에서는 청소년기 중·후기에 흔히 나타날 수 있는 섭식문제가 만성적인 심각한 섭식장애로 진행될 수 있다는 염려와 함께 예방적 접근을 강조하기 위하여 분명한 증후군인 신경성 식욕부진증과 신경성 대식증의 특성과 중재를 위한 전반적인 내용에 대해 살펴볼 것이다.

아동청소년기 섭식문제의 중재 지침

섭식장애를 나타내는 대부분의 청소년들은 한결같이 자신을 무력하고 무가치한 사람이라고 생각하는 경향이 있다. 때로는 어린 시절에 부모를 기쁘게 하려고 노력하던 아이가 청소년기가 되면서 갑자기 고집을 부리고 문제행동을 하는 것으로 변화되어 가는 것을 대체하는 것으로 등장하기도 한다.

이와 관련하여 신경성 식욕부진증에 대한 몇몇 연구자(Bruch, Masterson, Boris, Bemporad)들의 주장을 종합해보면 잘못된 가족관계에서 형성되는 거짓자기 발달에 초점이 맞추어져 있다. 가족 내에서의 독립된 주체감 획득과 심리적 독립의 실패는 신체에 대한 안정감을 성취할 수 없게 하므로 신체는 나쁜 모성의 함입물 때문에 생존하는 것처럼 받아들여지게 되며, 굶는 행위는 그러한 적대적이고 공격적인 내적 대상의 성장을 중지시키려는 시도가 된다(이정태 외, 1996, p. 369). 이러한 맥락에서 보면 청소년의 섭식장애 문제는 가족관계 환경과 매우 직접적인 관련이 있으며 참자기 형성에 실패한 경우이고 따라서 현실적이고 합리적인 외부의 상황과 기대를 있는 그대로 받아들일 수 있는 여유가 없는 경우라고 볼 수 있다. 이것의 의미는 Klein의 대상관계 관점에서 보면 외부에 있는 좋은 것들을 부러워하면서도 자신을 지킬 수 있는 최선의 해결방안은 어느 누구로부터 어떠한 것도 받아들이지 않고 포기하는 것이다. 그럼으로써 다른 사람들이 자신을 부러워하고 질투의 대상으로 삼게 하고 싶은 무의식의 욕구가 포함되어 있으며 이들에게 음식은 스스로에게 바라는 긍정적인 성품을 상징하고 배고픔이 모성상을 소유하는 것보다 더 나은 성취가 된다.

신경성 대식증은 비교적 정상체중을 유지하면서 폭식과 하제를 사용한다는 점에서 식욕부진증과는 구별되며, 임상양상은 경계선 환자의 정신증적 성격에서부터 신경증적 성격에 이르기까지 다양한 성격특성의 환자들에게서 공통적으로 관찰되는 병리이다. 식욕부진증의 성격적 특성이 강한 자아와 관련되는 반면에 대식증은 약한 자아에 기초하여 충동성을 자제하는 데 제한적이어서 많은 경우에서 충동적이고 파괴적인 성적 관계나 약물남용과도 공존한다는 연구결과들이 있다.

청소년기의 섭식문제와 관련된 특성은 심각한 병리적인 경우를 제외하고는 발달적으로 만족할만한 신체에 대한 욕구와 관련하여 어느 정도는 흔히 있을 수 있는 문제이다. 다만 청소년기가 신체상의 정체성 획득과 관련하여 자기감을 성취해야 하는 시기이므로 그에 따르는 변화들이 가지고 오는 혼돈이 맞물리면서 초래할 수 있는 적응문제들이 있다. 따라서 치료사는 청소년기의 심리적 · 유전적 소인에 대한 분별력을 가지고 발달적인 통과의례 과정으로 볼 것인지 병리적인 문제로 발전할 가능성의 범주인지에 대해 평가할 수 있어야 하며 왜곡된 학습의 요인은 없는지 다양한 측면에서 유의하여 대안을 제시하고 중재할 수 있어야 할 것이다.

섭식장애의 특성적 분류

섭식장애는 청소년기에 주로 시작되는 음식을 섭취하는 행위에 장애를 나타내는 것이 특징으로서 DSM-IV에서는 신경성 식욕부진증과 신경성 대식증 그리고 달리 분류되지 않는 섭식장애로 분류된다. 섭식과 관련된 어느 정도의 식욕부진 문제는 특히 중 · 후기 청소년기 발달단계에 있는 여성에게서 흔히 나타날 수 있다. 또한 이것은 여성의 내적인 요소보다는 외모의 중요성을 암시하는 대중매체의 영향과 관련하여 청소년의 성장에 심각한 문제를 초래할 수 있으며 죽음으로 몰고 갈 수도 있는 특성적인 발달적 문제이다.

반면에 신경성 대식증은 부진증보다 흔하지만 부진증이 청소년기에 흔한 반면에 대식증은 청소년기를 포함하여 좀 더 나이가 든 청년기에 주로 나타난다고 보고되고 있다. 복통과 구역질이 날 때까지 먹고 난 후에는 체중 증가를 막으려고 섭취한 음식을 토하고 이어서 죄책감과 우울 및 자기혐오감에 고통스러워하는 반복적인 문제행위가 일어나게 되므로, 점점 외부와 차단하고 자기고립으로 들어가는 부적응적 문제를 일으키게 된다. 이러한 섭식장애의 중요한 요인에 대해서는 사회 환경의 영향 이외에 정신 내적인 요소와 가정적 요소와 관련하여 개인이 경험하는 다양한 환경적 요인을 고려해볼 필요가 있을 것이다.

신경성 식욕부진증의 특성

- 이상적인 평균체중보다 더 날씬해지려고 음식을 피한다.
- 체중 증가에 병적인 두려움을 가진다.
- 정상체중의 80% 이하의 저체중을 유지하려고 한다.
- 신체상에 대해 비합리적인 기준을 가지고 있거나 왜곡이 있다.
- 의학적인 문제없이 3개월 이상 생리가 중단된다.
- 배가 고파도 음식을 거절한다.
- 신경성 식욕부진증이 나타나고 있으면서 규칙적으로 폭식을 하거나 하제를 사용할 수도 있고 아닐 수도 있다.

신경성 대식증의 특성

- 일반적인 식사시간보다 빠르고 많은 양의 식사를 한다.
- 3개월 이상 주 2회 이상 계속 폭식을 한다.
- 체중에 관심이 많으면서도 과식 통제가 안 되고 폭식을 한다.
- 체중과 체형에 지나치게 집착한다.
- 자신을 무가치하다고 생각한다.
- 체중 증가를 예방하기 위해 반복적으로 토하고 운동과 관장을 사용한다.

달리 분류되지 않는 섭식장애의 특성

- 식욕부진증의 특성을 나타내면서 규칙적인 생리가 있다.
- 심각한 체중 감소가 있지만 현재 체중이 정상범주에 해당된다.
- 신경성 대식증의 특성을 모두 나타내면서 폭식과 부적절한 보상행동이 주 2회 이하로 적게 나타내거나 기간이 3개월보다 적게 유지된다.
- 정상체중을 유지하면서 음식을 먹을 때마다 토한다.

- 많은 음식을 씹거나 뱉어내면서 삼키지는 않는다.
- 반복적인 폭식을 하지만 신경성 폭식증에서 나타나는 규칙적인 행동은 없다.

섭식장애의 공통 특성

- 여성에게 흔하다.
- 스트레스 상황과 관련이 있다.
- 거짓자기의 결과로 나타나는 반응이다.
- 부적응적 가족관계를 가진다.
- 가족 내에 섭식장애가 유지되거나 발전되는 요인이 있을 수 있다.
- 낮은 자존감을 가지고 있다.
- 비현실적인 사고를 가지고 있다.
- 개인의 노력은 일시적인 증상 억제에 도움이 된다.
- 본질적인 핵심의 치료는 전문가의 도움을 받을 필요가 있다.

흔히 섭식장애를 동반할 수 있는 아동청소년의 위험요인

- 역기능적 가족관계에 있다.
- 사고, 감정, 행동의 목표 지향적인 상호작용이 왜곡되어 있다.
- 자존감이 낮다.
- 현실적응이 불안정할 수 있다.
- 불안 또는 우울상태에 있다.
- 강박장애가 있다.
- 흑백논리와 완벽주의적인 경직된 사고를 가지고 있다.

평가를 위해 치료사가 확인해야 할 내용

- 체중과 식사내용의 균형에 대해 확인한다.
- 식습관문제를 스스로 통제하려고 노력한 적이 있는지 확인한다.
- 체중 조절을 위해 사용하는 방법이 있다면 어떠한 것인지 확인한다.
- 주변인들로부터 체중과 식습관에 대해 지적받은 적이 있었는지 확인함으로써 통제능력과 인지 수준을 평가한다.
- 체중에 대해 집착하게 된 동기가 있었는지 확인한다.
- 자신의 신체상에 대해 어떻게 지각하고 있는지 확인한다.

- 가족 중에 섭식장애가 있는 누군가가 있는지 확인한다.
- 불안과 강박적 성향이 있는지 평가한다.
- 약물이나 술의 섭취 여부에 대해 확인한다.
- 가족관계와 주변인과의 관계특성에 대해 확인한다.
- 정서적 지원체계에 대해 확인한다.

섭식문제를 평가하기 위한 행동관찰

- 음식 이외에 다른 일에 대한 관심과 정서반응을 관찰한다.
- 타인과 함께한 식사자리에서 어떠한 태도를 보이는지 관찰한다.
- 음식의 양에 따라 감정의 기복이 있는지 관찰한다.
- 폭식과 구토의 선행사건이 있는지 확인하고 이때의 인지, 정서, 상황을 확인한다.
- 외모에 지나치게 신경을 쓰는지 관찰한다.
- 자신의 외모나 체형에 대해 타인이 말하는 것에 어떠한 반응을 보이는지 관찰한다.
- 잠재적인 다른 장애와 관련된 행동관찰 등을 통해 평가할 수 있다.
- 스트레스에 대한 대처행동을 평가할 필요가 있다.
- 대인관계 태도나 기술적 행동을 확인한다.
- 치료사의 질문에 대한 답변에 어떠한 의도가 있는지 파악한다.

개입을 위한 치료사의 자세와 접근

- 면담 시 비판하지 않는다.
- 일차적인 치료목적은 영양의 균형을 유지하도록 돕는 것이다.
- 분노, 수치감, 죄책감, 자제력 상실 등과 관련된 느낌과 행동을 말하도록 지지한다.
- 정서적인 측면을 위해 지지적이며 수용적인 태도로 대해야 한다.
- 면담 시에 증상을 최소화하기 위해 거짓보고를 할 수 있으므로 답변의 의도를 유의하여 파악할 필요가 있다.
- 교육적 접근은 건강에 관심을 보일 때 시작한다.
- 가족 내에 위험요인이 있는지 확인하고 가족기능을 향상한다.
- 심리치료와 가족치료를 포함한 통합적 접근이 필요하다.

신경성 식욕부진증의 치료적 중재 지침

신경성 식욕부진증(anorexia nervosa)은 체중과 음식에 몰두하여 체중 감소를 위한 독특한 음식섭취 문제를 보이며 체중 증가에 대해 심각할 정도의 두려움과 심각한 신체상의 장애, 지속적인 체중 감소욕구, 무월경, 잔인할 정도로 날씬한 몸매를 유지하고자 하는 특징을 가지고 있어서 결과적으로 기아 상태에까지 이를 수 있는 병리이다. DSM-IV에서는 체중 조절방법에 따라 음식을 섭취하는 제한형과 폭식 후 구토를 하거나 하제나 이뇨제를 사용하는 폭식 및 하제 사용형 두 종류로 구분한다.

최근 연구들의 공통적인 결과에 의하면 식욕부진증은 계속 증가하고 있는 추세이며 유발 연령은 대부분 청소년기에 시작되고 성인기가 되면 감소한다고 한다. 특히 청소년 중기인 10대에 흔하고 5% 정도는 20대 초반인 청소년 후기(또는 청년기)에 발병하며 남자보다 여자에게서 10~20배 정도 더 높게 나타난다. 경과는 다양하고 자연회복도 가능하나 보편적으로 회복과 악화가 반복된다. 단기적인 치료반응은 좋으나 대체로 예후가 좋지 않으며 2년 이내의 회복은 대부분 불가능하다고 본다. 다만 어릴 때 발병하고 병전 적응이 좋았거나 극심한 체중 감소가 없는 경우에는 예후가 좋을 수 있으며, 부모갈등, 소아기 신경증적 경향, 폭식증, 구토, 하제 의존 또는 강박, 히스테리, 우울 등의 신경증적인 행동양상이 있는 경우, 발병기간이 길거나 늦게 발병한 경우, 입원경력이 있는 경우에는 예후가 부정적인 것으로 알려져 있다.

신경성 식욕부진증에 영향을 미치는 요소들

생물학적 가족력과 관련한 요인

- 가족력의 유전적 소인과 어머니에게서 강박장애가 있을 경향이 있다.
- 가족 중에 우울증 또는 알코올 의존이 있을 수 있다.
- 이란성보다 일란성쌍생아에 더 높은 일치율을 보인다.
- 양가감정을 가진 어머니에 대한 공격과 죄책감으로 올 수 있다.
- 자율성과 분리개별화 과정의 미해결된 갈등문제와 관련이 있다.
- 부적절한 가족관계와 과잉보호 경향이 있다.

사회적인 요인

- 날씬한 몸매를 자기관리와 유능성으로 인식하는 사회 환경적 영향과 관련된다.
- 여성의 체형에 대한 사회적 요구로 생길 수 있다.
- 직업상의 경쟁과 관련될 수 있다.
- 심각한 스트레스로 인한 식사 제한과 관련될 수 있다.

- 타인에 의해서 또는 수술 후의 식사 제한 후에 시작될 수 있다.

심리역동적인 요인

- 청소년기의 신체적 변화와 함께 기대하는 체형에 미치지 못한다고 생각하는 불만족에서 시작할 수 있다.
- 성숙과 신체변화의 반응에 대한 방어반응과 관련할 수 있다.
- 수동적인 아버지와의 의존관계로 인할 수 있다.
- 양가감정을 가진 어머니에 대한 공격성과 죄책감으로 나타날 수 있다.
- 인지적·지각적 발달장애로 인한 잘못된 학습경험으로 인할 수 있다.
- 정동장애의 한 변형으로 나타난다는 보고가 있다.

개입을 위한 치료사의 자세와 접근

- 치료의 시작은 치료관계에 대한 협조로부터 시작된다.
- 일차적인 목적은 체중 증가를 촉진하고 영양의 균형을 회복시키는 것이다.
- 대사장애나 영양실조에 대한 의학적 평가와 물질 의존을 평가하여 우선 필요한 조건을 성취하도록 계획하고, 가족기능을 향상시킨다.
- 필요에 따라서는 입원치료가 필요할 수 있으며 심리치료, 가족치료, 행동치료, 약물치료를 포함한 종합적인 치료계획을 구체화한다.

치료과정에서 체중 증가를 위해 필요한 유의사항과 지침

- 매일 아침 배뇨 후 체중을 잰다.
- 구토를 막기 위해 식사 후 2시간 정도는 옆에서 지킨다.
- 매일 수분 섭취와 배뇨량을 측정한다.
- 변비증상이 있어도 하제를 사용하지 않고, 정상적인 식사를 시작했을 때부터 해결한다.
- 음식을 섭취하기 시작하면 죽부터 시작하고 1,500~2,000kcal를 6회로 나누어 복용하도록 한다.
- 영양의 균형과 체중 증가를 위해 너무 서두르지 않도록 유의한다.
- 부적절한 약물 사용의 후유증을 검토하고 위험에 대한 지식이 필요하다.
- 월경의 변화를 관찰한다.
- 신체상에 대한 비합리적인 기대에 대해 교육이 필요하다.

가족역할을 돕기 위한 치료 지침

- 치료계획은 치료자와 청소년과 부모의 기대가 일치하고 함께 가도록 계획한다.
- 치료목표는 모두가 동의하는 것에 초점을 둔다.
- 가족 내 관계문제와 관련하여 필요시 전문가의 도움을 받도록 안내한다.
- 부모의 기대와 행동을 평가하고 적절한 안내를 한다.
- 가족의 심리사회적인 주변 환경을 평가하고 지원체계를 활용할 수 있도록 돕는다.
- 식사시간을 즐겁고 유쾌한 시간으로 만들도록 방법을 안내한다.

입원치료가 필요한 경우

- 3개월 이상의 기간 동안 30% 이상의 체중이 감소한다.
- 심한 대사장애(맥박이 1분에 40회 이하, 체온이 36℃ 이하, 혈압이 70mmHg 이하)가 있다.
- 심한 우울증상이 보인다.
- 자살위험을 시사한다.
- 정신장애 증상이 있다.
- 스스로 조절되지 않는 당뇨병이 있다.

신경성 대식증의 치료적 중재 지침

신경성 대식증(bulimia nervosa)은 비교적 정상체중을 유지하고 있으며 폭식과 하제를 사용한다는 점에서 신경성 식욕부진과 구별된다. 복통과 구역질이 날 때까지 먹고 체중 증가를 막기 위해 토한 후에는 우울감과 자기혐오감에 괴로워하는 것이 특징이며, 음식섭취의 자기통제가 안 되는 것에 대해 두려움을 가지고 있다. 폭식 후 충동적으로 훔치는 행동을 하거나 충동적으로 알코올 및 약물을 남용하거나 자해 또는 자살기도를 하기도 한다. 우울과 불안 등의 감정 상태가 선행되기도 하며 폭식을 하는 동안에는 그러한 감정들이 소거되기도 하나 폭식 후에는 곧바로 자기비하에 빠지고 죄책감으로 인해 우울감에 빠지기도 하여 반복적인 부적응문제로 이어지기도 한다.

신경성 식욕부진증보다 더 흔하고 남성에 비해 여성에게 더 많으며, 12~35세경에 나타나며 대개는 10대 후반부터 20대 초반에 발병한다. 정상체중인 경우에도 있을 수 있으며 식욕부진증보다 상류층에 더 많고 신경성 식욕부진증보다는 예후가 좋다. 개인에 따라서는 1~2년 내에 자연치유가 가능할 수도 있으며 예후는 하제 의존으로 인한 합병증의 심각성에 따라 다르고 심각한 경우 구토로 인한 탈수증 문제와 전해질 불균형으로 사망할 수도 있다.

신경성 대식증에 영향을 미치는 요소들

가족력과 관련한 요인

- 가족관계가 신경성 식욕부진증의 경우에 비해 덜 친밀하고 갈등이 많을 수 있다.
- 부모는 자녀에게 무관심하고 거절적인 경우가 많다.
- 부모 자녀관계에서 분리의 어려움이 있다.
- 대부분이 발달적으로 분리를 돕는 과도기적 대상이 없다.
- 가족 내의 부적절한 상호관계와 심리적으로 불안정하고 심리적 장애와 관련이 있다.
- 어머니의 비만과 관련된 유전적 경향성이 있다.

사회적인 요인

- 신경성 식욕부진증과 유사하게 날씬한 몸매를 자기관리와 유능성으로 인식하는 사회 환경적 영향과 관련된다.
- 여성의 체형에 대한 사회적 압력에 쉽게 반응한다.
- 외부에서 오는 스트레스와 관련될 수 있다.
- 외부의 기대에 대처할 수 없는 반응으로 우울감이 올 수 있으며 가족 내 우울증도 많다.

심리역동적인 요인

- 자신의 신체를 과도기적 대상으로 사용한다.
- 음식은 어머니로부터 분리하기 위한 투쟁이 양가감정으로 투사된 것이다.
- 음식섭취는 대상과의 공생적 융합소망을 의미한다.
- 토하는 것은 분리에 대한 소망과 관련한다.
- 폭식은 성적·공격적 욕구의 표현이며 폭식 후의 구토는 죄책감으로 오는 자기응징일 수 있다.
- 충동조절의 제한성은 흔히 성적인 문란과 물질 의존으로 빠지게 할 수 있다.
- 신경성 식욕부진증에 비해 밖으로 돌고, 화를 잘 내고, 알코올 의존, 도벽, 정서적 불안정성을 동반할 수 있다.
- 가족체계는 모두가 스스로 선한 사람이 되어야 한다는 강한 필요성을 가지고 있다.
- 부모가 가지고 있는 수용하기 어려운 성품은 대식증 자녀에게 투사되고, 그 자녀는 전적으로 악한 것들의 저장고가 되어 결과적으로 자녀는 가정 내 모든 탐욕과 충동성의 보유자가 된다.

개입을 위한 치료사의 자세와 접근

- 면담을 할 때 비판하지 않고 지지적인 자세가 우선이다.
- 자제력의 상실과 관련한 수치감과 분노 등의 다양한 감정을 말하도록 격려한다.
- 의학적인 결과에 대한 교육을 포함할 필요가 있다.
- 가장 중요한 치료원칙은 개인의 특성에 맞추어 치료계획을 세우는 것이다.
- 우울증, 인격장애, 물질남용 등 동반되는 정신과적 문제들이 총체적인 치료계획의 부분으로서 다루어져야 한다.

체중관리를 위해 필요한 유의사항과 지침

- 속옷만 입고 매주 같은 시간대에 체중을 잰다.
- 체중을 확인하기 전에 소변을 보도록 한다.
- 체중 감소를 위해 너무 서두르지 않도록 유의한다.
- 부적절한 약물 사용과 후유증을 검토하고 위험에 대한 지식이 필요하다.
- 월경의 변화를 관찰한다.
- 운동과 필수영양소의 균형을 유지하도록 지도한다.
- 칼슘함량이 적은 음식은 오히려 체중을 증가시키므로 영양비율에 대한 정확한 지식을 학습시킨다.
- 신체상에 대한 비합리적인 기대에 대해 교육이 필요하다.

가족역할을 돕기 위한 지침

- 치료계획에 치료자와 청소년과 부모의 기대가 일치하고 함께 가도록 계획한다.
- 치료목표는 모두가 동의하는 것에 초점을 둔다.
- 부적응적인 가족 상호 간의 욕구와 역기능적인 관계문제를 평가한다.
- 가족 내 관계문제와 관련하여 필요에 의해서는 전문가의 도움을 받도록 안내한다.
- 부모의 기대와 행동을 평가하고 그에 적절한 안내를 한다.
- 가족의 심리사회적인 주변 환경을 평가하고 지원체계를 활용할 수 있도록 돕는다.
- 식사계획을 세우고 가족 구성원의 음식과 비만기록을 작성하도록 안내한다.
- 자기관찰 기록을 하고 평가한다.
- 폭식과 구토의 선행사건과 이후의 인지, 정서, 상황에 대해 기록하고 확인한다.

정신심리치료의 지침

- 가장 중요한 원칙은 대상의 개별화에 의한 치료계획을 세우는 것이다.

- 정신과적 병리를 총체적으로 다루도록 계획을 세워야 한다.
- 1/3 정도는 비교적 건강한 범주에 있는 대상으로서 인지행동치료와 교육적 접근을 하는 단기 프로그램이 효과적일 수 있으나, 2년 이상 추적한 결과 50% 이내에서 반복적인 폭식과 구토의 고통을 겪는 것으로 보고되고 있다.
- 역동적 심리치료는 대부분의 신경성 대식증에 효과적이다.
- 많은 경우는 경계성 인격과 정동장애를 동반하므로 입원이 불가피할 수 있다.
- 매일 폭식과 하제 사용 횟수, 식사시간, 주변 분위기와 기분을 기록하고 스스로 자기감독을 하도록 방법을 안내한다.
- 왜곡된 생각을 탐색하고 생각을 바꾸도록 인지적 접근을 한다.

입원치료가 필요한 경우
- 경계성 인격 및 정동장애 등 정신과적 장애를 동반한다.
- 스스로 조절이 불가능한 심각한 충동성이 있다.
- 하제 오용으로 인한 심각한 합병증상이 있다.
- 지나친 구토로 인해 건강에 위협이 우려된다.

섭식문제를 가진 15세 청소년의 사례

당시에 중학교 3학년이던 이 아이는 아버지로부터 심하게 매를 맞은 후 더욱 외모에 집착하였고 음식을 먹지 않아 어린아이처럼 체중이 감소하자 건강에 위협을 느낀 어머니에 의해 의뢰되었다. 의뢰시기로부터 3년 전에 살이 너무 많이 쪄서 창피하다는 불만을 처음 이야기하기 시작하면서 음식을 거의 먹지 않았으며, 신경질적이며 피해사고가 드러나 정신과를 방문한 적이 있었고 학급친구들을 불러 억지로 음식을 먹이는 행동을 하여 친구들로부터 이상한 아이라는 비난과 따돌림을 당해왔다. 친구들로부터 따돌림을 받은 이후에 사람들이 자신의 이야기를 하고 수근거린다는 상황에 맞지 않는 말을 하거나 의심을 하여 상담치료를 시작했지만 변화가 없고 어려움이 지속되어 중단하였다.

첫 만남에서 청소년이 보인 행동특성과 어머니 면담에서 확인된 내용

초등학교 1~2학년 정도로 느껴질 정도로 나이에 비해 매우 왜소하고 단아한 단발머리에 하늘색 남방과 청바지를 입고 있었는데 청소년 본인은 살이 많이 쪄서 평소에도 치마는 잘 입지 않는다고 말했다. 면담 상황에서 시선을 피하고 매우 불안정해 보였으며 말이 없고 무력한 상태로 최소한의 답변만을 했다.

어머니 면담에서 확인된 발달적 특성은 원치 않는 임신이어서 어머니의 심리적 부담이 컸고 임신 중에 수차례 남편으로부터 폭행을 당했으나 아이는 무리 없이 성장하여 정상 분만을 하였다. 아이는 출생 직후 아버지가 미국으로 1년간 출장을 떠나면서 11개월까지 외할머니에게 맡겨졌다. 3세경에 심각한 부모의 싸움이 있었는데 그 당시 싸움 중에 아버지가 모두 함께 죽자고 집안에 석유를 뿌려 아이는 화상을 입고 피부과 치료를 받은 적이 있다.

5세경에 유치원에 입학을 했으나 아이가 심하게 거부하여 중단하였고 초등학교에 들어가서도 학교에 흥미를 느끼지 못하고 또래관계가 어려웠으며 잦은 병치레로 결석이 잦았다. 부모의 싸움이 있는 날은 몹시 겁을 내고 안절부절 어찌할 바를 몰라 하며 혼절하기도 했으며 아버지가 어머니를 구타하면 엄마를 때리지 말라고 애원하며 매달렸다. 그럴 때마다 아버지는 아이를 때리고 벽에 던져서 응급실에 실려가야 하는 일들이 흔히 있었으며 그러한 일이 있은 직후에는 늘 아무것도 할 수 없을 정도로 공포감에 떠는 일이 수차례 있었다. 3학년이 되면서 아버지가 교환교수로 미국에 가게 되면서 부모와 함께 1년간 미국에서 생활을 했었는데 귀국 후 적응이 어려워 학교생활을 지속할 수가 없었고, 이후 가정교사의 도움을 받게 되었지만 2개월도 채 안 되어 교사의 거부로 중단되었다. 5학년이 되면서 비만에 대한 집착문제가 드러나기 시작하였고 잦은 화장실 출입과 강박행동이 노출되었으며 친구들에게 '너희들은 나보다 살이 쪄야 한다'면서 억지로 먹이고 화를 내어 친구들이 무섭다고 도망을 간 사건이 있어 처음으로 약물치료가 시작되었다.

중학교 입학 초기에는 활발하게 학교에 적응하고 친구관계도 별 무리가 없었으나 좋아하는 친구에게 강제로 음식을 먹이거나 자기 마음대로 조정하려는 태도로 인해 2학년이 되면서부터는 좋아하는 친구들로부터 소외되기 시작했다. 친구관계가 어려워지면서 더욱 체중에 집착하고 폭력과 과소비 문제가 등장하였으며, 최근에는 아버지에게 반항했다는 이유로 심하게 매를 맞고 죽어버리겠다며 무섭게 공격적인 태도를 보였으며, 불안과 무력감 및 음식거부 등의 문제가 급격하게 드러나기 시작하였고 세상의 모든 남자들은 죽어야 한다고 소리를 지르곤 하였다.

청소년이 보인 섭식장애 증상특성과 상태

- 외모와 특히 체중에 강박적인 사고와 행동이 두드러진다.
- 음식을 거부하고, 친구에게 음식을 먹여 대리만족을 한다.
- 폭식 후 도구나 하제를 사용하여 구토를 한다.
- 무력하고 자존감이 낮다.
- 극도의 우울과 불안 및 분노가 있다.

- 또래로부터 고립되어 있다.

최근의 기타 문제행동

- 부모의 잦은 싸움에 분노하고 집을 싫어하고 부모의 이혼을 요구한다.
- 아버지에 대한 극도의 두려움과 분노감정이 강하다.
- 죽어버리겠다고 부모를 위협한다.
- 학습에 집중하지 못한다.
- 친구관계가 어렵다.
- 친구를 조정하려 하고 폭력을 사용한다.
- 과소비와 물건을 충동구매하는 것으로 스트레스를 푼다.

중재를 위해 사용한 자원과 지침

틱에 대한 접근과 유사하게 심리평가와 관찰평가 및 자원평가를 사용하여 문제를 분류하고 최대한 강점 중심의 접근에 초점을 두고자 했다. 특히 청소년의 섭식문제를 이해하는 지름길로서 치료사 자신의 역전이 평가를 중요한 단서로 사용하여 문제에 잠재되어 있는 정서적 역동을 포함한 단기목표와 장기목표를 설정하였다.

치료사가 사용한 일차적인 중재의 초점

- 치료적 관계 형성에 일차적인 초점을 두면서 동시에 왜곡된 인지를 평가하였다.
- 청소년의 보조자아 역할을 맡고자 했다.
- 문제행동에 대한 해석을 배제하고 공감적 자세를 우선적인 태도로 접근하였다.
- 섭식문제행동을 변화시키고자 하는 빠른 기대를 자제하고 감정이해에 초점을 두고자 하였다.
- 치료사가 경험하는 역전이를 감시하고 평가하여 지속적인 치료의 과정으로 사용하고자 하였다.
- 의료적 도움의 필요성과 가능성에 대해 설명하였다.
- 영양부족에 대한 의학적 평가를 근거로 치료계획을 세우도록 안내하였다.
- 기본적인 식단부터 청소년의 욕구에 초점을 두되 기본 체중을 유지하도록 지지하였다.
- 평가된 인지왜곡을 수정하기 위해 증상에 대한 교육을 병행하였다.
- 가족체계의 건강한 기능을 위해 교육과 부모상담을 유지하도록 지지하였다.

장기목표와 중재계획

- 학교 복귀를 위한 제반 조건을 준비한다.
- 본질적인 섭식문제에 접근하고 구체적인 치료계획을 유지한다.
- 적응과 유지를 위한 지속적인 사례관리를 한다.
- 가족지지와 관계 개선을 위한 부부상담 및 가족치료를 한다.
- 지속적인 가족상담과 교육을 통해 수정된 가족 내 역할경계를 유지하고 발전시키도록 돕는다.

초기 개입에서 치료자가 사용한 주요 지침

다음의 내용은 구체적인 치료과정이라기보다는 이 사례의 청소년을 만나는 과정에서 중요하게 다루었던 기술적인 부분을 제시한 내용이다.

긍정적인 치료관계를 위한 우선목표 이외에 청소년의 왜곡된 인지를 동시에 평가하는 데 일차적인 목표를 세웠다.

섭식장애에 접근하기 위해 중요한 치료사의 자세 중 하나는 비판 없이 증상을 평가해야 한다는 것이다. 이와 관련하여 나는 청소년이 보였던 왜곡되고 비논리적인 믿음의 증상에 대해 보조자아로서 행동하고 청소년이 자신의 관찰능력을 사용할 수 있도록 돕기 위해 발테그 검사기법을 사용하여 이야기치료로 접근을 시작하였다.

치료 초기에 청소년이 보이는 문제행동에 대한 해석을 배제하고 공감적 자세를 우선적인 태도로 접근하였다.

만약에 치료의 빠른 결과를 위해 초기에 해석적 접근을 사용한다면 일상에서 느끼는 자신의 느낌을 처음 보는 낯선 사람이 말하고 있는 것과 같은 경험을 하게 될 것이다. 나 역시 그 아이가 생각하고 느끼는 것들에 관심이 있을 뿐 아니라 내가 알게 된 것을 전하고 수정하도록 하고 싶은 욕구가 있다. 그럼에도 우선 중요한 것은 그 아이가 자신의 문제를 알게 하기 위해 외부에서 주입하는 것이 아니라, 자신의 문제에 대해 스스로 생각하고 알 수 있는 능력을 가진 존재라는 것을 치료사인 나는 알고 있고 그래서 기다리고 있다는 것을 알아차리는 것이다.

나는 치료사의 책임성을 위해 청소년이 선택하고 계획하고 진행할 수 있도록 도와야 하지만 강요하지 않기 위해 기다리고 공감적·지지적 기술을 사용하고자 했다. 물론 응급사항에 대해서는 기본적인 기술과 조치를 사용해야 하기에 그에 합목적적인 방법을 사용하고 의료적 평가와 치료를 안내해야 하며 실제로 사용하기도 하였다. 의료적 접근을 위한 해석이 필요한 상황에서도 나는 일반적이고 지식화의 방어적 자세로 치료관계의 거리를 유지하며 그 아이 스스로의 결정을 존중해야 한다고 믿고 있기에 직접적인 방법이 아니라 가설을 제시하듯 제안을 하였다.

만약 내가 그 아이의 내적 세계를 무시하고 드러난 섭식문제 자체에 치료의 초점을 두고 행동변화에 급급했다면 외부에 드러난 피상적인 결과에만 관심을 갖는 결과가 되었을 것이다. 그것의 결과는 부모와 교사와 주변인들이 아이의 내적 기대에 함축하고 있는 본질적인 욕구는 무시하고 드러난 문제행동이라는 결과에만 관심이 있었던 경험을 재연하는 것뿐일 수 있다. 치료는 경험의 재연에서 끝나거나 인지와 행동의 변화 그 자체는 아니며 전이분석에서 드러난 본질적인 문제가 다뤄지는 치료여야 한다. 성격병리가 있는 경우와 자살이나 전해질 장애가 있는 경우에는 자기파괴적일 뿐 아니라 치료자의 노력까지 파괴해버리려는 특성을 보이므로 단기간의 치료로는 불가능할 수 있으며 장기간의 입원치료와 함께 접근되어야 할 경우도 있다.

아동청소년의 치료에서 우려되는 문제는 이러한 장기치료가 쉽지 않다는 것이다. 특히 학교임상에서는 더욱더 인지행동에 초점을 두고 접근될 수밖에 없는 단기해결에 대한 교육 관계자들의 욕구가 치료적 도움에 자칫 방해요인이 될 수 있으므로 병리의 수준에 따라 외부 전문가와 연계할 수 있도록 안내할 수 있어야 할 것이다.

빠른 속도로 섭식장애 행동을 변화시키고 싶은 욕구를 자제하려고 하였다.

치료사가 섭식문제와 관련하여 드러난 증상 자체를 소거하는 데 온 마음을 집중한다면 치료관계를 형성할 수 있는 좋은 기회를 잃게 될 뿐 아니라 부모의 안절부절못하는 태도와 같은 모습이 될 것이다. 결과적으로 그러한 모습은 아이가 느끼고 경험한 부모의 모습이 투사되고 동일시된 현상과 관련되며 아이는 치료사를 통해 투사된 부모의 압력을 다시 경험하는 결과가 될 것이다. 그러므로 그 아이가 섭식장애 증상들과 소통의 균형을 맞추듯이 음식을 거부하여 부모를 자극하고, 친구에게 억지로 음식을 먹게 하여 부모의 기대를 반영하고, 분노하고 무서워하는 자신의 모습을 드러내듯 치료사에게는 대화를 거부함으로써 치료사를 화나고 좌절하게 만들 것이다.

따라서 나는 초기에 그 아이가 보이는 문제행동 자체에 초점을 두기보다는 행동의 기저에 있는 감정을 이해하려고 노력하였다.

치료관계에서 일어나는 나의 역전이 현상에 주의를 집중하였다.

아마도 치료사들이 문제행동의 감소에 많은 에너지를 사용하고 치료의 효과성을 강조하는 것은 자신이 치료에 실패하지 않았다는 것을 보이고 싶은 욕구에서일 것이다. 매우 오래전에 내가 근무했던 병원은 인간 중심의 철학을 근거로 한 통합접근으로 환자에게 서비스를 제공하고

자 노력하는 우리나라에서 유일한 정신의료기관이었다. 그럼에도 환자의 정신역동에 초점을 둔 치료보다는 인지행동적 접근에 초점을 둔 치료가 더 많은 핵심방법이 되어버리는 것이 결과의 보편성이었다.

입원을 하게 한 주된 증상이 소거되면 퇴원을 하게 되는 결과가 있지만 최대한 역동적 접근을 중요시하는 그곳에서 준비하게 한 나의 임상철학의 기초와 경험에 감사하고 있다. 이러한 치료방법과 결과는 우리의 현실에서 배제할 수 없는 현상적 문제의 소거라는 목표가 치료사로 하여금 불안하게 만들기 때문인 것 같다. 이러한 불안의 역전이 때문에 우리 치료사들은 부모와의 동일시라는 덫에 걸리는 것 같다. 이러한 문제를 피해가기 위해 체중문제에 대한 부분은 다른 치료사에게 맡기고 나는 그 아이의 정신 내적인 심리적 문제에 집중하고자 하였다.

치료관계에서 초기에 등장했던 역전이를 통해 그 아이가 처한 가정환경을 이해하는 과정이 있었다. 간간히 치료사를 무시하는 듯한 태도로 나를 약 올리고 조정하려는 태도를 보이곤 했다. "절대로 말하지 않을 거야, 그래 봤자 내가 늙어 죽도록 내 마음을 알 수는 없을 거야." 등의 말을 반복하면서 작업은 싫고 먹을 것을 달라며 고집을 부림으로써 나를 화나게 하였고, 결국에 나는 치료의 약속 조건을 내세워 규칙을 강조하여 치료시간을 단축해버리는 실수를 저지르고 말았다. 그 시간 이후 나는 아이가 나를 사용하여 자신의 부모와의 관계를 재연해 보여주었다는 것을 알게 되었다. 이 경험을 통해 그 아이는 나에게 무엇을 얻고자 했는지 생각해보아야 했다. 다음 회기에서 그동안 어떻게 지냈냐는 치료사의 질문에 자신이 죽으면 어떻게 될까 생각해보았고 자신이 죽으면 아빠가 가장 후회할 거라며 수면제를 모으고 있다고 말했다. 이 보고에서 나는 아이의 공격성과 의존성을 생각해보아야 했다. 스스로의 자기감을 잃어버리게 될까 봐 아이는 치료에 협조하지 않는 것으로 그리고 외부의 기대에 저항하는 것으로 자기만의 방식의 독립을 말하고 있었다. 치료에 협조하는 그 자체가 가정 내에서 있었던 것과 같은 자기의지가 수용되지 않고 부모의 요구에 의해 길들여져야 하는 위험성을 말하고 있었던 것이다.

또 다른 상황에서 그 아이는 유사한 방법으로 치료사의 이해를 깨우치는 사건이 있었는데 치료 중기 정도에 있었던 일이다. 그날은 막내 딸아이의 생일상을 차리고 생일 축하 노래를 부르고 있는 중이었다. 그런데 어머니로부터 전화가 와서 아이가 어젯밤 내내 구토를 하고 설사를 하면서 윗집에서 자기에게 욕을 했다며 그 집에 가서 현관문을 발로 차고 소리 지르며 난동을 부린다고 하였다. 119를 불러 병원에 입원시켜야 할 것 같은데 그래도 선생님은 믿으니까 잠시 와서 설득해주면 안 되겠느냐고 하였다. 나는 그 전화를 받고 그냥 있을 수가 없었으며 빨리 방문해야 할 것 같은 책임감을 느꼈기 때문에 딸아이의 생일파티를 서둘러 끝내고 그 아이에게로 달려가야 했다.

이러한 나의 치료접근이 온전히 역동적인 심리 내적인 측면만을 다루었다는 이야기가 아니다. 앞의 일차적인 중재의 초점에서 제시한 내용을 포함하면서 필요에 따라서는 교육과 인지행동치료가 당연히 적용될 수 있으며 입원치료 또한 필요하다. 그러나 특히 망상적인 신체왜곡에 대해서는 교육적 접근이나 인지행동 기술이 도움이 되지 못할 수 있으며, 여기에 제시한 이 내용에서는 다만 치료사 자신의 역전이 해석을 통해 그 아이의 절망과 정서를 이해하고 아이 스스로가 그것을 볼 수 있도록 할 필요가 있다는 것을 강조하고 있는 것이다. 섭식장애는 치명적인 결과를 초래할 수 있다는 점을 치료사는 유의해야 할 것이다. 성격병리나 자살 또는 생명에 위협이 되는 전해질 장애와 같은 문제를 동반한 경우에는 장기간의 입원치료가 필요할 수도 있다. 이 사례는 한시적인 교육이나 인지행동적 접근의 치료로는 도움이 제한적이라고 보았으므로 역동적 접근을 하게 된 경우이며 표현예술을 사용한 개인치료가 절대적으로 필요하다고 판단한 것이다.

11. 아동청소년기의 우울문제

발달적 특성과 관련하여 아동청소년기 우울감이 발달적 보편성인가 아니면 병리적인 장애로 보아야 할 것인가에 대한 논란이 있지만 여기에서 다루고자 하는 것은 아동청소년기의 특성적 과제인 적응문제와의 연관성에 초점을 두고 나누고자 한다.

아동청소년기 우울감에 대한 이해

초기 청소년기 발달에 있는 아이들이 나타내는 우울감은 성인의 우울장애와 유사한 우울감과 죄책감 외에 짜증, 분노, 신체증상 등을 보이며, 중·후기 발달단계에 있는 청소년은 성인과는 다르게 가면성 우울을 나타내는 것이 특징이다. 우울은 연령에 따라 다소 다른 모습을 보이며 나타날 수 있는데 나이가 어릴수록 자신의 우울감정을 제대로 표현하지 못할 수 있다. 자신의 우울감정을 감추기 위한 가면이라는 의미에서 아동청소년기의 우울을 가면우울이라고 한다. 이것을 방치하면 아동은 야뇨증을, 청소년은 학교부적응과 반사회적 행동문제로 이어져 성장문제가 나타나며 성인이 되어서도 재발의 가능성이 높고 자살문제로 갈 수도 있다. 우울문제에 대해서는 청소년 임상 미술치료 방법론(2005) 제10장에 기본적인 이해와 함께 그림에서 나타나는 표현적 특성 이미지를 소개하였으므로 참조하기 바라며, 이 절에서는 청소년기 발달적 적응에 초점을 두고 구체화해볼 것이다.

우울감이 발달에 미치는 영향

아동청소년기 우울에 관심이 있는 다양한 영역의 연구자들의 전반적인 보고에 의하면 우울은 연령에 제한 없이 누구에게나 일어날 수 있는 가벼운 감기 같은 것으로부터 심각한 문제로 진행되는 병리이며, 발생비율은 성인과는 다르게 소아기에는 남녀 빈도 차이가 거의 없고 초등학교 학령기 발달에서는 남아가 다소 많은 것으로 보고되고 있다. 부적절한 대상관계 환경에 있는 3~4세의 어린 유아에게서도 우울증상이 나타나며(동아일보, 2001) 전체 초등학교 학생들의 1/10이 우울감으로 고통을 받고 있다는 정신과 의사들의 보고도 있다. 초기 발달에서 겪은 상실과 관련된 우울문제는 아동기 또는 청소년 초기에 분리불안, 과잉행동, 애착장애 등을 나타낼 수 있으며, 청소년기에는 무단결석과 학업실패, 흡연, 약물남용, 반사회적 행동 및 품행장애, 성적으로 문란하거나 가출 등이 나타날 수 있다. 무엇보다 중요한 것은 유아동기 우울감을 방치하게 되면 청소년기 적응문제를 일으키며 그것은 다시 성인 우울증으로 진행될 수 있어서 아동청소년치료사들의 우울에 대한 바른 이해와 관심이 요구된다.

우울의 특성적 분류

아동청소년기의 우울은 1980년에 DSM-III에서 처음으로 개념화되었으며 진단기준은 성인의 우울장애를 따른다. 기분장애로 불리는 우울은 경한 우울과 심한 우울로 분류되며, 경한 우울은 정서적으로 우울하고 슬픔을 느껴서 일상의 일을 처리하는 데 어려움을 느끼고 직업을 포기하거나, 미래에 대한 불안과 거절 및 보복감에 대한 염려로 어떠한 일을 처리하거나 결정하지 못하고 신체화가 나타나면서 건강염려증이 나타난다. 심한 우울은 지연성 우울과 격정성 우울로 분류하며 경한 우울과 유사하나 정서적 고통이 더욱 심하여 얼굴에 표정이 없고 언어와 행동이 지연되는 경우를 지연성 우울(retarded depression)이라고 한다. 반면에 격정성 우울(agitated depression)은 미래에 대한 걱정과 긴장감으로 심한 불안을 동반한 경우이다. 심한 우울의 경우 신변관리를 할 수 없을 정도로 무력하고 함묵상태에 빠져 최소한의 반응만이 가능하기도 하다. 심한 우울의 양상은 멜랑콜리아 양상(Melancholic features), 정신병적 양상(psychotic features), 가면우울(masked depression), 비전형적 양상(atypical features), 긴장성 양상(catatonic features), 갱년기 우울증(involutional depression) 등의 양상으로 분류하고 있다(민성길 외, 1995, 최신정신의학, p. 208)

경한 우울의 특성

- 정서적으로 우울감과 슬픔의 느낌이 있다.
- 자신감이 없고 매사 의욕이 없다.

- 평소 해오던 일에 수행문제가 생기고 하던 일들을 포기한다.
- 대화에서 주제가 제한적이고 답변이 느리다.
- 미래의 부정적 결과를 예측하고 불안하다.
- 우유부단하다.
- 다양한 신체화 증상이 나타난다.
- 건강을 지나치게 염려하는 표현이 있다.

심한 우울의 특성

- 경한 우울과 유사하나 정서적 고통이 더 심하다.
- 표정이 없는 무감동한 얼굴이다.
- 체중이 감소하고, 땀과 같은 분비물이 현저하게 감소하며, 변비증을 호소한다.
- 수면장애가 생긴다.
- 아침에 우울이 가장 심하다.
- 지연성 우울의 경우 행동의 지연현상이 나타나고 느리며 심한 경우에는 혼수상태에 빠지기도 한다.
- 격정성 우울의 경우는 불안, 걱정, 긴장, 미래에 대한 심한 불안이 있다.
- 자살과 자해행동, 타인에게 위험한 행위를 나타낼 수 있다.
- 폭력행동이 있을 수 있다.
- 혼수성 우울이 되면 자발적인 운동행위는 사라지고 외부 자극에 의해서만 최소한의 반응을 한다.

흔히 우울문제에 영향을 미치는 요소들

- 가족 내에서 집단적으로 발생하는 경향이 있다.
- 흔히 부모 중에 한 사람이 우울장애가 있을 수 있다.
- 13세 이전에 아버지가 사망한 경우일 수 있다.
- 가족관계에서 지나치게 동일시되고 정서적 분리가 안 되어있다.
- 부모의 죽음과 이혼 등 상실경험이 있다.
- 아동학대와 가정폭력 등의 충격적 사건에 연루되어 있다.
- 일상에서 스트레스에 노출되어 있고 대처능력이 약하다.
- 학교나 집단 속에 있을 때에는 어느 정도 적응하나, 혼자 있는 상황에서는 혼돈상태로 들어간다.

- 혈청콜레스테롤 수치가 일반적인 수치에 비해 낮다.

평가를 위해 치료사가 확인해야 할 내용

아동청소년의 우울문제는 발달적 특성과 관련하여 흔히 있을 수 있으며 자연치유 경향도 높다. 그러나 우울의 유형에 따라 적응문제와 성인 우울증으로 갈 수 있어서 반복되는 증상과 행동에 유의해서 관찰하여 발달상에서 수정이 필요한 특성인지 성인 우울과 동일한 증상인지 감별해서 대처해야 한다. 아동청소년의 우울문제를 확인하기 위한 기본적인 평가는 섭식 태도와 체중변화, 수면습관, 침착성, 사회적 상황에서의 안정감, 관심의 정도, 자아개념, 집중력, 자해 및 타해 등의 위험행동, 호소하는 신체증상, 자살사고, 중독성과 관련한 약물남용 등의 증상과 변화에서 최소 네 가지 이상의 증상을 보인다면 특별한 관심이 필요하다.

- 해결되지 못한 애도상태가 지속되고 있는지 평가한다.
- 부적절한 죄책감이 있는지 확인한다.
- 혼자 방에 있거나 짜증의 변화를 평가한다.
- 최근의 지속적인 기분은 어떠한지 정서적 흐름을 확인한다.
- 현저한 집중력 저하문제가 있는지 확인한다.
- 자신에 대해서 어떻게 생각하는지 자신의 느낌을 확인한다.
- 최근의 학교생활과 친구관계는 어떠한지 확인한다.
- 학교성적이 현저하게 떨어졌는지 확인한다.
- 과거부터 해오던 일들을 해내지 못하거나 현저하게 능률이 저조한지 확인한다.
- 거짓말, 훔치기 등의 충동적인 문제가 있는지 확인한다.
- 반사회적 경향성의 문제가 있는지 확인하고 발생시기와 과정에 대해 질문한다.
- 자해적인 공격행동이 있는지 확인한다.
- 관계에서 갈등과 불만이 있거나 위축되어 있는지 확인한다.
- 다른 사람에게 폭력을 휘두르거나 협박한 적이 있는지 확인한다.
- 과거에 정신과 또는 유사기관을 방문한 적이 있었는지 확인한다.
- 가족과 친척 내에 정신과적 어려움이 있는 사람이 있는지 질문한다.

우울문제를 평가하기 위한 행동관찰

5세 미만의 소아에게서 보일 수 있는 우울 경향성 징후

- 무력하고 우울한 표정이다.
- 공격적이고 화를 잘 낸다.

- 매사에 불안해한다.
- 복통을 호소한다.
- 유분증 또는 유뇨증을 나타낸다.
- 분리불안을 보인다.
- 혼자 벽이나 바닥에 머리를 찧거나 멍하게 있다.
- 섭식 및 수면 곤란을 보인다.

학령기 초기에 보일 수 있는 우울 경향성 징후

- 짜증을 잘 낸다.
- 일상생활이 즐겁지 않고 침울한 표정이다.
- 복통을 호소한다.
- 과잉행동을 보이거나 무력하다.
- 공격적이다.
- 공포감 및 불안감을 표현한다.
- 훔치기 문제가 두드러진다.
- 거짓말을 자주 한다.
- 학교거부와 부적응행동을 나타낸다.
- 불규칙적인 수면과 과다수면 및 불면증을 보인다.
- 자해적인 행동 등의 위험행동이 보이고 그 행동에 집착한다.

초등학생에게서 보일 수 있는 우울 경향성 징후

- 짜증을 잘 내고 변덕스럽다.
- 일상생활이 즐겁지 않고 침울한 표정이다.
- 매사에 무관심하고 무기력하다.
- 또래와 고립되어 있다.
- 신체화 증상이 두드러진다.
- 지나치게 자존감이 낮다.
- 불안하고 침착하지 못한 행동을 나타낸다.
- 분리불안을 보인다.
- 이전에 즐기던 행동에 흥미가 없다.
- 주의집중이 부족하고 어떠한 일을 스스로 결정하지 못한다.
- 자해적인 행동과 병적 사고를 나타낸다.

- 식욕감퇴가 있다.
- 불규칙적인 수면과 과다수면을 보인다.
- 부적절한 죄책감을 표현한다.
- 죽음에 대한 주제에 집착한다.

중 · 고등학생에게서 보일 수 있는 우울 경향성 징후

- 매사에 무기력하고 흥미가 없다.
- 학업수행이 저조하다.
- 슬픈 감정이 주된 정서이다.
- 섭식장애 행동을 보인다.
- 집중력 저하현상이 두드러진다.
- 자존감이 지나치게 낮고 자기개념이 부정적이다.
- 반사회적 행동문제가 나타난다.
- 식욕과 체중변화가 두드러지게 나타난다.
- 부적절한 죄책감을 표현한다.
- 죽음 또는 자살에 대한 이야기에 집착한다.
- 불규칙적인 수면과 과다수면 및 불면증을 보인다.

개입을 위한 치료사의 자세와 접근

우울감이 경한 경우

- 일차적으로는 자살사고를 확인하고, 가족 내에서 자존감을 갖도록 가족환경을 재정립하며, 약물의 필요성을 평가하여 의뢰한다.
- 중요한 사람과의 관계와 상실경험을 탐색하고 미해결요소와 우울과의 관계를 이해한다.
- 우울감정을 표현하도록 지지하고 인정한다.
- 과거의 상처경험과 분노 및 슬픔을 탐색하고 현재 우울증상과의 관련성을 이해하도록 돕는다.
- 자신의 사고특성을 관찰하고 사고와 감정 간의 관련성을 이해하고 비관적인 신념에서 벗어나 긍정적인 인지구조를 갖도록 돕는다.
- 생활습관을 평가하고 건강한 습관을 연습하도록 돕는다.
- 부정적 사고에 대한 인지변화와 대인관계를 위한 지지적 집단도 도움이 된다.
- 부모교육을 통해 우울을 이해하고 혼돈을 해소하도록 돕고 긍정적 역할을 지지한다.

우울감이 심한 경우

- 일상생활 유지가 어려운 경우 또는 자살사고가 있을 경우에는 입원이 가장 중요한 대처이다.
- 우울은 칼로리 섭취가 충분해야 하므로 섭식을 거부할 경우 강제 급식과 수분공급을 해야 한다.
- 혼수성 우울의 경우 방광 배뇨나 변비에 대처해야 하므로 반드시 의사의 처치가 필요하다.
- 회복기에 자살사고가 높으므로 유의해야 한다.
- 충분히 회복되기까지는 책임을 떠맡기는 것을 피한다.

아동청소년의 우울문제 예방을 위한 접근

- 아동청소년의 개별적 특성을 고려한 관심이 우선이며, 장애가 있는 학생의 우선 도움체계를 구체화한다.
- 학교생활의 실패가 대부분의 문제에 영향을 미친다는 사실에 주의한다.
- 학기 초부터 연중 성공적인 학교생활을 위한 프로그램을 적용한다.
- 아동청소년의 문제보다는 강점에 초점을 둔 즉각적인 중재가 필요하다.
- 학교상담실의 처벌적 대처를 피하고 긍정적인 강점 강화를 우선으로 하는 대처가 활용되어야 한다.
- 우울요인과 징후 및 대처에 대한 부모교육과 교사교육을 한다.
- 긍정적인 학교 및 가족환경을 위한 프로그램을 개발하고 제공한다.
- 아동청소년의 자존감을 향상시키고 지지하는 프로그램이 지속되도록 돕는다.
- 대인관계 및 사회적 기술과 문제해결 기술을 제공한다.
- 아동청소년 관련 전문인 간의 상호 협력과 소통을 함께해야 한다.

정신심리치료의 의미와 유의해야 할 사항

- 우울의 이차적인 문제를 방지한다.
- 경한 우울이나 심한 우울 모두에 도움이 된다.
- 내적인 문제에 너무 초점을 두면 오히려 죄책감을 심화시킬 수 있으므로 유의한다.
- 인지 가능한 목표를 세우고 단기치료를 변형한 분석적 치료가 도움이 될 수 있다.
- 우울문제에는 늘 사실적인 문제나 환상 속의 상실문제에 대해 정서적으로 과하게 반응하고 있다는 사실을 인식해야 한다.
- 억압된 분노에 의한 죄책감과 수치감으로부터 도피하려는 욕구가 있다는 점을 이해한다.

- 치료사가 감정을 언어로 표현해주는 것은 죄책감을 느끼지 않으면서 감정을 표출하도록 돕는 것이 된다.
- 과거의 상실보다는 최근의 상실에 초점을 둔다.
- 꿈을 사용하는 것은 개인의 갈등과 욕구가 무엇인지 아는 데 도움이 된다.

인지치료 접근의 의미와 유의해야 할 사항

- 최근에는 우울증에 인지치료가 효과적이라는 보고가 많다.
- 자신과 세상에 대한 부정적인 태도변화에 도움이 된다.
- 인지의 왜곡을 합리적으로 바꾸는 데 초점을 둔 단기치료로 진행된다.
- 약물치료와 병행하는 것이 더 효과적이다.

관계론적 치료접근의 의미와 유의해야 할 사항

- 개인이 드러내는 대인관계 문제가 과거에 원인이 있다고 보고 대인관계 또는 대상관계를 변화시키는 데 초점을 두는 접근이다.
- 일차적으로는 무의식의 내적 갈등을 다루기보다는 자신감, 사회성 기술, 사고 왜곡에 초점을 두고 다룬다.
- 조증 상황에서는 치료사를 가족과 동일시하여 치료사로 하여금 자신을 거부하게 하는 부정적 감정을 유발시키므로 치료사는 역전이로 인한 감정노출에 유의해야 한다.
- 자포자기적인 우울이나 분노와 보복하는 과잉행동에 의존하지 않고 우울감과 상실에 직면할 수 있는 단계에 이르도록 하는 것이 치료의 목적이다.
- 가족치료가 필요할 수도 있다.

중요한 사람과의 상실경험이 있는 중기 청소년의 우울문제에 대한 역동 이해

내가 이 청소년을 만나게 된 것은 7~8년 전쯤의 일이다. 나이에 맞지 않게 울고 떼를 쓴다는 것과 사회성에 문제가 있다고 느낀 부모에 의해 병원을 찾게 된 이 청소년은 5세경부터 몇몇 병원과 상담소를 전전하며 집단치료와 놀이치료를 받았다. 정신과 진단에서는 주의력결핍 과잉행동장애, 정서장애, 품행장애 등 병원마다 각기 다른 진단명으로 이름이 붙여졌고, 내가 그 아이를 만나게 된 시점은 고등학생이 되어서였다. 내가 그 아이를 만났을 당시에는 병원에서 진단 내린 각각의 증상을 대부분 다양하게 가지고 있었지만 두드러진 특성은 불안과 우울문제였다. "내가 나빠서 친구들이 화내고 아버지가 때린다."는 표현을 하거나 "나는 살아있을 필요가 없는 것 같다."는 말을 반복하다가 "아니에요."라는 말로 이미 한 말을 순간 바꾸면서 노출되는 자기에 대한 수치감과 무가치감을 반복적으로 방어하고 있었다. 힘 있는 자가 약한 자를 죽이고 피를 흘리며 죽어가는 장면들을 사용하여 아버지가 자기를 죽이는 이미지 표현들을 통해 아버지가 자신을 때렸던 것에 집착하고 있었다.

증오심을 갖게 한 아버지는 청소년의 자기표상으로 내재화하여 흡수되었고, 그래서 그 청소년은 자기의 잘못을 지나치게 비난하고 처벌하거나 자신의 내적 대상을 공격할 목적으로 손목을 긋고 물에 담그는 자해행동을 하기도 하였다. 또한 자신을 나쁘다고 비난하는 초자아로서의 아버지를 경험하였고 그러한 상황에서 자신을 나쁜 자기로 비난하고 치료사를 그 아버지로 투사하여 공격하기도 하고 자기 탓으로 돌리기도 했다.

우울문제에서 어떻게 자기와 대상의 결합이 이루어지고 다른 한편에서는 고통을 주는 대상이나 원시적 초자아가 나쁜 자기를 학대하는 내적 대상관계가 재활성화되고 있는지 이 청소년의 내적 대상세계에서 보여주고 있다. 이 사례에서 얻을 수 있는 결론은 우울이라는 증상은 대상관계에서의 실패라는 맥락에서 자존감이 부분적으로 또는 전체적으로 붕괴된 결과로 나타나는 것이며 그 결과가 우울로 경험된다는 것이다. 어린 시절에 중요한 사람과의 관계가 내재화되고 성장 후에 우울이라는 장애의 발병시점에서 재활성화되어 현재의 관계로 드러나게 된다.

즉, Freud의 관점에서 보면 청소년의 자기가 상실된 사랑의 대상과 동일시되었기 때문에 분노가 자기 내면을 향하는 것이며, Klein의 관점에서 보면 자신의 욕심과 파괴성 때문에 자신의 내부에 있는 사랑하는 좋은 대상을 스스로 파괴했다고 지나치게 염려한다는 것이다. 결과적으로 자기 내부에 있는 증오스러운 나쁜 대상에 의해 자기 자신이 피해를 당한다고 느끼므로 청소년이 상실된 대상에 몰두되어 있는 한 악한 대상에 의해 피해를 당한다고 느끼는 우울상태에서 재활성화되는 우울의 핵을 형성하는 것이며 자신에 대한 무가치함은 그러한 결과로 인한다.

혼수성 우울을 보이다가 자살한 여학생의 역동

15년 전쯤이었을까, 한 여고생이 내가 근무하던 병원에 입원을 하게 되었다. 초등학교 때 아버지가 자살을 하였고 이후 어머니는 가출하여 두 살 위의 언니와 이모 집에서 생활하고 있었다. "죽고 싶다. 나는 아무런 살 가치가 없는 존재다."라고 쓰인 낙서노트가 친구들에 의해 발견되면서 언니에게 알려왔지만 언니는 예사롭지 않게 여겼고, 이후 점점 체중이 줄고 식사를 거부하며 잠을 자지 않고 함묵상태와 무력감 및 등교거부가 지속되어 진료를 받게 되면서 입원하게 되었다. 언니는 일하면서 학비를 벌고 공부한다는 핑계로 동생이 이 상황까지 오도록 돌보지 못했다는 자책감에 빠져있었고 실제로 이 여학생은 언니와 함께 생활한다고 볼 수 없을 정도로 언니는 동생에 대해 아는 바가 없었다. 여학생의 우울이 감소되어 말을 하게 되고 자신의 신변을 스스로 관리할 수 있었을 때 보고한 이야기에는 가족에 대한 아무런 기대도 할 수 없을 정도로 돌봄이 없었고 가족관계에 대해 기억할 수 있는 것이 없다는 것이었다.

이 여학생이 입원한 당시에는 전혀 자발적인 행동이 불가능했으며 함묵상태와 의식마저 혼미한 상태로 아무것도 스스로 할 수 없었고 외부 자극에 대한 최소한의 반응마저 하지 못하는 상태였다. 오랜 시간 식사를 하지 않아서 체중이 지나치게 감소된 상태였고 탈수현상까지 보였을 뿐 아니라 대소변 문제마저 혼자 할 수 없을 정도의 무력상태로 간병인이 반드시 필요한 정도였기 때문에 언니가 병원에 출퇴근을 하면서 동생을 돌보아야 했다. 6개월 정도의 입원과 정신치료를 받고 우울증에서 벗어날 수 있었지만 결국 여학생은 자살을 하고 말았다.

자살은 우울증과 가장 깊은 연관성이 있다. Freud(1917, 1963)는 우울의 역동에 대해서 우울문제를 가진 사람은 자기 자신을 하나의 대상으로 취급함으로써 자신을 죽일 수 있다고 가정하였다. 자살은 자기를 거부한 사람에게 죄책감을 불러일으키기 위한 것일 수 있으며 대상에 대한 증오와 분노감정이 자기에게로 향한 공격성의 결과이다. 또한 의식적인 차원에서 느끼는 살인적인 분노가 반전되어 대상을 자기 자신과 무의식적으로 동일시하게 되어 자신을 살해함으로써 대상을 죽이는 목적달성을 한다는 것이다.

그러한 이해를 토대로 보면 자살문제에 잠재되어 있는 반복되는 대상관계의 주제는 가학적인 박해자로서 대상과 박해받는 희생자로서 자살한 사람 사이에 벌어지는 하나의 여정이다. 앞의 우울사례에서 보았던 청소년의 경우에서처럼 여학생의 자살로 선택된 이슈에는 고통을 주는 내적 대상이 존재하면서 다른 한쪽으로는 자신을 박해하는 대상과 동일시함으로써 주변인인 언니와 친척들에게 고통을 주며 결국은 박해자로 느끼는 사람들이 자기에게 굴복하는 것이 여정의 마지막 결론이었을 수 있다. 또 다른 맥락에서는 자살이 상실된 대상과의 재결합을 향한 마술적이고 퇴행적인 희망이자 초자아상과의 자기애적인 결합일 수 있다. 이 여학생의 기대할 수 없을 정도로 추락된 현실의 절망감과 자살은 아마도 자존감과 자기통합을 상실케 한 대상에게 향한 분노이자 유아적 소망을 포기하지 못하고 선택한 길이었을 것 같다.

여학생의 자살은 치료자인 나와 다른 의료인들에게 더없이 아픈 고통을 주었는데 이후 나는 자신이 돌보았던 대상들의 자살성공은 정신과에서 일하는 치료진들의 한계라는 생각을 해보았다. 그 여학생이 자살을 하기 전날에도 나와 치료진들은 자살 가능성에 대해 염려하였고 가족에게 주의사항을 전달했지만 결과는 죽음으로 돌아왔다. 이 사건이 있고 나서 여학생을 돌보고자 했던 치료진들은 한동안 슬픔과 죄책감에서 벗어나지 못했고 그로 인해 몸이 아픈 이도 생겼고 다른 팀의 의료진들로 하여금 환자들에게 부정적인 영향을 미칠 것에 대한 염려를 갖게 하기도 했다. 이 부분에 대해서 우리가 알아야 하는 것은 아무리 주의 깊은 관찰과 임상적 기술을 가지고 그 사람을 돌보아도 죽기로 결심한 사람을 막을 수 있는 길은 제한적이라는 사실이다. 이와 관련하여 치료사는 자살의 책임에 대해 지나치게 죄책감을 가지는 것은 도움이 되지 못하며 책임회피가 아니라는 것을 받아들일 필요가 있다. 또한 자살에 잠재된 심리는 무조건적으로 보호받고 싶다는 욕구가 있기 때문에 그러한 욕구를 충족시키려는 치료사의 자세는 자살욕구를 가진 사람의 환상과 결탁하게 하며, 결과적으로는 오히려 실망을 안겨주게 되고 자살의 위험성을 강화하는 결과를 가져오게 할 수 있다. 따라서 우리는 자살환상에 결탁하는 것 대신에 자살욕구의 근원지를 이해하기 위해 노력한다면 더 많은 도움을 제공할 수 있으리라 본다.

함묵상태에 있던 이 여학생의 치료접근에서 나는 심각한 혼수성 우울을 가져온 내적 요인과 외부 상황에서의 스트레스를 이해하려고 했으며 현실도피라고 생각된 우울의 증상과 관련된 근본적인 욕구를 변화시키고자 정신분석 심리치료를 하였다. 나는 여학생이 가지고 있는 사고와 환상과 타협하도록 돕고 자신의 슬픔을 그대로 느낌으로써 현실에서 가능한 방법을 선택하도록 돕고자 했지만 다음 단계의 과정을 가지 못하고 죽음을 선택했다. 이 여학생은 내 삶의 가장 아픈 기억 중 하나로 기억되고 있다. 많은 시간이 지난 지금 내가 깨달은 것은 아마도 그 당시 내 안에 그 아이를 치료할 수 있다는 자기애적 기대가 꽉 차있었다는 것이며 그래서 나의 자기애가 상처를 받아 그처럼 힘든 마음이었던 것 같다.

지금 이 시점에서 나는 자살문제에 접근함에 있어서 그 여학생의 책임과 나의 책임을 구별할 수 있어야 한다는 것을 안다. 자살사고에 대해서 그 여학생이 나와 의논하고 협조를 구할 것인지는 치료사인 내가 아니라 그 아이가 선택하는 것이며 자살에 대한 책임은 선택을 한 그 아이의 몫이라는 것을 어렵게 받아들이고 있다. 나에게 위안을 갖게 하는 것은 자살사고를 가지고 있거나 자살행위를 하는 사람들은 대부분 양가감정을 가지고 깊이 생각한다는 것이며 만약 그 사람이 자신의 죽음에 대해 의문을 가지고 생각할 수 있다면 분명히 죽음 대신에 삶을 선택하게 될 것이라고 믿는다. 그래서 우리는 예측할 수 없는 자살행동 자체를 막기는 어렵지만 자신의 죽음에 의문을 가질 수 있는 기회를 마련하고 느끼고 생각하도록 도울 수 있으며 예방적 중재로서 심리적 공간을 제공하고 안내할 수 있고 보호체계와 협력하는 최선의 역할을 할 수 있다는 것이다.

12. 아동청소년기의 반사회적 경향성 문제

발달적 관점에서 보면 반사회성 또는 품행과 관련한 행동문제는 아동청소년기에 매우 흔한 것으로 어느 정도에서는 청소년기의 통과의례와 같은 현상이기도 하다. 그러나 반복적이고 지속적인 행동에 대해서는 단순히 발달과정으로서의 행동으로만은 볼 수 없으며 정도에 따라서는 정신과적 장애로 보게 된다. 여기에서는 아동청소년기의 발달단계에서 흔히 나타날 수 있는 반사회적 경향성이 독립을 향한 과제로서 적응문제와의 연관성에 초점을 두고 전반적인 이해를 도울 것이다.

아동청소년기 반사회적 행동에 함축된 의미

청소년기 발달에서 흔히 볼 수 있는 반사회적 행동의 핵심증상은 사회적으로 용납되지 않는 행동을 반복하는 것으로 이는 가정에서만 국한될 수도 있고 학교와 사회적 상황에까지 확대되기도 한다. 행동양상은 비행, 폭력, 공격성, 괴롭힘, 훔치기, 패싸움, 약물남용 등으로 나타날 수 있고 발생연령에 따라 다를 수 있으며 사회적인 용어로는 비행, 일탈행동 등으로 표현되고 법적인 용어로는 청소년 비행에 해당한다. 이러한 일반적인 개념을 무시하지 않으면서 아동청소년기에 나타나는 반사회적 경향성에 대한 이해를 일차적으로는 Winnicott(1956)의 청소년기 발달적 특성과 과제에 초점을 두고 시작하기로 한다.

청소년기 발달에서 흔한 반사회적 경향성은 진단명이 아니다

반사회적인 문제는 어느 연령에서나 나타날 수 있으며 박탈을 경험할 경우 박탈 콤플렉스를 가지게 되므로 이때 무의식적으로 누군가의 보살핌을 받도록 강요하는 심리와 관련하여 반사회적 행동을 드러내게 된다. 그 결과 학교와 사회로 하여금 문제행동을 한 아이를 부적응으로 판별하게 되고 결과적으로는 치료환경으로 보내게 한다. 이때 만약 무의식의 요구에 부응하여 그 아이를 돌볼 수 있는 환경이 마련된다면, 즉 부모가 그 아이를 위해 안정된 사랑과 환경을 회복할 수 있다면 그 아이는 원래의 상태로 돌아갈 수 있게 된다. 그러나 만약 반사회적 행동으로 인한 대처가 불안정하여 실패하게 되면 법적 조치를 받는 문제로 확산되고 반복적인 문제행동으로 학습된 만성화로 가게 되는데, 즉 이것은 반사회적 행동문제를 극복하기 위해서는 돌봄의 환경요인이 중요하며 문제의 배경이 환경이라는 것을 강조하고자 함이다. 다시 말해서 반사회적 행동문제는 단순한 질병으로서의 진단이라기보다 우선적으로 청소년의 무의식의 욕구에 동조하는 것이며 인내심을 가지고 이해하는 과정에서 도움을 제공할 수 있다는 것이다.

반사회적 문제행동은 희망을 의미한다

박탈을 경험한 모든 아동청소년이 한결같이 반사회적 행동을 하는 것은 아니며 통과의례로서의 청소년기 특성이 문제행동을 일으키게 하는 당연한 과정도 아니다. 다만 청소년기의 불확실하고 불안정한 특성적 변화가 결핍된 희망과 박탈을 경험한 아이들에게는 어느 시점에서 누군가로부터 박탈경험을 회복할 수 있는 가능성이 느껴질 때 반사회적 행동을 통해 돌봄을 요구할 수 있게 된다는 것이다.

물론 문제행동은 중요한 주변체계의 마음을 상하게 하지만, 그 행동의 밑바닥에는 희망의 욕구가 있다. 예를 들면 우리가 흔히 접할 수 있는 심각한 문제를 일으키는 아이가 나에게 오지 않기를 바라거나 다른 곳으로 옮겨가기를 바라는 마음을 통해 문제행동이 희망의 징표라는 사실을 이해할 수 있을 것이다. 치료사의 마음 한쪽에서 일어나는 거절의 욕구는 그 아이의 문제행동으로 인해 치료사 자신이 다치거나 도둑맞지 않기를 바라는 무의식의 욕구와 관련되며, 이것은 역전이로서 반사회적 행동을 보이는 아동청소년의 희망을 이해하는 데 필요한 중요한 요소가 된다. 그러한 역전이를 통해 치료사는 청소년이 표현하는 희망의 순간을 만나주고 돌봄을 제공해주는 것을 통해 그리고 그들 자신의 원래 본능충동을 다시 실험하고 확인할 수 있도록 환경을 제공함으로써 치료가 가능해진다. 또한 문제행동이 어느 수준에 도달하면 더 이상은 초기 돌봄을 추구하는 것과는 다른 엄격성이 요구되며 장애요소로서 사회적 낙인이 될 수 있으므로 아직은 초기일 때 충분히 개인적이고 안정된 환경을 제공해주어야 한다.

반사회적 행동문제가 발달에 미치는 영향

청소년 초기 발달에서 반사회적 행동이란 누구에게서나 일어날 수 있는 반항과 도움 요청과 같은 것으로부터 심각한 병리로 진행될 수 있는 문제이기도 하며 정도에 따라서는 연령제한 없이 흔한 행동의 경향성이기도 하다. 발생비율은 남아가 여아에 비해 월등하게 많으며 부적절한 가정환경에서 더 빈번하게 발생하기도 한다. 반사회적 경향성은 위에서도 설명되었듯이 일차적으로는 상실에 대한 회복욕구에서 시작할 수 있으나 무의식의 욕구해결이 안 되면 반복적인 좌절을 통해 다양한 합병증이 수반될 수 있다.

예를 들면 학교부적응과 학업실패, 다양한 비행행동과 관련한 법적 문제들, 폭력과 사고로 인한 심리적 · 정신적 · 신체적 손상, 임신과 성적 문란으로 인한 문제들, 의미 있는 사람들과의 관계가 파괴되거나 중독성 문제, 자해와 타해 및 자살, 정신질환 등의 문제이다. 이러한 청소년기에 있을 수 있는 다양한 문제들은 개인에 제한되지 않고 학교와 지역사회에 혼란과 부정적 영향을 미치며 적응적 문제들을 야기시킨다. 무엇보다 중요한 것은 아동청소년기 반사회적 경향성을 방치하게 되면 심각한 병리로서 반사회적 행동문제와 반사회적 인격문제로 발전될 수 있으므로 아동청소년치료사들의 바른 이해와 관심이 더욱 요구된다.

반사회적 행동문제의 유형별 특성

반사회적 행동에 대해서는 일차적으로는 앞에서 설명된 것을 토대로 이해하되 다음에서는 아동청소년기의 발달을 저해하고 사회적 문제로 확대될 수 있는 문제행동의 유형을 살펴봄으로써 병리적인 문제로 확대되는 것을 예방할 수 있는 기초적인 준비를 제공하고자 한다. 아동청소년기 반사회적 행동문제를 DSM-IV에서는 적대적 반항장애(oppositional defiant disorder) 또는 파괴성 행동장애, 품행장애(conduct disorder)로 분류하고 있다.

적대적 반항장애의 특성

적대적이고 반항적인 행동을 주 증상으로 나타내며 사회적 규범을 위반하거나 타인의 권리를 침해하는 행동은 하지 않는 것이 특성이나 증상이 회복되지 않고 심해지면 발달과 적응에 부정적인 영향을 미치며 품행장애로 발전될 수 있다. 예후는 학습장애와 기분장애 그리고 행동장애 및 중독적인 물질 사용이 공존하는지에 따라 다르며 가족관계에 따라서도 다양하다. 행동특성이 나타나는 시기는 3세경부터 시작될 수 있으며 대개는 8세 이전에 시작되고 청소년 중기 이후에는 나타나지 않는 것이 또한 특성이다.

- 쉽게 또는 자주 화를 낸다.
- 어른들의 규칙에 따르지 않고 반항적이어서 어른들을 화나게 한다.
- 어른들과 말다툼을 자주 한다.
- 반항적인 태도가 가정 외의 학교나 밖에서는 보이지 않을 수 있다.
- 자신의 실수나 부정적인 행동을 인정하지 않고 정당화하기 위해 다른 사람을 탓하고 비난한다.
- 적대적인 반항행동이 학업과 사회적 관계에 지장을 초래할 수 있다.
- 만성화가 되면 대인관계 문제와 학교부적응 문제가 생길 수 있다.
- 열등감이 높고 좌절되어 있어 우울하다.
- 지능은 정상적이나 학업성적이 나쁜 경우가 많다.
- 문제행동은 정신장애나 기분장애 과정에서 발병하는 것이 아니다.
- 드러난 증상이 행동장애나 인격장애에는 맞지 않으나 행동장애, 정신분열, 기분장애에서는 적대적 행동이 나타날 수 있으며, 발전이 되면서 기분장애와 행동장애로 진행될 수 있다.

품행장애의 특성

아동청소년기에 매우 흔한 문제행동이며 기본적인 특성은 반복적이고 지속적으로 타인의 권리를 침해하는 행동을 하거나 나이에 적합한 규범이나 규칙을 위반한다. 남아가 여아에 비해 훨씬 많으며 1/3이 성인기 문제로 발전할 수 있으며, 반사회적 인격장애나 알코올 의존문제를 가진 부모에게서 성장하는 경우 발생할 가능성이 높다. 품행장애가 있는 아동청소년의 지능이 낮거나 사회기술이 부족하거나 발병시기가 어린 나이이고 지지체계가 불안정할 때 더욱 예후가 부정적이다.

- 평균 발병시기는 남아의 경우 10세경부터, 여아는 14세경부터 시작될 수 있다.
- 대개는 갑자기 발병하지 않고 서서히 여러 증상들이 드러나기 시작하면서 발전한다.
- 다양한 형태로 공격적인 행동을 하고, 지속적으로 규칙에 어긋나는 행동을 한다.
- 약자를 괴롭히고 신체적 공격을 하거나 잔인한 행동을 한다.
- 권위대상인 어른이나 교사에게 무례한 행동과 욕설을 하고 순응하지 않는다.
- 적대적이고 반사회적인 행동을 숨기지 않는다.
- 학교등교를 거부하거나 자주 결석을 한다.
- 일반적인 경우보다 흡연, 음주, 약물, 성적 비행 등이 일찍 시작된다.
- 지속적으로 거짓말을 하고 마음대로 조정하여 남을 속이려는 태도가 많다.
- 훔치기와 폭력을 휘두르고 잦은 가출과 배회행동이 잦다.
- 친구가 없고 있어도 피상적인 관계가 대부분이다.
- 다른 사람의 생각이나 느낌과 욕구에 민감성이 결여되어 있다.
- 열등의식이 심한 반면에 이기적이어서 타인의 입장에 대해 전혀 관심이 없다.
- 잘못을 인정하지 않으며 죄책감이 없고 늘 다른 사람을 탓한다.
- 과거력에 학업성적이 낮고 우울과 불안이 있는 경우가 흔히 있다.

흔히 반사회적 행동문제에 영향을 미치는 요소들

- 가정불화 및 가족의 억압적인 환경이 중요한 요인이다.
- 박탈된 내적 대상관계와 관련이 깊다.
- 가족 내에서 폭력 및 아동학대가 있을 수 있다.
- 성격장애 및 충동조절 문제가 있는 부모의 역할모델에 따른 동일시일 수 있다.
- 부모 부재 및 부적절한 훈육이 영향을 미칠 수 있다.
- 정서적 환경의 제공이 결여되었을 수 있다.
- 유전적 소인으로서 반사회적 인격장애, 약물문제, 기분장애, 정신분열증, 학습장애, 까다로운 기질성 문제 등이 있는 경우 반사회적 행동을 유발할 수 있다.
- 간질, 과다활동증, 두뇌 손상 등의 대뇌손상 및 남성호르몬 문제 등과 관련이 있을 수 있다.
- 정신지체 및 경계선 지능의 경우 적절한 타협이 어려움으로 인해 반사회적 행동이 두드러질 수 있다.

- 사회구조의 차별성과 기회 박탈에 대한 저항으로 나타날 수도 있다.

평가를 위해 치료사가 확인해야 할 내용

반사회적 행동과 관련하여 적응문제의 정도를 이해하기 위해서는 다른 어떠한 아동청소년의 문제들보다도 더욱 철저한 평가를 하여 선별해야 한다. 발달적 특성상 성인과는 다르게 언어 표현력의 부족과 방어적 태도 그리고 성인에 대한 부정적 이해와 어려움 등으로 인해 면담이 쉽지 않을 수 있으며 반사회적 행동과 관련하여 자신이 가진 일탈문제와 감정을 숨기기도 하므로 개인의 상황과 문제를 이해하는 데 어려움이 따를 수 있다.

- 물질남용 등 동반된 정신장애나 질환이 있는지 평가하여 심리치료의 가능성을 구별해야 한다.
- 신경학적 상태나 지능 수준을 확인할 필요가 있다.
- 학습능력과 사회적 기술능력 수준을 평가한다.
- 가족력과 개인력 및 관계 유형과 질적 수준을 평가한다.
- 2~3세경의 아이가 반항적이라면 6개월 이상 관찰이 필요하다.
- 다른 장애와의 유사성 및 차별성에 유의한 감별평가가 중요하다.
- 가족환경과 관계패턴 및 역동을 탐색하고 확인한다.
- 가족 내 폭력 및 학대문제가 있는지 탐색한다.
- 과거에 학대, 분리, 유기 등을 둘러싼 감정을 탐색하고 평가한다.
- 관계에서 갈등과 불만이 있거나 위축경험이 있었는지 확인한다.
- 다른 사람에게 폭력을 휘두르거나 협박한 적이 있는지 확인하고 행동의 변화과정을 확인한다.
- 과거에 정신과 또는 유사기관을 방문한 적이 있었는지 확인한다.
- 내재화의 심각한 손상과 초자아발달의 실패와 관련한 역동을 탐색한다.
- 가족과 친척 내에 정신과적 어려움이나 유사한 행동문제가 있는 사람이 있는지 평가한다.

개입을 위한 치료사의 자세와 접근

반사회적 행동이 경한 경우

- 과거부터 현재까지의 행동패턴의 원인을 평가한다.
- 일차적으로는 대상관계 수준을 확인한다.
- 중요한 사람과의 관계와 상실경험을 탐색하고 문제행동과의 관계를 이해한다.

- 두려움과 분노 등의 감정을 표현하도록 지지하고 인정한다.
- 부모상담을 통해 행동의 이해를 돕고 정서적 환경을 재구성하도록 돕는다.
- 왜곡된 신념체계가 있는지 평가하고 수정하도록 안내한다.
- 규칙을 어겼을 때 발생할 수 있는 결과를 인식하도록 돕는다.

반사회적 행동이 심한 경우

- 중요한 것은 안전성의 한계를 설정하는 것이다.
- 문제행동의 시작과 진행과정을 구체화하고, 문제행동의 잠재욕구와 실패를 이해한다.
- 일차적으로는 아동청소년과의 관계 수립이 중요하나 정도에 따라서는 전통적인 방법으로는 도움이 제한적일 수 있으며 인지행동적 접근을 병행할 필요가 있다.
- 필요에 따라서는 주변 사람의 협조를 동원할 수 있다.
- 역기능적 가족 상황이라면 가족치료가 필요할 수 있다.
- 주기적인 치료방법보다는 직접적이고 집중적인 치료접근이 더욱 도움이 될 수 있다.
- 학교와의 협력관계를 유지하여 행동관리를 하는 것이 필요하다.
- 사회기술과 행동변화를 위해 집단치료가 도움이 될 수 있다.

아동청소년의 반사회적 문제 예방을 위한 접근

- 아동청소년의 개별적 특성을 고려한 관심이 중요하다.
- 문제행동을 발생시킬 수 있는 소인을 발견하는 것이 우선이다.
- 효과적인 양육환경을 위한 부모교육이 중요하다.
- 대인관계 기술과 사회적 상호작용 기술에 초점을 둔 프로그램을 제공한다.
- 자아개념을 위한 프로그램에 참여하도록 안내한다.
- 학교생활의 실패가 대부분의 문제에 영향을 미친다는 사실에 유의한다.
- 학기 초부터 연중 성공적인 학교생활을 위한 프로그램을 적용한다.
- 아동청소년의 자존감을 향상시키고 지지하는 프로그램이 지속되도록 돕는다.
- 긍정적인 학교환경 및 가족환경을 위한 프로그램을 개발하고 제공한다.
- 아동청소년의 드러난 문제보다는 강점에 초점을 둔 즉각적인 중재가 필요하다.
- 학교상담실의 처벌적 대처를 피하고 긍정적인 강점 강화를 우선적인 대처로 활용해야 한다.
- 아동청소년 관련 전문인 간의 상호 협력과 소통을 함께해야 한다.
- 강점 중심의 지지 프로그램을 반복적으로 제공한다.

반사회적 문제행동으로 사회봉사 명령을 받은 청소년의 역동

수년 전 나는 품행장애 진단을 받고 강제 입원한 19세 청소년을 만난 적이 있다. 그는 걸핏하면 학교를 결석하고 훔치고 폭력을 휘두르며 친구들과 유흥업소를 전전하다가 한 여대생을 죽음으로 몰고 간 사건으로 인해 다른 친구들은 법적 울타리로 통제되어야 했고 이 청소년만이 강제 입원조치 되었다. 1년간의 입원계획이 세워졌으며 퇴원 후 6개월간의 사회봉사 명령을 받고 성공적인 사회적응을 한 사례이다. 청소년이 처음 입원했을 당시에는 이미 치료진들이 예측했듯이 첫날부터 행동화 문제에 대처하느라 분주했고, 주변 환자들의 두려움과 무관심이 교차하는 분위기 속에서 2~3일을 계속 소리 지르고 욕하면서 격양된 감정을 가라앉히지 못하고 있었다.

당시에 기관에서 규정한 이 아이의 치료계약에는 여러 가지 조건들이 있었는데, 예를 들면 전화통화, 가족면회, 음식물 반입, 시간마다 프로그램과 약물복용, 산책 등의 방법과 규칙에 대해 약속해야 했고 약속이 지켜지지 않았을 때 따르게 되는 조건들이 그 아이에게는 견딜 수 없는 분노로 반응하게 했다. 치료진들은 청소년의 분노 표출에 인내하고 견뎌야 하며 지속적으로 정한 조건에 대한 책임성을 갖고 직면시키고 잘못된 사고의 과정에 지속적인 초점을 두어 변화를 유도해야 했다. 짜여진 프로그램에 의해 행동의 결과가 어떻게 실패하고 성공하는지에 대해 스스로 직면하고 탐색하도록 하는 과정에서 치료사는 보조자아로서 행동을 하고 더불어 충동적인 행동의 결과가 어떠한 결과로 나타나는지 생각하도록 격려했다. 초기 몇 개월의 과정은 그렇게 충동적인 행동이 감정으로부터 나온다는 것을 알고 있었으므로 치료는 '지금-여기'라는 현재 상황에 초점을 맞추어 계획되고 진행되어 갔다. 청소년이 어느 정도 적응되어가고 안정이 되었을 때 그리고 자신의 행동에 대해 거리를 두고 바라볼 수 있고 인정하게 되었을 때 내가 해야 하는 중요한 일은, 구체적인 내면의 감정에 다가가 행동으로 재현된 문제행동에 대해 탐색하고 그렇게 행동하게 된 근원지를 찾아 대면하여 수용하고 담아내는 일이었다. 그 과정은 개인치료와 집단치료를 병행하고 부모의 부부치료와 가족치료를 하는 것으로 연결되었다.

강제 입원으로 인한 분노가 컸음에도 불구하고 시간이 지나면서 청소년은 자신의 파괴적이고 남을 속이고 갈취하는 행동에 대해 불안을 경험하였고 변화시키고자 하는 동기를 가질 수 있었다. 초기의 치료과정은 면회나 외출을 금지하여 충동의 기회를 없앰으로써 청소년이 자신의 분노와 불안감정과 내적 공허감을 충동적인 행동화를 통해 표출하기보다는 작품 속에서 직접적으로 다루도록 하였다. 표현된 이미지들은 자신의 문제를 남의 탓으로만 돌리고 자신의 문제를 인정하지 않으려 했던 부적절함을 계속해서 반복적으로 직면하게 한 유일한 기회를 제공해주었다. 치료는 그렇게 시작하여 매우 느리게 진행되어 가면서 때로는 청소년이 과장된 자기에게 위협을 가하기도 하고 거짓으로 과장된 자기를 포기하는 과정에서 치료사인 나와 매 단계마다 투쟁이 계속되었다. 그 청소년의 내면이 과장된 자기개념에 치우쳐 있다는 것을 알고 있고 그래서 그러한 엄청난 행동들을 하면서 자기를 드러내고 있었다는 것을 나는 이해하고 있었기에 그러한 청소년의 저항 또한 인식하고 있었다. 그럼에도 때로는 그의 드러내고 표현하는 폭력의 사실이 내게 위협으로 다가와 나의 견디는 힘을 약화시키곤 했다. 그리고 나는 청소년에 의해서 희생당하는 것을 피하기 위해 청소년의 위협적인 시도를 조정해나가야만 했으며 더불어 부모의 속임수와 위협 또한 감당해야 했다. 심각한 반사회적 문제에 대해서는 중립적인 치료사의 자세가 도움이 되지 않으며 공감적 자세가 좋은 것만은 아니기 때문에 정신치료사로서 적절한 방어와 조정을 사용하면서 청소년의 증오를 감당하며 그 자리에 있어야 했다.

개입에서 다뤄진 초점과 치료사가 중요시한 치료원칙

- 어떠한 치료대상보다 더 안정되고 빈틈없는 자세가 필요했다.
- 청소년이 자신의 행동을 축소시키고 미화시키려는 행동을 반복해서 직면시키려고 했다.
- 문제행동의 요인을 남의 탓으로 돌리는 것을 중단하고 자신의 책임으로 받아들이도록 하였다.
- 지금-여기에서의 행동과 도피욕구를 직면시키고 해석하였다.
- 변화가 일어날 것이라는 자신감과 나의 전문능력에 대한 자존감이 자기애적 문제인지 살피고 경계하였다.
- 청소년의 감정에 공감함으로써 문제행동에 결탁하게 될 것에 대해 스스로 감시하고자 했다.
- 청소년의 저항과 부정적 치료반응을 감소시키기 위해 청소년과 결탁하게 될 것에 유의하였다.
- 부모로부터 무시당하고 외면되었던 요인에 접근하였고, 발달시키지 못한 대상 항상성 문제를 다루는 것을 후반부의 치료목표로 삼았다.
- 책임지지 않으려 하는 부모의 거짓되고 과장된 태도에 조정당하지 않고 청소년의 반사회성을 조장하는 문제를 다루는 데 많은 시간을 투자하였으며, 부모관계의 비밀스러운 문제를 해결하도록 돕고자 했다.
- 가족관계의 비밀을 제거하고 화해와 조화와 적절한 분리를 받아들이도록 지지하였다.

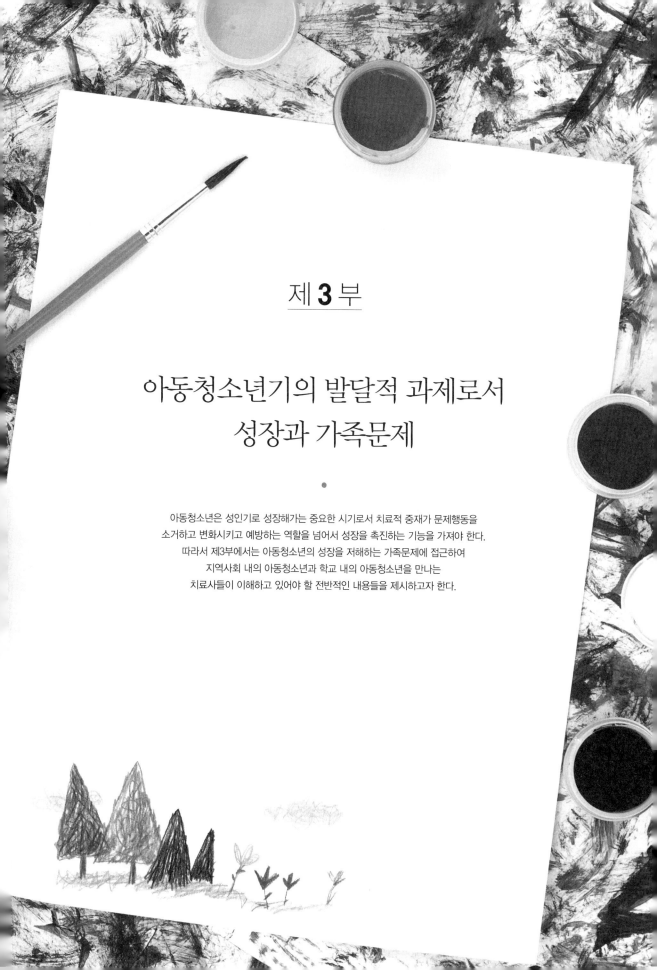

제3부

아동청소년기의 발달적 과제로서 성장과 가족문제

•

아동청소년은 성인기로 성장해가는 중요한 시기로서 치료적 중재가 문제행동을
소거하고 변화시키고 예방하는 역할을 넘어서 성장을 촉진하는 기능을 가져야 한다.
따라서 제3부에서는 아동청소년의 성장을 저해하는 가족문제에 접근하여
지역사회 내의 아동청소년과 학교 내의 아동청소년을 만나는
치료사들이 이해하고 있어야 할 전반적인 내용들을 제시하고자 한다.

제7장

아동청소년의 성장과 가족관계

일생을 통하여 발달하는 독특성을 가진 인간의 성장과정에는 각 단계마다 생활주기가 있고, 그 주기는 상징적이고 반복적으로 개인의 과정을 따르면서 순환과정을 거치며 발달에 영향을 미치게 된다. 그 영향은 개인의 감정을 건드리고 자기만의 방식으로 지각을 일으키며 만족감과 불만족감의 경험은 몇 달이고 몇 년이고 쌓여 개인의 인식 수준에 따라 주관적인 경험이 일어나면서 또 다른 변화를 자극하게 되며, 궁극적으로는 어떤 식으로든 성장을 촉진시키는 힘이 된다.

이러한 자극과 변화가 아동청소년기 발달과 가족관계와 어떠한 관련성이 있는지에 대해서는 이 책의 제3장 "발달과 적응에 미치는 주요 체계와의 관계" 제1절에서 분리개별화에 따른 청소년기 과제와 적응문제, 부모 자녀관계의 갈등이 적응에 미치는 영향을 다루고 있다. 부모 자녀관계는 모든 인간에게 최초 경험의 장이며 사회적 관계에서 필요한 모든 경험의 기초가 되기 때문에 부모의 성숙하고 바람직한 양육태도는 아무리 강조해도 부족하지 않을 것 같다. 나는 아동청소년치료에서 부모 자녀관계를 도울 수 있다면 대부분의 발달적 문제들은 해결될 것이라고 강조해왔고 지금도 그렇게 믿고 있다. 여기에서도 예외는 아니며 그러한 부모 자녀관계의 갈등과 상실이 아동청소년치료와 학교미술치료에서 구체화되기를 바란다. 이 장에서는 성장의 경험이 어떻게 시작되며 경험되고 재구성되는지 다시 정리해봄으로써 발달적 성취로서 성장과 성장의 열쇠라고 할 수 있는 아동청소년 자신의 책임성과 가정의 위험요소에 대해 논의해볼 것이다.

1. 청소년기 성장의 주관적인 경험과 순환주기의 경향

성장의 경험은 대부분 자기 자신과 주변 환경에서 경험되는 변화를 인식하는 것으로부터 시작되며, 그 경험이 어떻게 개인에게 다가오고 내재화되느냐에 따라 만족감의 수준은 다르게 받아들여지며 다른 감정을 유발하게 된다. 그 경험은 다시 개인으로 하여금 자기와 다른 사람에 대한 새로운 태도를 갖게 하는 경험으로 재구성된다.

성장은 변화의 인식으로부터 시작한다

변화는 삶에서 늘 일어나고 있지만 개인이 항상 그 변화를 인식하고 있는 것은 아니다. 만약 계속적으로 일어나는 수없이 많은 변화들을 모두 인식하고 지각하게 된다면 우리의 머리는 그것을 감당하기에 너무 벅차 혼란을 일으키게 될 것이다. 오히려 부분적으로 자기의 관심 수준과 그 상황에 적절할 수 있는 내용만 잘 들리고 보이고 인식되므로 혼돈을 최소화하여 통제할 수 있는지도 모른다. 어떤 과제를 두 학생이 열심히 준비하여 선생님으로부터 확인받는 과정에서 "그것은 참 잘했는데 그렇게만 할 수 있는 것은 아니지."라는 말을 들었다고 생각해보자. 같은 상황이지만 한 학생은 그것을 예기치 않은 칭찬을 받았다고 생각하여 더욱 잘할 수 있을 것 같은 자기확신과 함께 다음 단계를 계획할 수 있게 된다. 그러나 다른 한 학생은 그것을 잘못했다는 비난으로 인식하여 좌절을 경험하고 불만족한 감정이 올라와 칭찬도 받지 못한 것을 위해 시간을 낭비했다고 화를 내거나, 어쨌든 과제는 끝냈다고 자기위로를 하면서 결과적으로는 어떠한 경험이 일어났든 그 과제를 무시하고 싶은 마음이 들 것이다. 그러나 시간이 지나면서 그 불만족한 경험은 잊혀지지 않고 자기를 괴롭힐 수 있으며 짜증 나는 그 감정들이 또 다른 일에서 다른 방법으로 추진하려는 욕구를 불러일으키게 된다. 경험의 결과로 오는 공통점은 무엇이 되었든 자기가 듣고 싶은 대로, 원하는 대로만은 되지 않을 수 있으며 어떠한 불만족감도 생애에 아무 의미 없는 것은 없다는 것을 인식하게 되면서 성장이 시작된다는 것이다.

변화에 대한 경험의 불만족감은 성장을 유도한다

청소년기 발달의 특성적인 변화들은 개인에 따라 다양한 불안감을 유발하고 그 불안감에 따라오는 우울감을 극복하기 위해 문제행동을 일으키기도 한다. 그러한 문제행동은 중요한 주변체계의 강력한 관심을 유발시키고, 관심의 방향과 질적 수준에 따라 청소년은 불만족한 부분에 대해서는 저항하며 자기에게 다가온 변화들을 어떠한 식으로든 대처하고자 행동을 선택하게 되고, 어떤 청소년은 자신의 감정을 억누르거나 부정하고 순응하기도 한다. 그렇게 보면 성장의 기회는 어쩌면 부정적 감정을 유발한 청소년이 더 가능할지도 모른다. 앞의 최선을 다한 결과에 대해 칭찬받지 못한 청소년의 경우에는 실패의 경험이 좌절을 주었지만 그 좌절경험이 새로운 시도를 하게 한 결과로서 더욱 강력한 변화에 직면하는 힘을 가지게 된다는 논리가 성립된다. 이러한 논리는 실패를 하지 않으면 변화에 직면할 수 있는 힘을 갖지 못한다거나 성장을 할 수 없다는 이야기가 아니다. 청소년기의 급변하는 독특성들은 제거되어야 하는 것이 아니라 그 경험이 어떠하든 간에 인간이 가진 능력에는 변화에 대처하고 성장의 기회로 삼을 수 있는 힘이 있다는 것이다. 특히 청소년기는 변화가 빠르고 다양하기 때문에 그 경험 또한 다양하고 강력해서 새로운 방향을 찾아가게 하는 성장의 강한 동기가 된다.

성장은 불만족감에 대한 경험의 재구성이다

경험의 재구성이란 경험에 의해 수용되고 획득한 것이 이후에 자신의 성격과 태도에 영향을 미치고 자아개념이 변화되는 것을 의미한다. 청소년기의 형식적 조작사고 발달과 자기중심성의 특성은 자기 자신을 인식하는 데 영향을 미치면서 통찰을 가능하게 하고 자신뿐 아니라 타인에 대한 이해가 변화되는 경험이 일어나게 한다. 타인과 비교함으로써 자신의 부족감을 느끼게 되어 올라오는 불안을 숨기지만 언젠가 인식되는 자기불안에 대한 두려움을 발견하고 그 감정에 집중하게 되면서 내면에서 일어나는 무의식의 욕구를 더욱 인식하게 될 것이다. 그 인식은 계속되는 삶의 변화에 영향을 주기 때문에 반복적인 경험의 재구성이 따르게 되며 결과적으로는 변형된 내면화가 가능해진다는 것이다.

세상이 두려워 외출 자체도 불안했던 20대 후기 청소년의 이야기를 통해 경험의 재구성이 어떻게 진행되었는지 살펴보자. 그녀가 처음 세상으로 나오기 시작한 것은 5~6년 전으로 버스를 타도, 길을 걸어가도 다가오고 스쳐가는 사람들의 눈길이 두려워 숨을 쉬기도 어려울 정도로 불안감을 가지고 있었다. 사람들과의 접촉을 연습하기 위해 30분의 외출 프로그램으로부터 시작한 그날의 용기가 지금의 그녀를 가능하게 했으리라는 믿음에는 의심의 여지가 없다. 그녀에게 나타난 불안은 청소년 초기인 초등학교 후반에 나타나기 시작했고 신체변화와 외부에 대해 스스로 느끼고 받아들인 부정적 인식이 자기를 초라하게 만들었다. 인정받고 싶은 강한 욕구에 대한 외부의 평가가 내면에서 타협하지 못하고 혼란으로 채워졌던 것 같다. 그녀가 노력한 반복된 변화의 시도는 계속 좌절로 다가왔지만 끝없이 자기를 잡고 있는 불만족감이 멈추지 않았기 때문에 또 다른 선택을 하고 시도하게 하였고, 그러한 시도의 반복은 나름대로의 선택의 과정을 거치면서 재구성의 과정이 일어나 지금의 태도와 자기가치를 변화시켜 놓았다. 나는 그 여성을 지켜보면서 힘들고 아프지만 그녀가 가진 변화에 적응할 수 있는 본능적인 힘을 발견할 수 있었고 경험을 재구성할 수 있는 놀라운 능력을 지켜보게 되었다. 더불어 개인마다 발휘할 수 있는 능력과 진행시간의 차이는 있지만 누구나 적응과 성장의 능력을 잠재적으로 가지고 있으며 자기성숙과 개성화의 과정을 향하고자 하는 욕구가 있다는 것을 믿기에 심리치료를 할 수 있는 것이라 생각한다.

성장을 향한 과정에는 책임이 따르게 된다

성장을 향한 과정에는 어느 정도 위험요소가 따르게 된다. 온전하지 못하고 모든 것이 새롭고 급하게 변화하는 발달적 과정에서 부딪히는 내적 변화와 외부로부터 요구받는 다양한 변화들을 담아내기에 벅차고 쉽게 상처가 되고 실망할 수 있는 상황들이 도전하고 싶은 욕구를 일으키기도 하지만 도피하고 싶은 마음을 강하게 불러일으킬 수도 있다. 이때 청소년이 다가온 변화와 또는 다가올 수 있다는 불안감과 불편감에 대해 위험을 감수할 용기를 갖고자 하는 의지가 있다면 그 의지는 개인의 성장을 가능하게 하는 열쇠가 된다.

너무 일찍 한계를 설정하지 않고 가능성을 열어놓아야 한다

청소년이 가진 잠재능력은 어른들이 생각하는 것보다 훨씬 많은 것 같다는 것을 늘 느끼면서, 안타까운 것은 우리 사회의 통제적이고 규격화된 교육체계와 어른들의 욕구가 아이들의 가능성의 한계를 너무 빨리 차단하고 억압시킨다는 생각을 하게 된다. 현실에서 드러난 결과물은 개인이 가진 능력의 일부분일 뿐이며 진정한 자기 능력을 표현하지 못하고 짜맞추어진 틀 속에 적응하는 아이들이 대부분이 아닐까 생각한다. 늦었다는 생각이 들어도, 틀렸다고 고개를 저어도 어둠 속에서 미세한 빛을 느낄 수만 있다면, 그 빛에 무언가를 기대할 수 있다면, 손에 잡히지 않아도 분명히 그는 자신의 잠재력을 발휘하기 시작할 것이다. 어쩌면 아니라고, 틀렸다고, 늦었다고 생각하는 그 마음이 성장에 방해가 될 수도 있지만 그 위험요소를 견뎌내고 가볼 가치를 느낀다면 분명히 성장은 따르게 된다는 것을 우리는 알고 있고 그래서 아이들을 만날 수 있는 것이다.

스스로 선택할 수 있어야 하고 선택한 일에는 책임을 가진다

사람들은 수없이 부딪히고 만나는 경험들 중에서 무엇이 바람직하고 부적절한지에 대해 갈등을 겪으면서 각자의 욕구와 가치에 상응하는 무언가를 선택하게 된다. 선택의 순위가 바뀌었다 해도 그 선택에 수반되는 책임 때문에 위협감을 느끼기도 하며 두려운 감정으로부터 도피하고 싶기도 하다. 그러나 스스로 선택한 일에 위협을 느끼더라도 자신을 신뢰할 수 있는 용기가 없다면 성장을 기대하기란 제한적일 수밖에 없다. 청소년기는 이전과는 다르게 자신의 생에 대해 책임을 지기 위한 준비과정이며 스스로를 책임질 수 있는 용기를 갖기 위해 몸부림하는 시기이다. 너무 빠르게 떠넘기지 않고 불안해도 용기를 낼 수 있어야만 성장이 가능하며 그 과정을 돕는 지지체계가 중요하다. 그래서 청소년치료에서는 자기의 능력을 인식하도록 돕고 자신에게 일어난 일에 대해 책임이 있다는 것을 인식하도록 도우며 자신의 독특성을 발견하고 '지금-여기'에서 만남의 진실성을 강조하는 주제와 방법을 적용하게 된다. 이러한 가능성에 가장 많은 의미를 제공하고 가능하게 하는 대상과 환경이 가족이며 부모환경이라는 사실을 간과하지 않아야 할 것이다.

2. 아동청소년기 발달과 성장의 열쇠로서 부모환경

이 절에서는 아동청소년들이 자신의 부모에게서 무엇을 기대하고 무엇이 부모 자녀 간의 긴장을 초래하는지, 어떠한 부모환경이 아동청소년기 발달을 적응적으로 성장하게 하는지에 대해 논의해보자.

부모의 과부화된 기대로 인한 문제

부모의 역할은 가족의식의 핵심을 이룬다고 할 수 있을 만큼 중요해서 아동청소년의 발달과 성장에 직접적인 영향을 미친다. 사회현상에 지나치게 민감하게 반응하여 자녀를 변화된 새로운 대열에 끼워 넣기 위해 서두르고 불안해하는 부모는 자녀로 하여금 성장의 질서를 잃고 혼돈 속으로 내몰게 하여 가족 전체의 기능에 장애를 초래하게 된다. 부모가 자녀에게 자신의 가치관을 강요하고 기대했을 때 자녀가 부모의 기대를 거부하는 반응과 태도들에는 단순히 해결할 수 없는 미묘하고 복잡한 문제들이 내포되어 있어서 부모 자녀 간에 심각한 문제로 등장할 수 있다.

분리개별화 과제와 관련한 부모 자녀관계의 특성

- 분리개별화 과제는 모든 영역에서 반드시 부모로부터의 독립과 자율성 획득이 아니다.
- 부모와의 안정된 애착관계와 유지가 더욱 강조되는 시기이다.
- 의사결정이 부족한 부분에 대해서는 부모로부터 계속적인 조언과 지지가 필요한 시기이다.
- 청소년기에 부모와의 애착관계는 사회적 유능감과 자존감을 갖게 하며 신체건강을 유지하게 하는 등 다양한 측면에서 행복하고 가치 있는 삶을 촉진하는 요인이 된다.

부모의 지나친 기대가 부모 자녀관계 갈등에 미치는 발달적 영향

- 부모 자녀관계에서 일어난 갈등문제는 어느 한쪽의 일방적인 태도로 말할 수 없다.
- 청소년기에 일어나는 부모 자녀 간의 갈등은 필연적이다.

- 부모 자녀관계의 갈등은 사춘기 징후가 나타나는 시기에 증가하며 대부분 일상생활의 사소한 문제들이다.
- 생활패턴과 관련된 부모 자녀 갈등은 대개 고등학교 시기 동안 지속되다가 청소년 후기가 되면 감소한다.
- 청소년기의 갈등은 자아정체감을 탐색하는 과정에서 통과의례와 같은 과정이므로 어느 정도는 정상적이다.
- 청소년들이 부모 자녀 간의 갈등을 해결하기 위해 노력한다면 부모로부터 독립하여 성인으로 이행하려는 과정을 촉진시켜 주는 힘이 될 수 있다.

부모의 자녀 양육태도가 아동청소년의 성격발달에 미치는 영향

부모와 자녀의 관계는 어느 한쪽의 일방적인 태도로 말할 수 없으며 부모의 태도는 이미 원가족으로부터의 경험에서 시작된 것이다. 그럼에도 부모의 원가족문제는 여기에서 다루지 않을 것이며 다만 부모 양육태도의 통제 유형이 아동청소년의 발달에 어떠한 영향을 미치는가에 초점을 두기로 하겠다.

민주적인 부모환경에서 청소년이 보일 수 있는 특성적 경향
- 가장 긍정적인 관계를 형성한다.
- 역할이나 중요한 문제에 대해서 대부분 부모와 자녀가 합의하에 결정하므로 자기존중감이 높다.
- 사회적 관계에서 자신감이 높다.
- 타인에 대해 관심을 가질 수 있는 능력이 있다.

독재적인 부모환경에서 청소년이 보일 수 있는 특성적 경향
- 매사에 부모의 판단에 의해 결정하므로 청소년의 반발과 의존을 초래하여 독립성을 방해하게 된다.
- 부모와 청소년 양쪽 모두 정서적 불안을 초래할 수 있다.
- 청소년으로 하여금 학교폭력을 유발할 수 있으며, 성장 후에는 가정폭력 문제와 관련될 수 있다.
- 부모와의 동일시가 안 되므로 사회적인 관계에서도 동일시로 인한 성숙문제를 초래할 수 있다.
- 순응적이고 위축된 성향을 가질 수 있으므로 성인이 되어서도 의존적이 될 수 있다.
- 가능한 빨리 독립하려 하며 그중 일부는 반사회적인 문제와 연결될 수 있다.

허용적인 부모환경에서 청소년이 보일 수 있는 특성적 경향

- 청소년이 부모보다 더 영향력을 갖는 결정권을 가지게 되며 다양한 모습으로 성장할 수 있다.
- 독재형의 극단적인 모습으로 자녀 스스로 모든 것을 결정하게 한다.
- 사회화가 어려울 수 있다.
- 지도를 받지 못했기 때문에 좌절 상황에서 책임을 받아들일 준비가 안 될 수 있다.
- 불안정하고 방향감각이 없을 수 있다.
- 자기중심적이어서 자신을 받아주지 않는 사람과 관계를 맺지 못한다.

비일관적인 부모환경에서 청소년이 보일 수 있는 특성적 경향

- 독재적이기도 하고 민주적이기도 하며 때로는 방임된 양육환경이므로 혼돈과 불안정을 초래할 수 있다.
- 독재적일 경우 아버지가 아들에게, 어머니가 딸에게 더 권위적인 태도를 보인다.
- 일관성 없는 혼란스러운 부모의 태도로 인해 자녀는 불안하고 반사회적 행동을 할 가능성이 높다.
- 부모의 의견이 일치하지 않을수록 자녀는 공격적이고 순응하지 않거나 통제가 어려울 수 있다.

부모 자녀관계의 상호작용 형태에 따른 아동청소년의 적응적 특성

권위 있고 수용적인 부모와의 상호작용

- 높은 자존감과 원만한 대인관계를 가능하게 한다.
- 청소년의 명확한 행동기준과 적절한 자율성을 제공하므로 적극적이고 독립적이며 책임감 있는 역할기능이 가능하다.
- 학습 성취도가 높다.

거부하고 적대적인 부모와의 상호작용

- 학습부진 및 학습장애를 초래할 수 있다.
- 적절한 또래관계를 형성할 수 없게 된다.
- 신경증적 행동장애를 유발할 수 있다.
- 반사회적 성격을 형성할 수 있으며 학교부적응 문제와 관련될 수 있다.
- 학교폭력 문제와 관련될 수 있다.

지나치게 자율적인 부모와의 상호작용

- 원칙이 없고 안전한 울타리가 없으므로 청소년의 자율성을 촉진하기보다는 자신이 버림 받고 있다고 느끼게 된다.
- 변화에 대한 결정을 할 수 없는 혼란을 초래할 수 있다.
- 매사에 우유부단할 수 있다.
- 정서적 또는 행동적인 문제를 초래할 수 있다.

권위주의적이고 통제적인 부모와의 상호작용

- 청소년기의 자율성 발달을 억제하고 정체감 형성을 어렵게 한다.
- 반사회적 집단에 참여하고 비행문제에 빠져들 수 있다.
- 지적 발달을 저해하고 학교부적응 문제를 초래할 수 있다.
- 학교폭력 가해자 또는 피해자가 될 수 있다.
- 학교와 가정생활에서 창의성과 주도성을 상실하게 된다.

부모의 직업이 아동청소년기 자녀의 발달에 미치는 영향

어머니 취업의 긍정적인 영향

- 미래에 대한 개방적인 사고를 가능하게 한다.
- 분명한 자기주장에 긍정적인 영향을 미친다.
- 성취 지향적이며 높은 자존감 발달에 긍정적인 영향을 미친다.
- 사회적응력 발달에 도움이 될 수 있다.
- 선택의 자유와 유능한 여성의 인식에 긍정적인 영향을 준다.
- 자녀가 어머니의 취업에 대한 지식이 많을수록, 어머니가 자신의 직업에 만족할수록, 자녀와의 친밀관계가 유지될수록, 자녀의 긍정적인 태도는 증가된다.

어머니 취업의 부정적인 영향

- 특히 청소년 초기에 필요한 안전한 울타리로서의 통제가 부재할 수 있다.
- 학업실패를 초래할 수 있다.
- 특히 남아에게는 문제행동을 초래할 가능성이 높다.
- 어머니가 자녀 돌봄에 대해 죄의식을 갖고 있다면 자녀에게 부정적인 영향을 미칠 가능성이 더욱 높다.

- 자녀가 어머니의 취업에 대한 지식이 없고, 자녀와의 친밀관계가 안 될 경우, 또한 저소 득층일수록 아동청소년의 부정적 경향이 더욱 높을 수 있다.

아버지의 직업으로 가족관계가 부재한 경우

- 청소년기 성역할 발달에 불균형을 초래할 수 있다.
- 자존감 형성에 부정적 영향을 미칠 수 있다.
- 비행문제를 일으킬 가능성이 더 높다.
- 학업성취에 문제를 초래할 수 있다.
- 과대한 이상화 대상을 추구하거나 강력한 집착문제가 생길 수 있다.

3. 청소년기 독립욕구와 부모 자녀관계

자녀가 성장하고 부모를 떠나고 떠나보내는 발달적 과정은 인간의 발달에서 필연적이며 보편적인 과정임에도 불구하고 현대의 많은 청소년들은 성인이 되는 것을 거부하고 유아적인 상태로 남아있고 싶어 하거나 부모의 기대에 부응하기 위해 어린아이로 남아있기를 원하는 청소년들이 늘어나고 있다. 이러한 결과는 누구 한쪽의 결과라기보다는 아이의 미숙함과 동시에 부모의 정서적 성숙이 중요한 영향을 미치는 것 같다. 청소년들이 부모와 분리하지 못하는 이유는 현대사회의 핵가족화, 자녀 수의 감소, 부모의 과보호와 관련한 성장의 책임성을 느끼지 못하거나 가족관계의 응집성 부재 등이 관련된다.

핵가족화의 사회적 현상이 부모 자녀관계에 미치는 영향

핵가족화가 되면서 인간의 관계 유형이 단순화되었고, 대다수의 가족들이 가정에서보다는 주로 밖에서 보내는 시간이 더 많아져서 부부 중심 또는 가족 중심이 아닌 부모 자녀관계, 특히 어머니와 자녀관계로 강하게 응집되어 있어서 어머니들이 독립에 대한 욕구를 가지면서도 한편으로는 자녀와의 결합을 유지하려고 노력하는 것을 볼 수 있다. 이러한 가족 형태의 변화는 단편적으로만 볼 수 없는 다양한 요소들이 있다.

청소년기 독립을 향한 과제와 관련한 아들과 어머니 관계의 역할모순

- 자식의 자립을 기대하는 것과 의존하고 싶은 모순적 갈등에 직면하면서 아들과의 미묘한 갈등을 경험할 수 있다.
- 대부분의 청소년들은 어머니와의 투쟁을 피하기 위해 어머니로부터 멀리 떠나기를 바랄

수 있다.

- 아들은 어머니에게 폭력을 휘두름으로써 잠재된 남성적 힘을 사용하여 어머니로부터 해방되고자 하기도 한다.

청소년기 독립을 향한 과제와 관련한 딸과 어머니 관계의 역할모순

남성성을 성공시키지 못한 어머니와의 관계

- 아들과는 다르게 오랫동안 유대를 계속하는 것이 오히려 여성성을 발달시키는 데 도움이 될 수 있다.
- 어머니의 성공시키지 못한 남성성을 떠맡거나, 남성성을 살리고 있는 딸에게 어머니가 비판적일 경우 딸의 독립은 어려워질 수 있다.
- 어머니 자신의 삶의 방식을 딸에게 투사하여 공부에 몰두하게 할 수 있으며 성취되면 반대로 딸이 자신을 위협하는 것으로 느끼게 된다.
- 어머니는 자신의 그림자를 살려가는 딸에게 질투의 감정을 느끼기도 하고, 배반당한 분노와 슬픔을 느껴 본래의 어머니와 딸의 결합을 끊으려고 하기도 한다.

남성적으로 살아가는 어머니와의 관계

- 어릴 적부터 딸에게 자립적이기를 바라기 때문에 딸과의 관계가 약해질 수 있다.
- 어머니의 사랑이 신뢰롭지 않을 수 있으며 모성에 의문을 품을 수 있다.
- 딸은 여성적인 모습을 위해 노력할 수 있으나, 학교에서나 가정에서는 그러한 자신의 여성적인 태도에 가치를 부여하려고 하지 않는 경우가 흔히 있다.
- 어머니와의 관계가 적절하지 못한 경우 딸은 조숙한 이성관계로 가는 경향이 있다.
- 딸의 청소년기와 어머니의 중년기 위기문제가 겹치게 되면 딸의 독립에 위기가 될 수 있다.

딸이 결혼하지 않기를 바라는 어머니

- 어머니 자신의 노후에 부딪힐 고독이 두려워서 딸을 잡고 있을 수 있다.
- 딸과의 관계는 시간이 흐를수록 복잡해질 수 있다.
- 결혼이라는 독립에 진입해도 어머니와의 관계가 여전히 지속된다.

어머니의 그림자를 살려간 딸의 사례

20대 후반의 여성이 어머니와의 갈등을 호소한 사례로, 갈등이 있기 전에는 어머니가 딸을 많이 아꼈고 딸이 자신보다 더 많은 공부를 하여 성공하기를 바랐기 때문에 유학을 보냈다. 딸이 학위를 마치고 돌아오자 어머니는 사사건건 여성은 이래야 한다, 저래야 한다며, 그렇게 여성스럽지 못해 결혼은 어떻게 할 거냐며 비난하기 시작했다. 이러한 어머니의 태도에 어떻게 처신해야 할지 모르는 딸은 무엇이 잘못되었는지에 대한 의문과 혼란에 빠지기 시작했으며 어머니와의 갈등이 심화되면서 가족 전체에 영향을 미치게 되었고, 그 결과 그동안 각자가 느끼고 있었던 개인적인 갈등과 가족관계의 문제가 구체적으로 드러나게 되면서 의뢰되었다. 이러한 어머니의 태도는 자신이 발달시키지 못한 남성성을 딸에게 투사한 결과이며 성공한 딸에 대한 시기심과 관련하여 여성적인 삶의 방식을 강요하는 이중적인 구속과 관련된다고 볼 수 있다.

청소년기 독립을 향한 과제와 관련한 아들과 아버지 관계의 의미와 역할모순

- 청소년기 아들에게 아버지는 중요한 모델이다.
- 사회로 입문하는 연습을 가능하게 하는 선배이기도 하다.
- 특히 아들은 아버지로부터의 인정이 중요하며, 또한 아버지를 극복하지 않으면 안 된다.

청소년기 독립을 향한 과제와 관련한 딸과 아버지 관계의 의미와 역할모순

- 딸은 무의식적으로 아버지를 거부하는 시기가 흔히 있을 수 있다.
- 아버지를 멀리하는 시기가 있지만, 결혼시기까지 아버지는 딸에게 자신을 지켜주는 존재로서 이미지를 지속한다.
- 아버지와 딸은 결혼식이라는 의례를 통해 독립에 진입하게 된다.
- 어머니와 일찍 사별한 딸은 아버지와 헤어지기가 어렵고, 서로를 생각하느라 결혼이 쉽지 않고, 독립을 향해가는 것도 쉽지 않을 수 있다.

청소년기 자녀를 둔 부모의 과제

- 자녀를 떠나보내고, 부부만의 가족이 되는 첫 단계를 향한 준비를 하지 않으면 안 된다.
- 부모가 경제적으로 안정된 경우 자녀를 경제적으로 자립시킬 필요가 없거나 동시에 자립시키고 싶지 않은 심리가 부모에게 내재되어 있어서 청소년기 독립을 무의식적으로 방해하고 있는 경우가 많다.
- 자녀의 독립이 부모에게는 새로운 인생의 출발일 수 있으나, 노후에 대한 상실 이미지 때문에 쉽지만은 않은 듯하다.
- 자녀의 독립은 부모에게 애정대상을 상실한다는 체험일 수 있으므로 힘들 수 있다.
- 부부만의 가족관계로 출발한다는 것은 성숙한 부모가 된다는 의미이다.
- 독립을 향한 홀로서기의 의례는 청소년기의 심리적 과제이며 현대의 청소년기 의례일 수

있다.

- 예술치료나 상담에 관심을 갖는 현대인들의 삶의 방향전환 또한 현대사회의 홀로서기와 관련되며 청소년기 자녀를 둔 부모의 통과의례라고 볼 수 있다.
- 부모 개인도, 부부도, 그리고 자녀도 각자의 인생을 적절하게 분리하고 정서적으로 연결이 되어있으면서 개별화된 삶을 인정할 때 부모 자녀 간에 새로운 관계가 탄생할 수 있다.

제 8 장

아동청소년의 가족관계에서 흔히 있을 수 있는 문제에 대한 개입

청소년기 자녀가 있는 가족은 대부분 크고 작은 많은 갈등들을 가지고 있다. 가족 간에 일어나는 갈등이 해결되지 못하고 진행되는 경우 부등교 또는 등교거부, 반사회적 행동문제, 성문제 등 기타 일탈행위를 포함한 위기 상황에 부딪힐 수 있다. 아동청소년을 돕는 치료사는 문제의 근원이 가족으로부터 발생한다는 환경의 중요성을 앞의 내용들을 통해 이미 이해하고 있을 것이다. 이 장에서는 아동청소년의 발달과 성장을 돕기 위해 이해하고 중재되어야 하는 가족관계 문제 중에서 흔히 있을 수 있는 내용인 가족갈등과 스트레스, 부모 부재로 오는 문제, 사별가족의 상실문제, 이혼과 재혼가정의 청소년기 발달문제, 가족 내 폭력문제 등에 대해 논의할 것이며 기초적인 중재원리에 대해 소개할 것이다.

1. 가족갈등과 스트레스에 대한 개입

아동청소년기에 가족관계에서 일어나는 스트레스는 예측 가능한 스트레스도 있지만 예측 불가능한 스트레스도 있어서 가족 개인과 가족 전체에 영향을 미치는 범위와 수준 또한 다르며 경우에 따라서는 심각한 가족문제를 일으키기도 한다. 가족 내에서 유발된 사건에 대처하고 극복할 수 있는 정도는 가족체계의 스트레스 대처능력과 취약성의 수준에 따라 좌우된다.

가족 스트레스의 정도를 평가하기 위한 지침

- 노출된 스트레스는 가족 내에서 발생했는지 아니면 외부로부터 온 스트레스인지 평가한다.
- 가족경계가 명확한지 평가한다.
- 스트레스로 등장한 문제가 만성적으로 진행되어온 문제인지 갑자기 초래된 상황인지 평가한다.
- 스트레스 강도는 어떠한지 평가한다.
- 예측 가능한 스트레스였는지 확인한다.
- 누군가의 의도적인 요인으로 인한 것인지 자연발생적인 결과인지 평가한다.
- 가족은 현재의 문제를 해결 가능한 것으로 지각하고 있는지 불가능하다고 지각하고 있는지 확인한다.
- 형제자매 간의 갈등은 일반적일 수 있으나, 나이가 2년 이상 차이가 나는 경우 정서적 갈등으로 인한 스트레스가 여러 가지 문제를 유발시킬 수 있으므로 확인할 필요가 있다.

형제자매관계에 대해서 치료사가 반드시 확인해야 할 내용

- 청소년의 성장과정에서 동생에 대한 특징적인 태도가 있었는지 확인한다.
- 부모의 갈등이나 환경적으로 어려운 시기와 청소년기 출생 및 어린 시절의 반응에 대해 확인한다.
- 일상의 형제자매관계 또는 부모의 태도를 탐색한다.
- 청소년 면담에서 동생이나 언니나 오빠(누나, 형)에 대한 감정과 느낌에 대해 확인한다.
- 가족 내에서 형제자매의 개인적인 소지품 보관이 구분되는 환경인지, 어떻게 보관되는지 확인한다.
- 형제간의 싸움이 있을 경우 어떻게 누구에 의해 시작되는지, 어떻게 관리되는지, 결과는 어떠한지에 대해 확인한다.
- 형제간의 싸움에 대한 부모의 태도에 대해 확인한다.

예측 가능한 가족 스트레스의 범주와 함축된 의미

- 주로 가족생활 주기에서 나타나는 변화와 관련된다.
- 자녀의 청소년기는 부모로 하여금 역할변화의 필요성을 시사하며 이때 강한 스트레스를 경험할 수 있다.
- 부모의 자녀 출산은 개인에 따라서는 형제자매 갈등과 관련한 스트레스로 작용하기도

한다.

- 자녀 독립시기에 부모는 생활주기상의 적응력이 필요하며 극복하지 못할 경우 중년기 위기를 경험하게 되고 더불어 자녀의 적응문제를 초래할 수 있다.
- 부모 노년기의 심리적, 신체적, 경제적 변화는 부모 개인의 스트레스뿐 아니라 가족 전체에 스트레스를 주게 된다.
- 이사와 같은 거주지 이전문제는 사전에 계획되어 있다 해도 적응을 위한 가족 스트레스를 유발시킬 수 있다.

예측 불가능한 가족 스트레스의 범주와 함축된 의미

- 주로 생활사건이나 사회적 문제와 관련이 된다.
- 자연재해나 사고 이후의 적응문제와 가족의 역할기대는 가족원의 심각한 스트레스원으로 작용한다.
- 부모의 실직은 가족생활의 전체 영역에서 스트레스 요인이 된다.
- 직장의 의무 또는 갈등 등으로 인한 별거는 안도감을 느끼는 가족과 감당하기 힘들어하는 가족 간의 갈등과 스트레스의 주 요인이 될 수 있다.
- 가족원의 치유 불가능한 질환이나 장애는 평생 스트레스로서 가족은 고통을 받게 된다.

부모-자녀-형제관계의 극복을 돕기 위한 지침

- 관계에서 현재나 과거에 이루어지고 있는 학대나 잠재된 문제에 대해 노출할 수 있도록 기회를 제공한다.
- 치료의 계약조건, 비밀유지, 다른 주요 체계와의 관계, 법적 기준, 안전에 대해 동등하게 적용되어야 한다.
- 강제적이 아닌 서로가 수용할 수 있는 의사결정을 할 수 있도록 돕는다.
- 드러난 문제와 잠재된 문제를 부모와 청소년이 탐색할 수 있도록 지지한다.
- 부모에 대한 청소년의 행동이나 청소년에 대한 부모의 행동에서 어떠한 위협적인 힘과 수동공격적 행동이 있는지 주의 깊게 평가해야 한다.
- 부적절한 행동에 대해서는 관심을 갖지 말고 무시할 필요가 있다.
- 중재과정에서 드러난 청소년의 저항이나 문제행동을 치료사 성격, 심리적 결함, 도전 등의 증상적 상태로 보고 임의로 단순화하여 진단해서는 안 되며, 구조적 불균형에서 기초한 것인지 반드시 확인해야 한다.
- 청소년을 낙인 찍을 수 있는 실수에 민감해야 하며, 부모의 조정에 휘말리지 않도록 유의

한다.
- 자신의 문제를 감추는 데 청소년을 사용하는 부모에 대해 방관자적인 태도는 금물이다.
- 형제자매 개입에서 중립적인 자세는 매우 중요하며 반드시 지켜야 한다.
- 부모가 형제자매를 비교하지 않도록 중재하고, 특별한 관심이 필요한 경우에는 충분한 설명이 되도록 안내한다.
- 청소년에게 치료사 자신의 청소년기 모습을 투사하고 있지는 않은지 유의하여 자기관찰을 게을리하지 않아야 한다.
- 중립적인 자세로 청소년이 말하고자 하는 것을 말할 수 있도록 전체적인 역동을 고려한다.

부모 자신의 문제를 숨기기 위해 배우자와 청소년 자녀를 낙인 찍은 가족의 관계

철저하게 부모 자신의 문제를 속이고 방어하기 위해 15세 청소년 자녀를 비난하는 게임이 반복된 가정의 사례를 살펴보자. 어린 시절 청소년기의 지적이고 책임성 있는 자신을 드러내며 아내와 청소년을 비난하고 아내의 탓으로 돌리면서 아내에게 의존되어 있는 아버지와, 남편의 경직된 성격을 탓하고 자녀양육에 협조하지 않는 남편과 청소년의 문제행동을 비난하면서 역시 남편에게 의존되어 모든 것을 남편이 도와야 하는 어머니의 역동 속에서 청소년은 얼마나 힘들까 생각된다.

　이 가족은 일반적인 가족관계에서 흔히 볼 수 있는 문제처럼 상호 의존적이었고 비난적인 투사적 관계의 역동을 잘 보여주는 가족관계에 있었다. 아버지는 늘 무기력하고 아내가 하자는 대로 따르며 어머니는 그러한 남편을 자극하고 이용하면서 분노하고 있었다. 청소년은 강하고 신경질적인 어머니의 요구와 비난에 무력해질대로 무력해진 아버지를 바라보면서 안타까움이 있었지만 그러한 아버지가 원망스럽고 어머니에 대한 분노 또한 강력했다. 시간이 지나면서 청소년은 치료작업에서 노출되는 자신의 모습에서 인정할 수밖에 없는 현실의 자기를 증오하고 있었고 어머니의 짜증과 신경질적인 목소리에 지친 자기를 발견하면서 양가적인 감정에 혼란을 느끼기도 했지만, 결과적으로는 또한 지친 자기와는 다르게 살아남는 공격자로서 자기를 이미지화하기도 했다. 부모가 싫어하는 일탈행동을 함으로써 학업실패와 관계문제 및 반사회적 경향성 등의 부적응문제를 반복하는 자신의 모습에서 일종의 쾌감을 느끼는 듯 성격적 어려움을 보이던 그 아이는 어쩌면 살아남는 자기로 표현했듯이 치료관계에서의 가능성을 느끼고 기대하고 있었던 것 같다. 치료과정은 청소년이 보인 문제행동의 변화에 일차적인 목표를 두었지만, 구체적으로는 장기계획을 세워 원인적 접근으로 구체화해가는 것이었고 그 과정에서 부모의 자기 문제를 감추려는 방어로 청소년이 사용된 다양한 문제와 장애요소들이 드러났으며, 오랜 시간을 거쳐 극복과 실패의 좌절을 반복하면서 회복과정이 진행되었다.

중재과정에서 사용되었던 치료사의 초점

- 현상적으로 보인 문제에 대한 청소년 개인과 부모의 변화를 일차적인 평가척도로 설정하였다.
- 청소년기의 과제인 자율성과 정체성 확립에 중요한 돌봄의 기대가 파괴된 자극장벽의 문제로 보고 이해의 관점을 구체화하려고 하였다.
- 내재화된 대상에 대한 부정적 느낌에 대한 보상행위를 외부에서 찾으려 했던 이상화된 대상이 일탈행동이라는 것에 초점을 맞추었다.
- 자행된 문제행동은 이상화된 자아에 대한 분노를 만회하기 위한 자극장벽이며 그 결과로 손상된 인지능력에 의해 학업실패 문제가 나타났다고 보았다.
- 부모의 비난과 폭력을 중단하고 병리적인 가족경계를 재구성하고자 하였다.
- 부모는 청소년 행동의 의미를 이해하고, 문제행동에 대응하는 방법에 대해 일정 수준의 합치점을 찾고 일관된 대처를 할 수 있도록 지지했다.
- 가족의 조화를 위해 기준과 규칙을 수립하고 실행하도록 지지했다.

성인이 되어서도 지속적인 자매의 갈등관계 역동에 초점을 둔 가족접근

지금은 성인이 된 이 자매는 잦은 갈등관계에서 고통을 받고 있었다. 12년 전 그때 당시 20세였고 언니와는 두 살 터울인 동생이 기억하고 있는 언니로부터의 부당한 처우는 30대 성인이 된 지금도 가슴에 한으로 남아있으며, 언니 역시 부모의 편견에 대한 분노가 다른 모습으로 투사되고 노출되어 양가적인 감정을 드러내고 있었다. 주변인들로부터 관심을 독차지하고 있는 동생에 대한 질투와 경쟁심이 언니로 하여금 동생을 괴롭히게 한 행동의 결과로 보이지만 여기에는 부모의 편애와 부모가 가진 경쟁의식에 핵심적인 문제의 역동이 숨겨져 있다는 것을 발견할 수 있었다.

아버지는 자수성가한 전형적인 권위주의 사상을 깊게 가지고 있는 분이었고 어머니는 권위주의적인 남편을 감당하기에 매우 지친 상태에서 자매를 양육해왔다고 한다. 할머니가 언니를 아끼는 것에 대해 버릇이 나빠진다는 이유로 아버지는 할머니와 언니를 늘 비난해왔고 큰딸이 성장해가면서 정서적·신체적 학대를 가하기 시작했다. 아버지는 언니를 학대하는 반면에 작은딸을 편애하기 시작했는데 언니는 그러한 아버지에 대해 분노와 원망보다는 더 잘 보이려 노려하고 아버지를 사랑한다고 자기암시를 하는 것으로 보였다. 동시에 동생에 대한 경쟁의식은 더욱 강화되듯 동생을 거부하고 마음대로 조정하고 폭력하는 태도뿐 아니라, 청결에 대한 강박적 성격을 보이기 시작하여 가족들이 괴로움을 호소하기 시작하면서 12년 만에 다시 의뢰되었다.

이 사례에서는 사랑과 증오의 감정이 공존하여 언니의 문제행동이라는 결과로 노출된 가족역동에 초점을 맞추고자 했으며, 현상적으로 드러난 자매간의 갈등이 단순한 문제만은 아니며 가족 간에 얽힌 심리적·정신적 역사라는 것을 이해하기 바라는 마음으로 제시한다.

중재과정에서 사용되었던 치료사의 초점

- 우선은 일차적인 욕구인 자매간의 갈등과 부모 자녀관계의 갈등을 다루는 데 초점을 두고자 했다.
- 초기 중재의 초점은 가족접근에 의해 서로의 감정을 탐색하고 관계를 악화시킨 유발 인자를 발견하도록 돕고자 했으며, 가족관계의 조화를 위해 기준과 규칙을 수립하고 실행하도록 지지했다.
- 가족갈등과 스트레스를 이해하도록 도움으로써 언니의 행동을 효과적으로 다루고 협조하도록 지지했다.
- 강박적인 행동으로 동생을 지배하게 한 가족역동에 유의해야 한다는 것이 나의 생각이었다.
- 현상적으로는 언니와 동생의 갈등으로부터 시작하였지만, 치료방향은 여기에 모두 설명되지 않은 언니의 신경증적인 강박행동에 깊게 자리하고 있는 대상관계와 오이디푸스 갈등, 부모의 투사된 원가족문제의 역동에 초점을 맞추었다.

2. 부모 부재로 인한 아동청소년기 문제에 대한 개입

임상에서 우리가 만나는 청소년에게 흔히 느끼는 문제요인은 어떠한 이유로든 부모가 부재한 경우와 많은 상관관계가 있다는 것을 발견하곤 한다. 아동청소년기 발달에 있는 자녀를 둔 가정에서 부모 중 누군가가 직업문제로 함께 생활하지 못하거나, 한쪽 부모가 가출했거나, 갈등 및 이혼으로 또는 미혼모 부모이거나 하여 한쪽 부모가 없는 경우 부분적으로 취약성을 느낄 수밖에 없을 것이다. 부모 부재에 대한 많은 연구들에서 보고된 공통적인 결과는 친부모와 함께 사는 일반적인 가정의 아이들에 비해 한쪽 부모가 부재한 가정환경에 있는 아이들이 정서적으로 불안정하고 문제행동에 더 흔히 관련될 수 있다는 것이다. 부모와 함께 생활하는 경우에 비해 더 많은 아이들이 학교생활 부적응, 자살사고와 자살시도, 약물남용 문제가 두드러지고 자기상에 대해서도 부정적이며 더 낮은 유능감 지각과 부모에 대한 부정적 평가와 관련된다. 이렇듯 한쪽 부모대상의 상실은 어떤 식으로든 아동청소년기의 심리적 건강에 영향을 미치고 성적 발달과 학교적응 및 인간관계 문제에 영향을 미친다. 이 절에서는 그러한 문제에 대해 치료사가 이해하고 있어야 할 기본적인 내용에 대해 생각해보자.

부모 부재가 청소년기 성정체성 발달에 미치는 영향

아버지가 부재한 가정의 남아의 특성

- 자신이 남자답지 못하다는 자아개념을 가지는 경향이 있다.
- 의존적인 성향을 가질 가능성이 높다.
- 또래관계에서 위축되고 자신을 비하한다.
- 긍정적인 아버지상이 결여되어 있다.
- 나이 든 남자를 잠재적인 아버지상으로 모방하고 그로부터 인정받으려는 욕구가 강할 수 있다.
- 어린 시절에 아버지가 부재할수록 그리고 아버지가 부재한 기간이 길수록 부정적인 영향을 더 받게 된다.
- 아버지 부재와 더불어 사회경제 수준이 낮을수록 더 부정적인 자아개념을 가질 수 있다.
- 형은 동생에게 아버지 부재문제를 감소시킬 수 있는 모델이 될 수 있다.
- 반사회적인 문제와 더 흔히 연관될 수 있으며, 아버지 부재가 단적인 원인이라고 할 수는 없다.

아버지가 부재한 가정의 여아의 특성

- 남아의 경우와는 다르게 어릴수록 영향을 덜 받고 청소년기에 더 많은 영향을 받는다.
- 관계 결여의 문제가 등장할 수 있다.
- 성적으로 문란할 수 있으며, 흔히 어린 나이에 이성을 사귀고 성적 관계를 맺는 경우가 있다.
- 남성에 대한 양가적인 감정이 될 가능성이 더욱 높다.
- 이성을 선택함에 있어서 부적절한 방식으로 관계를 추구할 수 있다.

반사회적 행동문제와 아버지 부재와의 관련성

- 아버지 부재가 청소년기 비행의 단적인 원인이라고 할 수는 없지만 깊은 상관관계가 있다.
- Winnicott의 관점에서는 아버지의 안전하고 튼튼한 울타리 부재와 관련이 된다.
- 부모가 있어도 돌봄이 없는 방임적 환경과 또는 오히려 방해될 수 있는 부모의 정서적 문제는 부모 부재와 유사한 문제를 가져올 수 있다.
- 부모 부재 자체가 반사회성 행동의 요인이라기보다는, 부모 부재로 인한 환경적 통제의

부재와 가족갈등 및 혼란이 문제의 요인이다.
- 부모 부재와 관련한 혼돈이 청소년기의 학업성취에 부정적인 영향을 미친다.

부모 부재가 청소년기 자기와 부모에 대한 태도에 미치는 경향성

- 자신의 건강을 해치는 행동을 더욱 흔히 하는 경향이 있다.
- 위험한 행동을 사용하여 자기과시를 하며 그로써 자존감을 갖고자 한다.
- 부모로부터의 통제가 약화되므로 문제행동에 참여할 기회가 더 많아진다.
- 부모 부재 이유가 갈등으로 인한 경우인지 죽음으로 인한지에 따라 청소년의 자기감과 부모에 대한 태도가 매우 다르다.
- 특히 부모의 갈등으로 인한 부모 부재는 문제소인이 자신이라는 자기비하와 죄책감을 느낌으로써 스스로를 손상시키는 경향이 있다.
- 한 부모의 부재로 감소하거나 변화된 양육태도에 대해 청소년은 불안해하거나 부모의 능력에 의심을 가지므로, 자기신뢰를 위해 더 독립적이 되거나 자율적이 될 수도 있다.

3. 사별가족의 아동청소년기 상실문제에 대한 개입

갑작스럽게 닥친 부모의 죽음은 가족의 역동에 많은 영향을 미치며 특히 아동청소년기에 있는 자녀에게 불합리한 죄책감과 정신적 외상을 겪게 한다. 부모의 죽음과 관련하여 특히 나이가 어린 자녀일수록 부모를 대신할 수 있는 대상이 필요하며 일관된 필요충족이 대체되지 못할 경우 심각한 심리적 장애를 초래할 수 있고 사회적 관계에 부적응문제를 유발시킬 수 있으므로 아동청소년을 돕는 치료사들은 사별가정 아동청소년의 애도과정을 도울 수 있는 치료적·예방적 지원에 대해 생각해보아야 할 것이다.

발달단계에 따른 가족이나 중요한 사람의 죽음에 대한 반응과 특성

죽음에 따른 상실로 나타날 수 있는 반응은 발달 수준에 따라 다를 수 있으며 사별가족이 누구인지 그리고 정서적 관계 수준과 사망요인 및 질병으로 사망한 경우 투병기간에 따라서도 상실감의 반응은 다르다.

유아기에 가족이나 중요한 사람이 사망한 경우

- 가족의 죽음을 이별이나 변화로 받아들일 수 있다.
- 슬퍼하고 두려움을 나타낸다.

- 수면장애가 나타날 수 있다.
- 퇴행적인 행동을 하거나, 발달문제가 있을 수 있다.
- 민감한 정서적 특성을 보일 수 있다.

유아동기에 가족이나 중요한 사람이 사망한 경우
- 죽음을 일시적인 것으로 받아들이고 되돌릴 수 있다는 공상을 한다.
- 죽음을 잠자는 것으로 받아들이고 잠자는 것을 두려워하기도 한다.
- 죽은 이를 살아있는 사람과 동일시하기도 한다.
- 죽음을 부정하고, 자신의 행동이 죽음으로 몰아갔다는 죄책감을 가진다.
- 슬픈 감정을 차단한다.
- 야뇨증과 유분증을 나타낼 수 있다.
- 악몽을 꾸거나 수면장애를 나타낼 수 있다.
- 행동통제가 안 되고 산만해지거나 활발한 모습을 보이기도 한다.

아동청소년 초기에 가족이나 중요한 사람이 사망한 경우
- 죽었다는 사실을 느끼지 못하거나 살아있다고 착각하는 경우가 있다.
- 죽음의 생물학적 과정에 대한 이해가 가능하나, 자기에게는 일어나지 않는다고 생각하기도 한다.
- 죽음을 부정하거나, 자신의 잘못된 행동이 죽음으로 몰아갔다는 벌로 받아들이고 죄책감을 가진다.
- 등교를 거부하고 학업실패 문제가 나타날 수 있다.
- 어떠한 일을 성공시키지 못하거나 산만하고 부주의하다.
- 신체화 및 신체질환을 유발시키기도 한다.
- 주변을 고려하지 않고 마음대로 행동을 하여 주변을 방해하기도 한다.
- 싸움집단에 가담하기도 한다.
- 현실도피로 공상에 빠지기도 한다.

청소년 중기 이후에 가족이나 중요한 사람이 사망한 경우
- 죽음을 되돌릴 수 없다는 것을 이해하고 운명으로 받아들인다.
- 자신에게도 일어날 수 있는 보편적인 일이고 생의 과정이라고 이해한다.
- 죽음을 강하게 부정하려고 한다.
- 슬픔, 분노, 죄책감 등의 감정을 나타낸다.

- 자신이 죽어서라도 다시 만나야겠다는 생각으로 자살시도를 할 수 있으나 흔한 일은 아니다.
- 등교거부 및 학교부적응 문제를 나타낼 수 있다.
- 신체화 및 신체질환을 유발시키기도 한다.
- 약물남용, 우울증, 성적 행위, 품행장애 등의 문제를 나타낼 수도 있다.

가족에게 공통적으로 나타날 수 있는 반응과 특성

- 부모가 갑자기 사망한 경우 남은 가족은 당황스럽고 남은 가족에게도 죽음이 닥칠 것에 대한 두려움에 서로에 대한 과보호현상이 나타난다.
- 갑자기 닥친 부모의 죽음을 목격한 경우 심각한 죄의식과 외상 후 스트레스장애를 겪을 수 있다.
- 어린 자녀의 경우 경제적인 어려움과 주거문제 등의 어려움을 겪을 수 있다.
- 재정적인 문제는 상실과 스트레스가 겹쳐 또 다른 문제를 발생시킬 수 있다.

개입을 위한 치료사의 자세와 중재 지침

- 죽음에 대한 질문에 최대한 솔직하고 성의 있게 답해야 한다.
- 상실에 대한 느낌을 솔직하게 이야기할 수 있도록 지지한다.
- 죽은 대상에 대한 감정과 기억을 구체적으로 관찰한다.
- 부모에게는 자녀의 발달 수준에 따라 죽음을 받아들이는 정도가 다름을 설명하고 상실감에 대한 자녀의 감정과 행동을 이해하고 정서적 탄력성을 갖도록 안내하고 지지한다.
- 아동청소년들은 성인과 감정을 이야기함으로써 죽음이 일생의 지속적인 과정임을 알고, 소중한 사람들에 대한 더 깊은 이해와 새로운 감정을 경험하게 된다는 점을 가족에게 이해시켜야 한다.
- 사별의 상처에 대한 최선의 치료는 가족의 보살핌이라는 것을 가족이 이해하도록 지지한다.
- 나이 어린 아동이라 해도 장례의식에 참여시키도록 지지하고, 죽음에 대해 솔직해지고 실제로 어떤 일이 일어났는지 가족이 설명해주도록 도와야 한다.
- 청소년 초기 발달에 있는 경우, 살인이나 자살을 사실대로 설명하기에는 무리가 있으며, 감정을 말할 수 있는 기회와 환경을 제공해주는 것이 필요하다.
- 슬픈 감정을 관찰하는 것이 필요하고 일반적이지 않은 행동이 있다면 반드시 전문가에게 의뢰해야 한다.

- 개인마다 다를 수 있지만 보편적으로는 죽음 이후 2~4주 후가 적절한 상담시기일 수 있으며, 일반적이지 못한 감정의 변화가 6개월 이상 지속된다면 집중적인 심리치료가 필요하다.

아동기에 어머니의 자살을 목격한 후기 청소년의 역동

수년 전 이 청소년은 자신의 감정에 의문을 가지면서 상담을 요청해왔다. 매우 단정한 외모를 가진 그 아이에게서 보여지는 모습과는 다르게 내면이 공허하고 슬픔에 차있었으며 외부의 모든 상황이 불편하고 거절당할까 봐 관계를 맺고 소통하는 자체가 싫고 두렵다고 하였다. 몇 가지 확인을 통해 심각한 우울감과 불안이 있다고 평가되었고, 치료가 진행되면서 드러난 문제는 초등학교 2학년 초에 어머니의 자살을 목격한 후 말을 하지 않고 감정표현도 없는 멍한 상태로 어머니가 자살한 그 장소만을 바라보고 있어서 가족들은 염려했지만 치료기관을 찾지는 않았다고 했다. 이후 곧 아무렇지 않은 듯 일상생활을 해갔고 학교적응에도 무리가 없었는데 수년이 지난 최근에 자신이 누구인지, 무엇을 하고자 하는지, 왜 자신이 사람들과의 관계에서 이상한 아이라는 평을 받게 되는지, 혼자 있는 것이 외롭고 무서운데 왜 관계 맺기를 거부하는지 모르겠고 동성 친구보다 이성 친구에게 집착하는 자신도 알 수 없다며 호소해왔다.

인간의 삶은 최초 대상과의 관계 속에서 이루어지고 수용되면서 의미를 부여하고 가치를 지니게 된다. 가족은 그렇게 욕구와 본능적 만족을 제공하는 기능을 가능하게 하며 사랑과 미움과 결합과 분리와 삶과 죽음을 경험하게 하고 욕구의 충족과 좌절의 경험을 통해 성장하게 하는 조건을 만들어주는 기능을 가진 환경이다. 이러한 가족 내에서 야기되는 갈등과 불안은 그리고 사회적인 압력은 인간의 삶에서 지극히 자연스럽고 많은 경우에서 감당할 수 있는 부분이라고 할 수 있다. 그러나 이 청소년이 목격한 어머니의 죽음은 자연스럽게 감당할 수 있을 만한 충격이라고 보기에는 어려운 심각한 충격적인 사건이었을 것이다. 청소년을 만나면서 어린 시절부터 우울과 분열적인 성격을 가진 어머니에게서 성장했으며 방임적인 환경에서 충분한 모성경험이 부재했을 거라고 평가하였고 더불어 청소년의 어린 시절은 유기 공포와 불안 및 심리적 유기로 채워졌으리라 예측되었다.

성장기에 어머니 부재로 인한 강한 박탈감을 경험한 사람에게는 유기불안이 자리 잡고 있을 수 있으며 그 결과 무의식에 의해 추구되는 유기 상황과 유기경험의 추상적인 상황을 재현하게 되는데, 아마도 청소년은 자기 안에 표상화된 '나쁜 아이'라는 이미지가 자리 잡고 있으며 그래서 다른 사람들이 자기를 거부할 것이라는 이미지 때문에 유기불안을 가지게 되었을 수 있다고 이해하였다. 관계에서 우울, 불안, 죄책감, 분노, 두려움, 무력감, 공허감 등의 정서와 감정은 유기불안에 의해 자극된 정서적 혼란을 조절하는 심리적 적응이라고 볼 수 있으며 심리적 유기는 유기감의 극복이나 죽음에 의해 종결되는 것이 아니기 때문에 죽음보다 더 강한 고통을 겪게 된다. 그래서 모성을 찾아 헤매며 이성에 집착하고 찾아 헤매는 데 시간을 소모해야 했을 것이다.

청소년의 중재과정에서 사용되었던 치료사의 초점

- 일차적으로는 상실에 대해 숨겨둔 감정과 기억을 솔직하게 이야기하고 구체적으로 관찰할 수 있도록 지지하는 것이었다.
- 궁극적인 목적은 심리기제의 기능이 안정을 찾고 재조절되는 것에 초점을 두었다.
- 아버지는 상실에 대한 아들의 감정과 행동을 이해하고 자신을 위해서도 정서적 탄력성을 갖도록 지지하였다.
- 가족치료를 통해 어머니의 자살 당시에는 청소년이 어려서 사실대로 설명하기 어려웠던 어머니의 죽음에 대한 감정을 가족이 함께 다룰 수 있도록 기회와 환경을 제공하고자 하였다.
- 지속적인 개별 치료를 통해 좋은 대상경험을 구체화해가길 기대했지만 문제인식 수준에서 치료가 종료되었다.

4. 이혼가정의 아동청소년기 문제에 대한 개입

부모의 갈등과 싸움은 부부와 가족관계를 서서히 파괴시키는 결과를 가져온다. 아동청소년기 자녀에게 부모의 갈등과 이혼은 삶의 안전을 위협하는 가장 심각하고 혼돈스러운 사건일 수 있다. 특히 유아동기 아이들에게 부모의 이혼은 자신이 부모를 힘들게 했기 때문에 이혼을 하게 되었다는 자책감을 유발할 수 있으며 심한 경우는 정신적인 문제를 유발시키고 정서발달에 영구적인 손상을 초래할 수 있다. 부모의 이혼은 사별과는 다른 느낌의 슬픔과 우울을 나타내며 청소년들은 이혼의 책임이 있다고 느껴지는 한쪽 부모에 대해 분노와 적대감정과 불안감을 나타낸다. 우리 사회에서도 부모의 이혼이 특별한 문제가 아닌 듯 흔히 있을 수 있는 부부의 스트레스 해결과정이 되어버렸지만, 치료에 의뢰되는 아동청소년의 대다수가 이혼이나 별거 또는 재혼가정의 아이들이고, 부모의 이혼이 가져온 갈등이 아이들의 부적응문제에 직접적이고 중요한 요인이 되고 있어서 이에 대한 심각성을 고려하지 않을 수 없다.

부모 이혼에 대한 아동청소년의 정서반응

- 이혼을 결정했지만 아직 한 집에 남아있는 가족은 불화가 계속되므로 청소년은 혼란을

겪게 된다.

- 부모를 다시 돌아오게 하고 싶은 무의식의 욕구는 청소년으로 하여금 희생양의 역할을 하게 하여 아프거나 문제행동을 자극하게 된다.
- 분노, 비난, 슬픔의 감정이 진행되면서 퇴행행동과 우울감에 빠지거나 반사회적 행동반응을 나타내는 경우가 흔히 있다.
- 함께 살지 않은 부모에 대해 부정적인 감정을 갖게 되거나 심한 경우에는 어머니와 관련된 기억이 없거나 좋았던 한 부분만을 기억하는 경우도 있다.
- 시간이 지나면서 자신의 능력을 사용하여 분노대상에게 보이고 싶은 욕구를 가지고 노력하는 모습을 나타내기도 한다.
- 개인에 따라서는 현실을 받아들이고 미래에 대한 희망을 갖고 계획한다.

이혼적응에 영향을 미치는 요소

청소년이 부모의 이혼을 받아들이고 자신의 삶을 유지할 수 있거나 어려움을 발생시켜 반복되는 문제를 가져오는 것은 단순히 설명될 수만은 없는 청소년 개인의 기질, 이혼시기의 연령, 성차, 스트레스 경험의 정도, 가족의 특성 등이 영향을 미친다.

기질적인 요소

- 타고난 성향이 이혼을 받아들이고 적응하는 데 영향을 미친다.
- 기질적으로 타고난 성향이 충동적이라면 부모의 이혼으로 변화된 부정적 요소들을 감당하는 데 제한적일 수 있다.
- 지능이 낮고 자존감이 낮을수록 이혼으로 인한 변화를 수용하기 힘들어하고 반사회적 행동 자체를 불만족의 욕구로 드러낼 수 있다.
- 지능이 높고 독립적인 청소년은 긍정적인 적응을 해가는 경우가 흔히 있다.

이혼시기의 발달단계에 따른 특성

어릴수록 공격적이거나 위축된 행동으로 반응할 수 있으며 나이 든 아동과 청소년들은 학교부적응과 행동문제를 유발할 가능성이 높다. 이혼과정이 장기적이고 수반된 스트레스가 심각할수록 아동청소년은 더욱 혼란스럽고 문제행동에 가담할 확률이 높으며 불안과 우울을 유발할 수 있다. 부모의 입장 또한 과도한 스트레스와 역할변화로 인해 자녀를 방임하거나 지나치게 통제하려고 할 수 있으며 대처능력이 약한 부모의 경우는 알코올 또는 약물남용 등의 정신건강 문제가 대두될 수 있다.

학령기 이전의 발달단계에 부모가 이혼한 경우

- 퇴행행동과 수면장애를 나타낼 수 있다.
- 화를 내거나 공격적인 행동을 보일 수 있다.
- 배뇨 및 배변문제가 나타날 수 있다.
- 애착장애를 유발할 수 있다.
- 불안, 슬픔, 공포감정을 나타낼 수 있다.

청소년 초기 발달단계에 부모가 이혼한 경우

- 학교거부와 부적응이 있을 수 있다.
- 이혼에 대한 책임을 전가하려 하거나 죄책감을 가질 수 있다.
- 반복적이고 심각한 갈등 상황에 혼란을 겪을 수 있다.
- 함께 생활하는 가족 내에서 역할경계 문제에 부딪히고 갈등할 수 있다.

청소년 중·후기 발달단계에 부모가 이혼한 경우

- 심한 분노감정과 우울감정이 나타날 수 있다.
- 학교부적응과 거부행동이 나타날 수 있다.
- 가정 내 상황에 관여하고자 하며 부모 이혼에 책임을 지려는 태도를 보인다.
- 자기비난과 죄책감을 가질 수 있다.
- 미래에 대한 불안을 느끼고 극복하고자 하나, 그러한 감정은 더욱 불안감을 자극하기도 한다.

성차에 대한 이혼반응

- 남아가 이혼에 대해 더 부정적인 영향을 받는다고 알려져 있다.
- 특히 여아의 경우는 감정을 억압하는 경향성이 있다.
- 남아에 비해 여아는 외현적인 문제는 보이지 않을 수 있으나 내적인 스트레스와 고통은 유사하다.
- 이혼 후 한 부모와 생활해야 할 경우, 동성 부모와 동거하는 것이 바람직하다는 연구결과들이 흔히 있다.

개입을 위한 치료사의 자세와 중재 지침

부모 이혼으로 인한 청소년기 아이들의 문제를 중재하는 치료사들은 많은 경우에서 이혼 부모들의 역할을 평가절하하여 잘못 이해하는 일이 흔히 있는 것 같다. 이혼이 청소년에게 미치는 영향은 단순히 이혼이라는 결정 그 자체만은 아닌 것 같다. 이혼이 청소년기의 심리적 특성과 성장에 미치는 혼란을 이해하는 데 있어서, 가족구조와 부모의 성격이 이전의 양육경험에 어떠한 영향을 미쳤는가와 부모가 그렇게 해야만 했던 이유와 이혼까지 가는 과정의 여러 상황들이 청소년에게 영향을 미친다는 것을 놓치지 않아야 할 것이다. 이혼을 잘하도록 돕고 이혼 후에는 잘 적응할 수 있도록 돕는 것이 치료사의 핵심역할일 것이다.

- 정서적 · 물리적인 측면의 이용 가능한 자원체계를 안내한다.
- 한 부모와의 생활에서 예측할 수 있는 상황들을 고려하여 대안을 세운다.
- 각 가족 구성원의 적응과정과 패턴을 탐색하고 평가하여 적합한 도움을 연결한다.
- 책임성에 대한 무력감이 있을 수 있으므로 지지하고 중재한다.
- 무리한 책임과 역할 요구는 부적응문제를 초래할 수 있으므로 유의하도록 돕는다.
- 가족 내에서 감정을 표현할 수 있는 환경을 유지하도록 지지한다.
- 동성 부모가 없을 경우 부모 동일시 문제가 있을 수 있으므로 대처모델을 갖도록 지지하고 중재한다.
- 가족 내에서 긴급한 상황이 생길 수 있으므로 치료사는 지지자이자 현실적인 도움자로서 역할을 해야 한다.

이혼을 결정하는 과정에서 부모중재를 위한 지침

- 부모의 갈등과 대립적인 공격행동이 청소년이 있는 상황에서 일어나지 않도록 중재한다.
- 부모가 서로에 대한 비난을 멈추도록 중재한다.
- 현재 무슨 일이 일어나고 있는지 부모가 자녀에게 설명할 수 있도록 환경을 제공하고 지지해야 한다.
- 부모 모두가 자녀를 사랑하고 있다는 것을 말할 수 있도록 지지한다.
- 양육권에 대한 논쟁은 자녀에게 더 큰 상처를 줄 수 있다는 것과 계속적인 부모 자녀관계를 유지하도록 중재한다.
- 자녀에게 심리적 불안감을 줄 수 있는 충동적 · 공격적 정서가 두드러진다면 약물복용을 권유할 수 있다.
- 이혼에 대한 두려움을 가족이 나누고 예측되는 어려움에 대해 논의할 수 있도록 돕는다.
- 부부가 자녀양육에 대해 합의하고 공동 양육권을 갖도록 지지하고 돕는다.
- 이혼 후 자녀의 적응은 부모의 관계양상에 달려있다는 것을 안내한다.

이혼 직후의 과도기적 단계에 있는 가족중재를 위한 지침

- 가족 개인들이 부모 이혼에 의해 어떠한 영향을 받았는지 감정을 드러내고 수용하도록 지지한다.
- 이혼과정에서 누적된 부모의 부정적 감정을 해소하고 정리할 수 있는 기회를 제공한다.
- 아동청소년의 정서반응에 부모가 관심을 갖도록 지지한다.
- 자녀의 학교생활과 친구관계에 관심을 가지고 교사와의 협력관계를 유지하도록 돕는다.
- 부모와 자녀가 함께하는 시간의 중요성을 설명하고 이혼 후에도 지속되도록 지지한다.
- 배우자에 대한 부모의 감정을 자녀에게 전이시키지 않도록 중재한다.

이혼 후 적응과정에 있는 가족중재를 위한 지침

- 가족이 변화된 환경을 수용하고 새로운 양식의 가족관계를 형성하도록 지지한다.
- 청소년이 과도하게 독립을 시도하지 않도록 중재해야 한다.
- 새롭게 주어진 역할을 현재 상황에서 합리적으로 적응하도록 지지한다.

학령기 이전의 아동에 대한 중재 지침

- 분리불안이 있는지 관찰한다.
- 규칙적인 섭식과 수면태도를 관찰할 필요가 있다.
- 일상적인 행동패턴에 이상행동이 보이면 전문가 의뢰가 필요하다.
- 부모분리에 대해 안심시키고 지속적인 만남을 유지시킨다.
- 미숙하고 학대적인 부모의 경우는 만남을 제한할 수 있다.

초기 청소년에 대한 중재 지침

- 충분히 감정을 드러내도록 지지하고 들어준다.
- 계속적인 양부모와의 관계를 유지한다.
- 자주 가족과 대화하고 함께하는 시간을 갖도록 지지한다.
- 학교부적응이 있는지 관찰하고 적응을 돕는다.
- 친구관계를 잘 유지하도록 돕는다.
- 미숙하고 학대적인 부모의 경우 만남을 제한하는 것이 필요하다.

중·후기 청소년에 대한 중재 지침

- 안정감에 우선 초점을 둔다.
- 부모 이혼에 대한 감정을 억압하지 않고 드러내도록 지지한다.

- 학교부적응이 있는지 관찰하고 적응을 돕는다.
- 부정적이고 자기파괴적인 행동으로 감정을 해소하지 않도록 중재해야 한다.
- 부모가 이혼을 해도 부모 자녀관계는 유지된다는 확신을 갖도록 중재한다.
- 변화된 상황에 적응하고 가능성을 찾도록 돕는다.
- 부모의 갈등관계에 자신이 끼어있다는 왜곡된 사고를 갖지 않도록 돕는다.

부모의 이혼 사실을 모른 채 성장한 후기 청소년의 분노

6세가 되던 해에 부모가 이혼하고 20세가 되도록 어머니와 생활해온 이 청소년은 어머니로부터 수없이 아버지에 대한 부정적인 이야기를 들어왔으므로 어린 시절 아버지에 대한 좋은 경험을 전혀 기억하지 못하고 있었다. 그래서 청소년은 아버지가 직업으로 인해 함께 생활하지 못한 것을 오히려 다행이라고 생각하기도 했다.

어머니에 의해 보고된 청소년의 의뢰사유는 어느 날 갑자기 친척으로부터 '부모가 과거에 이혼했고 자신에게는 외국에 출장 갔다고 속였다'는 사실을 들은 후 화를 내고 폭력적이며 때로는 멍한 상태의 이상행동이 나타나 병원을 찾았지만 심리적인 충격이라고 들어서 병원보다는 심리치료를 선택했다는 것이었다. 치료과정에서 발견한 사실에는 단순히 부모의 이혼 사실을 알게 된 충격 그 자체만의 징후라고 볼 수 없는 청소년의 배경이 있었다. 부모 이혼 후 초등학교 입학시기부터 지속적으로 무력감과 우울, 불안, 폭력적인 행동들이 교차하면서 부적응적 행동들이 반복되어 왔다. 그러나 어머니는 이혼의 결과가 자녀를 어렵게 만들었다는 주변의 비난을 받게 될까 봐 문제행동을 인정하고 싶지 않았으며 치료할 생각조차 할 수 없었다고 했다. 이혼을 속인 것은 아이가 아직 어리고 주변인들이 이혼 사실을 알게 되면 무시할 거라는 두려움 때문이었는데, 학교와 이웃에도 남편이 외국 출장 중이라고 말해왔다고 한다. 성인이 되면 이야기할 생각이었고 그동안에 서서히 아버지와 정을 떼기 위해 남편에 대한 부정적인 이야기를 의도적으로 한 경우도 있었지만 최선을 다해 아이의 욕구를 들어주고 돌보았다고 했다.

어머니는 아들에게 남편에 대한 자신의 감정을 지속적으로 전이시켜 왔던 것으로 이해된다. 아이는 어린 시절 아버지에 대한 기억을 다소 가지고 있을 수 있으며 그 때문에 어머니가 말하는 아버지와 아이 자신이 기억하고 있는 아버지에 대한 혼란이 있을 수 있고 또한 무의식의 감정에 남아있는 그리움과 수년간 나타나지 않는 아버지에 대한 원망이 교차하면서 혼란을 가져다주었을 수 있다. 어머니의 외부 시선과 자기중심적인 사고는 아이로 하여금 진정한 교감을 불가능하게 했을 수 있으며, 최선을 다했다는 어머니의 표현 또한 문제행동을 방치하면서 무조건 들어준다는 것은 정서적인 교류와 모성지원이라기보다는 방임행위일 수 있다.

이 사례는 부모가 이혼에 대한 준비가 되지 않았고 이혼 이후에도 책임성 없는 모습을 보였으며 어머니의 남편에 대한 일방적인 투사와 왜곡된 대처가 청소년을 병들게 한 결과를 가져온 경우라고 볼 수 있다. 물론 부모의 여러 상황들과 역동이 무시되어서는 안 되며 청소년이 보인 문제가 부모의 이혼 그 자체이거나 어머니의 속임 때문만은 아니므로 구체적인 개입에서는 다양한 요소를 고려해야 한다. 다만 여기에서는 청소년의 결과적 반응에 초점을 두고 언급된 부분이라는 점을 주시하기 바란다. 이혼을 잘한다는 것은 과정의 순서가 적절하고 가족 개개인의 입장을 고려하며 특히 자녀에 대한 부모의 책임성을 회피하지 않으면서 전체 가족의 행복이 무엇인지를 아는 것이다. 특히 부모 자녀관계는 이혼 후에도 끊어지는 것이 아니며 어떠한 식으로든 연결되고 보호받아야 하기 때문이다.

중재과정에서 사용되었던 치료사의 초점

- 일차적으로는 청소년의 감정을 솔직하게 표현하도록 돕는 것이었다.
- 가족접근을 통해 청소년과 가족의 현재 감정을 드러내고, 서로에 대한 불신을 제거하기 위해 현재 상황에서 필요한 요소들에 대해 어떻게 범위를 설정할 것인지 왜곡된 선택과 생각을 바로 세워 가족의 응집력을 확고히 하는 데 초점을 두었다.
- 청소년 치료의 부분이 아버지에 대한 유기감정을 완화하는 기회가 되도록 지지하였다.
- 지속적인 어머니 중재를 통해 불안을 감소하고 안정을 회복하도록 돕고자 하였다.

5. 재혼가정의 아동청소년 문제에 대한 개입

이혼가정의 배우자는 대개 70% 이상이 재혼을 한다는 연구결과들이 있다. 부모가 재혼을 하면 예측하지 못했던 새로운 가족이 생기고 새로운 환경에 대한 적응문제가 노출되면서 자녀에게나 부모에게 심각한 스트레스가 될 수 있다. 새로운 부모들은 자녀에 대해 비현실적인 기대를 가질 수 있으며 부모 자신이 잘 해낼 거라는 희망을 가지고 시작하지만 기대했던 대로 되지 못하면 당황하고 불안해하며 좌절하고 분노감정을 일으키게 된다. 무언가가 잘못되었다는 불안감은 죄책감과 낮은 자존감을 동반하며 갈등이 깊어지면서 또다시 재이혼을 하는 결과를 가져오기도 한다. 자녀는 친부모가 새로운 가족에게 애정을 보이면 질투와 분노로 가족관계를 긴장시키고 가정 내 분열을 일으키기도 하며 그럼으로써 자녀는 다시 죄의식을 느끼는 순환적인 문제를 발생시키기도 한다. 재혼으로 인한 다양한 스트레스와 부정적 감정들이 가정에서 파괴적인 방식으로 노출된다면 부정적 감정들을 해소하기 위해 적절한 치료적 개입을 해야 한다. 이 절에서는 재혼가정의 아동청소년을 돕는 치료사들이 이해하고 있어야 할 요소들에 대해 다루고자 한다.

부모의 재혼에 대한 아동청소년의 정서반응

재혼은 자녀의 입장에서는 한쪽 부모를 완전히 잃는 것과 같은 상실감을 경험하게 하며 친부모에 대한 죄책감을 불러일으킬 수 있다. 재혼가정의 많은 경우가 부모에 의해 일방적으로 강요받는 새로운 변화가 대부분이므로 당황스럽고 익숙하지 않은 환경에서 아이들은 새로운 가족과의 결합과정과 경험에 따라 분노와 우울감을 초래하고 통제력을 상실할 수도 있다. 새로운 형제가 있는 경우, 특히 새로 탄생한 아기가 있을 경우 아기와 형제가 가족의 결속력을 강화시키는 긍정적인 영향을 미치기도 한다. 그러나 재혼가정 초기에는 가족갈등이 피할 수 없는 어려움이며 많은 경우 자녀들은 부모를 둘러싼 질투와 경쟁의식으로 가정의 분위기를 긴장시키기도 한다.

재혼계획 시기에 나타날 수 있는 발달단계별 특성적 반응

유아기에 부모가 재혼을 하는 경우에는 부모를 수용적으로 받아들이거나 경우에 따라서는 친부모로 느끼고 살지만, 기억할 수 있는 나이 또는 나이 든 아동과 청소년들은 학교부적응과 행동문제를 유발할 가능성이 높다. 부모관계에서도 자녀양육에서도 갈등이 일어나며 불안과 좌절감으로 다양한 문제를 유발시킬 수 있다.

학령기 이전 아동의 경우

- 퇴행행동을 드러낼 수 있다.
- 짜증과 불안 또는 돌발적인 문제행동과 이상증상을 나타낼 수 있으며, 그러한 증상은 부모의 재혼을 방해하고 이혼 부모를 재결합시키는 데 영향을 미치기도 한다.
- 퇴행행동과 수면장애를 나타낼 수 있다.

초기 청소년의 경우

- 부모의 문제가 자신에게 책임이 있다고 생각한다.
- 죄책감과 우울감이 나타날 수 있다.
- 감정과 느낌을 성숙하게 표현할 수 없으므로 일탈행위로 자기 감정을 드러낼 수 있다.
- 돌발적인 행동을 통해 부모의 재혼을 막고자 하기도 한다.
- 개인에 따라서는 감정을 억압하고 순응하는 태도를 보이기도 한다.
- 학교거부와 부적응이 있을 수 있다.

중기 청소년의 경우

- 정체성의 혼돈문제가 있을 수 있다.

- 미래에 대한 심한 불안과 우울감정이 나타날 수 있다.
- 학교부적응 문제가 나타날 수 있다.
- 자기비난과 죄책감을 가질 수 있다.
- 독립적이던 아이가 의존적이 되기도 한다.
- 부모로부터 분리하고 싶은 욕구를 드러내기도 하고 다른 한쪽 부모에게로 돌아가려는 시도를 하기도 한다.

개입을 위한 치료사의 자세와 중재 지침

부모의 재혼으로 인한 아동청소년의 혼돈문제와 부모 자신과 부모의 역할을 중재하는 치료사에게 가장 중요한 요소는 가족의 감정을 이해하는 것이라고 본다. 가족 간에 적절한 예의와 규칙으로 새로운 가족 내에서 미숙한 행동이 발생하지 않도록 도우며, 오해의 소지가 되는 것을 예방할 수 있도록 안내하고 지지해야 할 것이다. 자녀가 불합리한 행동으로 괴롭혀도 실망하지 않고 인내할 수 있도록 부모를 지지함으로써 새로운 부모와 자녀가 마음을 나눌 수 있는 관계가 되도록 한다. 특히 부모가 재혼 전의 가정에서 부절했던 감정을 새로운 가정에 가지고 와 투사하지 않도록 돕는 것이 매우 중요하다.

청소년기 자녀를 돕기 위한 지침

- 새로운 가족을 받아들이는 데 방해가 되는 요소가 있는지 평가한다.
- 정서적 혼돈과 감정을 탐색하고 필요시 전문가에게 의뢰한다.
- 부당한 취급을 받고 있다고 느끼는 감정이 있다면 충분히 표현하도록 돕는다.
- 자녀 입장에서 더 공평하다고 생각되는 쪽으로 부모와 합의점을 찾도록 한다.
- 새로운 가족과의 관계를 위해 특별한 활동을 하도록 안내한다.
- 적응을 위해 정서적 · 물리적 측면에서 이용 가능한 자원체계를 안내한다.
- 새로운 가족환경에서 예측할 수 있는 상황들을 고려하여 치료계획을 세운다.
- 무리한 책임과 역할 요구는 부적응문제를 초래할 수 있으므로 유의하도록 돕는다.
- 가족 내에서 감정을 표현할 수 있는 환경을 유지하도록 지지한다.
- 가족 내에서 긴급한 상황이 생길 수 있으므로 치료사는 지지자이자 현실적인 도움자로서 역할을 해야 한다.
- 새로운 부모는 이전 부모의 대신이 아니라 또 다른 존재라는 것을 인식하도록 돕는다.

재혼부모를 돕기 위한 지침

- 부부가 서로 밀접한 관계를 유지하도록 지지한다.
- 빠른 속도로 부모가 되려고 서두르지 않도록 중재한다.
- 자녀의 연령에 따라 부모의 역할이 다르다는 것을 인식시키고 안내한다.
- 부모가 아동청소년의 발달적 특성을 이해하고, 부부가 함께 좋은 부모역할을 위해 노력하도록 돕는다.
- '엄마, 아빠'라고 불러주기를 바라는 호칭에 대한 기대를 낮추고 기다려주는 것이 필요하다.
- 좋은 부모와 이상적인 가정을 만들고자 하는 비현실적인 기대는 더 쉽게 실망감을 가져다주므로 현실의 예측되는 어려움에 대해 안내하고 실망하지 않도록 지지한다.
- 자녀 앞에서 전 배우자에 대한 비난을 하지 않도록 중재한다.
- 새로운 가족이 서로를 가족으로 받아들이고 공감할 수 있는 시기는 다를 수 있지만 대부분 유·아동은 2년 이상, 청소년의 경우는 5년 이상의 시간을 필요로 할 것이다.
- 위험한 문제가 없는 한 친부모와의 만남은 유지될 필요가 있다.
- 가족규칙은 일관적으로 유지되도록 지지한다.

6. 아동청소년의 가정 내 폭력문제에 대한 개입

가정폭력 문제는 다양한 측면에서 고려되어야 할 여러 현상들과 심리적 요인과 유형이 있다. 우리나라의 배우자 폭력은 미국보다 2~3배 이상 높다는 연구결과들이 있으며 폭력을 경험했거나 목격한 아이들에 대한 관련 전문인들의 관심과 염려는 어제오늘의 일이 아니게 되었다. 최근 몇 년 동안 심각한 사회문제로 등장하고 있는 청소년들의 학교폭력과 같은 가시화된 문제가 아니더라도, 대부분의 아이들이 어린 시절에는 부모가 자랑할만한 아이였다는 평판과는 다르게 부모에게 난폭해지기 시작했다는 이야기들을 흔히 듣는다.

실제로 나의 임상공간에 들어온 아이들 가운데에는 어린 시절에 매우 좋은 아이였다거나 학교나 밖에서는 반듯한 아이라고 인정받는데 가정 내에서만 폭력적인 성향을 나타낸다는 부모들의 호소들을 자주 접하곤 한다. 이러한 가정 내 폭력 청소년들의 시급한 문제는 등교를 거부하고 폭력이 심하기 때문에 가족에게 위험이 따른다는 것이며, 특히 주된 폭력의 대상이 어머니이면서 어머니에게 매우 의존적이어서 어머니가 감당하기 힘들다는 것이 호소의 전반적인 특성이다. 이 절에서는 가정 내에서 일어나는 부모의 자녀폭력이나 배우자 폭력에 초점을 맞추기보다는 아동청소년기 발달에서 나타날 수 있는 청소년이 가정에서 나타내는 폭력에 초점을 두기로 한다.

폭력을 휘두르는 청소년의 정서반응과 행동 및 특성

- 분노감정에 대한 통제가 어렵다.
- 특히 폭력행위의 주된 대상이 어머니인 경우가 대부분이며, 약한 동생이 초점이 되기도 한다.
- 어머니에 대한 집착적인 의존과 어리광 및 행동화의 양극적인 태도를 보인다.
- 가정 외의 환경에서는 폭력성이 나타나지 않는다.
- 내면의 고립감과 공허감 및 우울감이 공존할 수 있다.
- 미래에 대해 부정적이거나 소극적인 태도를 나타낸다.
- 상처적인 상황에 대해 기억을 거부하거나 회피한다.
- 수면장애와 혼란이 있을 수 있다.
- 자아정체감의 문제와 관련된다.
- 아버지의 무력하고 낮은 자존감과 심각한 배우자 폭력 또는 자녀폭력이 있다.

개입을 위한 치료사의 자세와 중재 지침

일차적인 역할은 부모나 가족원을 통해 가정에서 또는 기타 환경 내의 폭력요인을 확인하고 평가하는 것이다. 상담은 부모와 자녀를 따로 분리하여 상담을 하되 아동청소년을 부모보다 먼저 만나는 것이 적절할 수 있다. 폭력과 관련하여 충격의 정도를 평가하는 데에는 아동청소년이 목격하거나 경험한 폭력문제에 대해 어떻게 이해하고 있고, 자신의 어떠한 역할을 의식하고 있으며, 또는 어떻게 받아들이고 있는지에 확인하고 평가하는 것이 중요하다.

임상면담에서 부모에게 필요한 질문들

- 자녀의 안전에 대해서 걱정해본 적이 있는지 확인한다.
- 청소년이 주로 보는 TV 프로그램은 무엇인지 확인하고, 가족의 관심 수준에 대해 확인한다.
- 청소년이 가정이나 밖에서 충격적인 사건이나 폭력적인 상황을 목격했는지 확인한다.
- 충격적인 폭력을 목격했다면 그 이후의 반응은 어떠했는지 확인한다.
- 폭력을 직접 경험한 적이 있다면 언제 또는 언제부터였는지 그리고 반복적이었는지 확인한다.
- 사건 이후에 수면장애를 보이는지, 악몽을 꾸는지에 대해서도 확인할 필요가 있다.

- 주로 어떠한 상황에서 청소년의 폭력성이 나타나는지 확인한다.
- 부모를 떠나는 것에 불안을 느끼는지 또는 기타 행동변화가 있는지 확인한다.
- 일어난 사실에 대한 세부과정과 사항을 구체적으로 확인한다.
- 직접적인 자녀폭력과 어머니 폭력이 지속되고 있는지 확인한다.

가정 내 폭력 청소년 부모의 부부관계 특성

- 부모가 서로 의존적이고 상호 보완적인 관계이므로 서로 돕는 관계로 보일 수 있다.
- 상호 보완적인 부모관계는 서로가 병리적으로 의존되어 있는 왜곡된 경계를 유지하고 있다.
- 무시하고 무시받는 부부관계의 특성이 있다.
- 늘 원만하지 못한 부부관계를 유지한다.
- 외부 상황에서 배우자에 대해 부정적인 이미지로 표현한다.

가정 내 폭력 청소년 어머니의 특성

- 원가족의 고부갈등 속에서 안정적인 돌봄을 받지 못한 경우가 흔히 있다.
- 어린 시절 원가족 내에서의 동일시 대상이 부적절했을 수 있다.
- 자기상에 대한 부정적인 지각이 있다.
- 자기비하감 및 자존감이 낮다.
- 우울감과 불안정서가 있을 수 있다.
- 자녀에 대한 과보호 성향이 있다.
- 어머니가 투사의 분리현상으로 부정적인 자아상을 자녀에게 투사한다.

가정 내 폭력 청소년 아버지의 특성

- 감정표현이 잘 안되거나 진실하지 못한 경우가 흔히 있다.
- 우유부단하고 무기력한 성향일 수 있다.
- 자녀에 대해 무관심할 수 있다.
- 가장으로서 권위가 없고 소극적일 수 있다.
- 아버지가 투사의 분리현상으로 부정적인 자아상을 자녀에게 투사한다.

아동청소년에게 직접 질문을 해야 하는 내용

- 일어난 일에 대해 왜곡하여 기억하고 있는지 탐색하고, 잊지 못할 사건에 대해 구체적으로 질문하여 평가한다.

- 일어난 일에 대한 생각이 주로 언제, 얼마나 자주 떠오르는지 질문할 수 있다.
- 수면장애가 있다면 생각과 감정에 대해 확인한다.
- 주로 생각하는 염려나 고민들에 대해 탐색한다.
- 연령에 따라 나타나는 증상이 다를 수 있으므로 그에 따른 질문과 평가를 할 필요가 있다.

학령기 또는 더 어린 아동에게서 흔히 나타날 수 있는 행동특성

- 공포감과 불안감이 주된 증상으로 나타난다.
- 두통과 같은 신체화 증상을 나타낼 수 있다.
- 귀에서 소리가 난다거나 귀가 아프다고 호소할 수 있다.
- 학교부적응 문제가 드러날 수 있다.
- 자주 화를 낸다.
- 주의가 산만하고 자주 놀란다.
- 또래관계에서 위축되거나 싸움이 잦을 수 있다.
- 악몽을 자주 꾸고 혼자 잠들지 못하기도 한다.
- 야뇨증상을 나타낼 수 있다.

청소년에게서 흔히 나타날 수 있는 행동특성

- 신체증상을 호소한다.
- 감정표현을 잘 못하거나, 사소한 일에도 폭발하는 경우가 흔히 있다.
- 친구 또는 대인관계에서 위축감을 나타낼 수 있다.
- 섭식장애가 나타날 수 있다.
- 수면장애가 일어날 수 있다.
- 일상생활에서 두려움과 경계심을 보인다.
- 자학적이고 비열한 행동이나 표정을 보인다.
- 폭력행동으로 학교생활에 문제가 두드러질 수 있다.
- 반복적인 자살사고와 자살시도를 할 수 있다.
- 낮은 자존감과 무력감을 보인다.

개입에서 치료사가 특히 유의해야 할 사항

- 청소년이 현재 폭력가정 내에 있다면 중재가 더욱 어려울 수 있으므로 대안을 찾아야 한다.
- 어머니가 아버지의 폭력대상이어서 무력한 상태라면 청소년 자녀를 보호할 수 없으므로 외부의 지원체계망을 연결하는 것이 우선 중요하다.

- 정신적 충격이 심한 경우, 양육자가 아동청소년의 마음을 이해할 수 있는 대상이 아닌 경우, 외상 후 스트레스장애가 나타나는 경우에는 반드시 정신과 또는 전문가에게 의뢰해야 한다.
- 가족치료가 필요할 수 있으므로 고려한다.

자녀에게 언어적·신체적으로 폭력을 행사하는 부모환경과 동생에게 폭력을 행사하는 청소년의 역동

오래전에 만났던 이 청소년이 의뢰된 최초의 사유는 학업문제와 부등교 및 폭력문제였다. 학교에 가지 않고 어디서 무엇을 하는지 어머니의 불안이 컸고 온순하던 아이가 아버지에게만 반항적이어서 반복적인 아버지의 폭력이 더욱 강도 높게 발전해가고 있으며, 자주 동생들을 괴롭힌다는 것이 어머니의 호소였다. 어머니의 가장 큰 염려는 아이가 아버지처럼 폭력적인 성격으로 성장할 것에 대한 두려움과 학습문제였는데, 치료가 진행되면서 단순히 아버지를 거부한다기보다는 아버지의 인정을 받기 위해 노력하고 있으며 아버지 역시 딸을 밀어내고 폭력을 휘두르는 것만이 아니라 미묘하게 서로에게서 필요한 무의식의 관계가 있음을 느낄 수 있었다. 반면에 어머니는 의존적이고 차가운 느낌을 주는 성향이어서 아이의 심리적 발달에 안정감을 주지는 못했을 것 같았다. 실제로 치료과정에서 확인된 어머니의 특성은 사사건건 간섭하고 냉담하며 비난적인 태도가 자녀양육의 전반적인 모습이었다. 부모의 의존과 폭력의 역동을 이 지면에 다 밝힐 수는 없으므로 청소년기가 되면서 불안정한 대상경험을 지켜줄 수 있는 강력한 대상이 아버지라고 느꼈을 수 있는 딸과 아버지의 행동특성에만 초점을 두려고 한다.

초등학교 고학년이 되어 갑자기 학교성적이 중하위로 내려가기 시작하면서 부모가 염려하는 문제들이 진행되었는데, 청소년에게서는 대상관계에서 어머니의 냉담하고 비난적이며 심한 잔소리와 간섭에 대한 방어와 자기억압이 있었던 것으로 이해되었으며 그 억압은 동생을 괴롭히는 것으로 풀었을 가능성이 높다. 어머니에 대한 감정을 억압한 이후에 나타나는 문제는 동생을 괴롭히고 잔소리하는 태도였으며 그 이외에 더욱 중요하게 생각되었던 것은 어머니를 포기하고 더욱 강력한 울타리를 찾고자 하는 욕구가 아버지에게 매달리는 것으로 나타나는 왜곡형태였다. 초기 어린 시절에 유난히 샘이 많고 어머니에게 매달렸던 이 아이가 청소년이 되면서 어머니에게서 아버지에게로 방향을 돌렸다고 볼 수 있다. 매달리는 심리에는 유기불안이 잠재하는데 무의식에서 등장하는 유기불안을 방어하려는 형태로서 그러한 행위를 하는 본인은 인지하지 못하는 정서와 감정이다.

그러므로 어머니와 아이, 청소년과 아버지는 서로가 무엇 때문에 밀어내고 매달리는지 알지 못하며 모르기 때문에 매달리고 밀어내는 반복적인 행위가 지속될 수 있으며, 자녀가 매달리지 않으면 부모는 오히려 공허하고 무력감을 느끼게 되기 때문에 서로가 필요에 의해 힘든 관계를 유지해야 한다. 이러한 관계는 단순히 좋고 나쁨의 문제가 아니라 무의식의 심리적관계이기 때문에 청소년은 부모에게 반항하고 고집을 부리며 부모가 싫어하는 행동을 하여 괴롭히는 것으로 표현되므로 이러한 현상에 대한 원인을 이해하기가 쉽지 않다. 이 가정의 부모자녀관계는 서로가 가진 의존성으로서 유기불안을 벗어나고자 하는 행위라고 볼 수 있다. 즉, 대상으로부터 유기당하지 않으려는 강한 집착이 청소년과 부모로 하여금 매달리게 하는 것으로서 일종의 의존적 방어이다. 집착이 강한 만큼 좌절과 분노도 크며 억압된 분노는 폭력의 형태로 터져 나오게 된다.

중재과정에서 사용되었던 치료사의 초점

- 일차적으로는 청소년이 자신의 행동에 숨겨진 감정을 드러내고 구체적으로 탐색할 수 있도록 안전한 공간을 제공하고 지지하는 것이었다.
- 궁극적인 목적은 폭력을 중단하고 심리기제의 기능이 재조절되어 자존감이 회복되는 것에 초점을 두었다.
- 청소년의 상실에 대한 재경험에 초점을 두었다.
- 부부의 개별 중재로 원가족관계에서의 상실이 어떠한 순환과정으로 지속되고 유지되어 왔는지 탐색하고 이해하도록 돕고자 하였다.
- 가족치료를 통해 가족 개인의 감정을 표현하도록 도왔고, 특히 동생의 감정이 이차적인 문제로 발전하지 않도록 돕고자 했으며, 가족의 의사소통을 향상시키고 적절한 경계를 설정하도록 돕고자 했다.
- 부모상실에 대한 자녀의 감정과 행동을 이해하고 정서적 탄력성을 갖도록 지지하였다.

7. 아동청소년치료에서 가족개입의 금기사항

아동청소년치료에서 가족중재는 통과의례와 같은 중요한 과정이다. 특히 부모의 역기능과 비합리적인 양육태도가 자녀의 문제행동에 직접적인 영향을 미친다고 평가될 때에는 반드시 중재되어야 하며 부모개입이 청소년기 문제에 효과적인 결과를 가져오기 때문에 나의 임상에서는 중요하게 다루어지는 부분이다. 그러나 가족중재가 아동청소년치료에 아무리 중요하고 필요하다 해도 시기와 상황이 고려되지 않으면 오히려 해가 되는 경우가 있으므로 고려해야 한다.

아동청소년치료에서 가족중재가 필요한 경우

- 아동청소년의 문제와 증상이 가족체계의 역기능과 관련된다고 평가될 때에는 최대한 가족개입이 되도록 노력해야 한다.
- 드러난 증상이 가족관계와 관련이 있다면 반드시 중재되어야 한다.
- 가족이 서로 지나치게 밀착되어 있다면 분리개별화 문제와 유기불안 문제 등이 잠재해있을 수 있으므로 가족개입이 매우 중요하다.

가족중재가 제한적인 경우

- 가족이 참여에 동기가 없을 때에는 오히려 청소년치료에 방해가 될 수 있으므로 무리하여 참여시키지 않아야 한다.
- 가족원의 물리적인 조건이 지나치게 열악할 경우 가족상담은 도움이 되지 않을 수 있다.
- 치료사 자신이 가족을 감당할 수 없다고 생각되면 다른 치료사에게 의뢰해야 한다.
- 가족 내에서 유지되고 있는 문제가 만성적인 경우 가족개입의 예후를 기대하기는 쉽지 않으며, 훈련된 전문가가 도와야 한다.
- 가족의 정서가 지나치게 불안정한 경우 가족개입은 매우 신중하게 고려되어야 한다.
- 가족 구성원 중에 심한 우울증 또는 정서적 박탈이 심각한 상황에서는 가족상담이 도움이 되지 않을 수 있다.
- 장애 자녀가 있는 경우 또는 부모가 자녀치료에 지쳐있을 경우 도움이 안 될 수 있으며, 지지적·교육적 접근으로 진행할 필요가 있다.
- 학교의 징계나 법적 문제로 가족이 의뢰된 경우에는 대부분 가족상담이 형식적일 수 있으므로 더욱 신중하게 대처해야 한다.

참고문헌

대한신경정신의학회 편(1997). 신경정신과학, 하나의학사.

박아청 외(1996). 청소년 발달상담, 청소년대화의광장.

옥금자(2001). 청소년미술치료, KEAPA 광주.

옥금자(2005). 청소년 임상 미술치료 방법론, 하나의학사.

옥금자(2006). 아동청소년의 발달과 관계론, 한국학교미술치료연구회.

옥금자 역(2007). 학교 표현예술치료, 시그마프레스.

옥금자(2007). 미술치료 평가방법의 이론과 실제, 하나의학사.

옥금자(2008). 학교미술치료의 실제, 시그마프레스.

옥금자(2009). 표현예술치료로 만나는 정신건강 이야기, 시그마프레스.

윤 진(1988). 청년심리학, 중앙적성출판사.

이근후 외 역(1995). 정신장애의 진단 및 통계편람 제4판, 하나의학사.

이재훈 역(1997). 유아의 심리적 탄생, 한국심리치료연구소.

이재훈 외 역(1999). 정신분석학적 대상관계이론, 한국심리치료연구소.

이재훈 외 역(2001). 박탈과 비행, 한국심리치료연구소.

이정태 외(1996). 역동정신의학, 하나의학사.

정영숙 외 편역(2001). 청소년심리학, 시그마프레스.

Bandura, A.(1977). Social Learning Theory. Englewood Cliffs, N. J.: Prentice Hall.

Erikson, E. H.(1968). Identity Youth and Crisis. New York: W. W. Norton.

Erikson, E. H.(1982). The Life Cycle Completed. New York: W. W. Norton.

Freud, A.(1937). The Ego and Mechanisms of Defense, New York: International Universities Press.

Kohlberg, L.(1958a). The Development of Modes of Thinking and Choice in the Years 10 to 16. Unpublished Doctoral Dissertation, University of Chicago.

Kohlberg, L.(1958b). Global Rating Guide with New Materials. School of Education, Harvard University.

Kohut, H.(1971). The Analysis of the Self, New York: International Universities Press.

Kohut, H.(1977). The Restoration of the Self, New York: International Universities Press.

Piaget, J.(1948). The Moral Judgment of The Child. Glencoe, IL: Pree Press.

Sullivan, H. S.(1953). Interpersonal theory of psychiatry. N.Y: Norton.

찾아보기